昭和思想史としての小泉信三

民主と保守の超克

楠　茂樹／楠　美佐子　著

ミネルヴァ書房

はしがき

「日本の、大きく立派な、良識」

詩人、西脇順三郎は次のように述べたことがある。

……先生は文章のうまい人であった点は福沢諭吉にもまさるものである。またこれらの多くの随筆にはモラルがひそんでいる。これはモラリストとしての小泉信三を好まない人たちにはいやなことかも知れない、けれども私の考えでは先生自身正直な立派な人であるから、よくこの人を知っている人にはそれがそれほどいやみにきこえない。先生は世間によくいる悪質なモラリストのように自分の人格が立派でないのに立派な人格をしいて教えようとはしない。先生自ら先ず立派な人格となって、それを人に知らず知らずのうちに範となろうとした。（西脇 一九八三：六一八）

慶應義塾大学部理財科（現在の経済学部）の学生時代、西脇は洋行帰りの若き経済学者小泉信三のゼミ生であった。小泉ゼミで経済学を学ぶが、もともと志していた詩の道へと進み、後に文学部の看板教授となる。西脇は卒業以降、学問的には小泉と交わることがなかったが、人間としての小泉に惹かれ、その本質をよく視ていた。

戦後しばらくの間、小泉信三は日本人なら誰もが知っている人物だった。戦前、戦後を通じて実に多くの著作を遺したが、戦後に書かれたものの多くは一般読者向けの啓蒙活動としてのそれだった。故に人々は小泉を「御意見番」的な存在として受け止めていた。多くの者が、マルクス（Karl Heinrich Marx）の批判者、反マルクス主義者たる小泉として記憶していることだろう。戦後マルクス主義がそれまでの反動として急速に知識人の間に広まり、また暴力的な共産主義革命を支持する言論がまかり通る風潮に小泉は断固反対し、そういった思想がいかに愚かで非文明的であるかを篤と説いた。孤軍奮闘した小泉は、敗戦のショックの中、語る手段を持たない多くの日本人に勇気と希望を与えた。また、サンフランシスコ講和条約に際しては、論壇において少数派の扱いを受けた、一部の東側諸国を除いて講和する単独講和論（「多数講和論」ともいう）に立った。逆風の中堂々と立ち振る舞った姿は、一つの戦後史ともいえる存在感があった。そして、東宮職御教育常時参与としての小泉もまたよく知られている。その大きな人間性と国際的素養を見込まれて、皇太子明仁親王の家庭教師役に抜擢された。今でも年配の人々の多くは小泉のことを「殿下の先生」として記憶している。小泉は保守的と思われているが、戦後の「開かれた皇室」への関わりについて、三島由紀夫のような一部の保守的な論者から反発を受けた（例えば、古林・三島 二〇〇二参照）。小泉信三の死去に際して、経済学者の大内兵衛はこういっている。「日本の保守的な人たちの知的代表者だが『人間』として立派な人だったので新しい皇室づくりもできた」（大内 一九六六）。小泉に付けられる定番の形容詞は、西脇も大内も用いる、この「立派な」である。国際文化会館理事長だった松本重治の「まさに『大樹』ともいうべき存在だった」（松本 一九六六）という発言も同様だ。

国際人として知られる小泉は戦後、誰よりも日本の将来を憂慮し、日本人を啓蒙した。だから「日本」「日本人」と結び付けて語られる。「ああいう大きな型の人物は日本に数少なくなっている……国家的な損失だ」（小説家・石坂洋次郎）、「いまの日本が本当に必要とした存在だった」（文学者・池田潔）（石坂 一九六六、池田 一九六六）。戦後を代表する財界人の松下幸之助は、「その見識ある毅然たる態度は、日本国民としてまことに模範的であった。そういう意味からも小泉先生は日本人の心髄」とまでいった（松下 一九六六：一〇〇）。「日本の」「大きく、立派な」「良識」。人物としての小泉評はこのようなものだ。

アプローチの難しさ

多くの著作を遺し、日本人への啓蒙に勤しみ、また戦後の重要な政治シーンに深く関わった日本の大器、小泉信三であるが、死後五十年ほど経つにもかかわらず、優れた人物伝はあるものの（今村 一九八七、神吉 二〇一四）、また所縁のある人々による回想録や座談会はあるものの、その先行研究はほとんどわずかしかない（例えば、蝋山 一九八六、池田 二〇〇六、池田 二〇一五、武藤 二〇一四等）。思想体系を整理したものすら存在しない。小泉の思想研究は、常にその断片に止まるものであった。小松隆二は一九九二年の論文で、小泉信三の死後四半世紀の間の研究について、「広範囲に及ぶ小泉の研究活動のうち、限定的な側面・領域に対する接近にとどまるものであったり、また表面的な評価や位置付けにとどまるものであったりした」とし、「総合的な研究、あるいはさらに掘り下げた研究はなお今後の課題として残されている」（小松 一九九二：一一二～一一三）と述べた。それからさらに四半世紀後の現在でも状況は同じである。研究の世界では専門分化が進み、小泉のような幅広い言論人は研究者にとって扱い難い存在なのかもしれない。経済学、経済学史、社会思想史の一線級の研究者として活躍し、文芸評論にも長け、戦後は平和論、講和論に確かな議論の基礎を与え、天皇論、皇室論にまで重要な足跡を残した小泉信三の全体を扱うのは確かにハードルが高い。もちろん、個別の問題にも興味深い論点は多々あるだろう。これまでの重要な先行研究は確かにそういうものだった。

小泉の思想を全体として捉えようとした場合、小泉の初期の研究分野である経済学、経済学史、社会思想史についての言及を避けて通ることはできない。故に、小泉の業績の内で主要な部分を占めるこれらの分野以外の研究者に、小泉を語ることを躊躇させてしまっているように思われる。しかし、こういった分野の研究者にも小泉を研究する際の高いハードルが待ち構えている。それは戦後の小泉のあまりにも幅広い言論活動故にである。一九三〇年代前半までは経済学、経済学史、社会思想史の限られた領域に限定して著作、論文を発表してきた小泉であるが、慶應義塾長就任をきっかけに社会全般にわたるオピニオン・リーダーとして活躍するようになった。最も決定的だったのは、敗戦後まもなく新潮社から刊行された一般向けの書『共産主義批判の常識』(⑩)がベストセラーとなったことである。一躍日本を代表する言論人としての地位に昇り詰めた小泉はその後、その博識を活かして、実にさまざまな分野の批評を発表した。その批評はいずれも多くの示唆に富み、読者を大いに啓蒙した。しかし、この小泉の多才さが、小泉を語りにくくさせる一つの要因となっている。

小泉自身、戦後まもなく慶應義塾長を降りた際、こう述べている。

塾長をやめた私は、最も自然に文筆者(writer)になりました。
一体世の中に変革のあるときは本の読まれるときであり、敗戦後もまたそうであった。それで、戦前に私の書いた『マルクス死後五十年』とか『初学経済原論』とかいうようなものを改版して出すと、著者当人の驚くほど需要される。これは中々面白い、と思っているところへ、『文藝春秋』(当時は発売部数六、七万の雑誌であった)に連載した「読書雑記」などがチョット批評家にほめられたりしたものですから、気が強くなって、西洋人に仕事を問われたりすると、何時か躊躇なくwriterと答えるようになりました。
(⑯:五〇九)

池田幸弘によれば、小泉の行政的役割、学問的業績、人間的魅力によって、さらには日本を代表する一級の言論人であったことによって、小泉の一面のみ、例えば、マルクス主義批判者、共産主義批判者としての小泉、社会思想史研究者としての小泉、あるいは経済理論家としての小泉のみに限定して論じることは、彼の総体としての思想を矮小化することにつながりかねない。そうであるが故に小泉を扱うことは難しいといウ（池田 二〇〇六：二六七）。

確かに、小泉信三の思想を描写するうえで直面する困難の一つは、その射程の広さにある。例えば経済学や経済学史から入る研究者にとって講和論を扱うのは躊躇するし、講和論や安保論に興味のある研究者（おそらく政治学者や憲法学者）は、小泉のソ連等の社会主義体制批判、マルクス主義批判に興味を持つだろうが、その基礎となる小泉の古典派、新古典派経済学の議論、あるいは小泉が引用するミーゼス（Ludwig von Mises）やハイエク（Friedrich August Hayek）といったオーストリア学派経済学の議論が壁になるだろう。皇室との関わりについては、やはり政治学者や憲法学者が興味を持つだろうが、関心の射程は象徴天皇制の議論に限定されるかもしれない。

英語文献で小泉が言及される場合も同様である。皇室との関わりについては、ルオフ（Kenneth Ruoff）の *The People's Emperor* がこれを伝えている（Ruoff 2001）。また、二〇世紀初頭から半ばにかけてのマルクス主義者との戦いについては、モーリス゠スズキ（Tessa Morris-Suzuki）の著作がある（Morris-Suzuki 1989）。いずれも皇室との関わり、社会主義批判という限定的な参照に止まっている。日本でも断片的な言及に止まっているのであるから、致し方ないところである。

確かに、一般的に知られている限りで考えたとしても、小泉信三は実に興味深い研究対象である。しかし、部分的に小泉を語るのであれば、魅力の薄れた断片となってしまうだろう。アダム・スミス（Adam Smith）やハイエクの研究についてもそういった傾向を指摘することができる。実際、小泉はその専門分野においてのみ断片的に語られることはあったが、その全体像が語られることはなかった。歴史的存在としての小泉が語られるとき、「保守主義」といった曖昧な言葉が当てはめられ、それも指導者としての戦時中の立場もあって、「反動的な」という形容詞が伴う存在として扱われる傾向があったように思われるが、その思想全体が明らかにされた訳ではない。

自由主義、保守主義、平和主義、進歩主義？

『共産主義批判の常識』で知られる小泉は、第二次世界大戦の前後を通じて一貫したマルクス、マルクス主義批判者であった。小泉が「自由主義者」であるといわれる所以の一つである。戦前、マルクス主義が日本で流行りだした頃、はやくからその批判者として名を馳せることとなった経緯はどのようなものだったか、敗戦後一時期、マルクス主義者が論壇を席巻した際に孤軍奮闘したその背景事情はどのようなものだったか。経済学、経済学史からどのようにマルクスにアプローチしたのか、という関心の他に、敗戦と占領という日本の歴史的文脈において小泉がどうマルクス主義と向き合ってきたか、という点も併せ考えなければならない。日本における思想史研究の素材としてこれほど面白いものもないだろう。小泉の自由主義とは一体どのようなものなのか。最近、自由主義にはしばしば「新」が付けられ、市場原理主義を表す言葉として用いられている。小泉はそういった自由主義者なのか。そうではないとするならば、どういった自由主義者なのか。ハイエクのような反社会主義と位置付けられている自由主義者との比較ではどうか。

小泉信三は戦後の日本において「保守派」の象徴のような存在と考えられてきた。まず、マルクス、マルクス主義の批判者である小泉は、その裏返しとして資本主義の擁護者と考えられてきた。そして、サンフランシスコ講和条約に際しては単独講和論に立ち、理想主義的な全面講和論者を批判した。主権回復後の日米安保についても肯定的であった。少なくとも戦後においては「親米」というイメージが強い。一般に冷戦時代における西側陣営支持者の言い換えともいえる「保守派」を代表する論客の一人であった。防衛大学校設立に貢献し、亡くなるまで何度となく足を運び学生を激励した。日本の行く末を案じ、国防を熱く語った。人々に日本国民としての自覚を促す愛国者であった。皇室に対する貢献や、新仮名遣いに対して懸念を示したことも保守的イメージを増幅させたといえる。しかし、同時に、熟議と調整による解決を何よりも重要視する平和主義者、言い換えれば、平和を合理的に追求する、社会、経済の諸制度の改革に熱心な進歩主義者でもあった。このような小泉の多面性をどう説明するか。そういった作業は、「自由」主義、「保守」主義という言葉が乱舞する現代日本の思想状況を整理する格好の視角ないし視座となるのではないかと期待させるものがある。

小泉信三を研究するということは、その思想を通じて昭和史を描写することでもあるといえそうだ。二〇世紀の日本において重要な役割を果たした大物が、戦争を挟んで形成した思想に何か。小泉の没後半世紀を迎えた今、まずは小泉について知ることから始めるべきではないか。本書の課題は小泉信三の思想の構造と特徴を解き明かすことである。

経済学者の木村健康は小泉を評して、「どちらかといえば、批評家であって、体系家ではなかった」（木村一九六六：一七二）と述べた。少なくとも戦後の小泉についていうならば、それは事実であろう。しかし、もし小泉自身は自らの思想の体系化を意識的に試みていないとしても、それは思想に体系がないことを意味するのではあるまい。一見ばらばらに見える小泉の個々の言説の相互の関わりを明らかにして、その思想全体の体系化を試みること、あるいは思想に変遷があるならばその変遷の経緯を明らかにすること、本書はそういった問題に取り組む。その思想を体系として見ることで、小泉は、良識によって人々を啓蒙する立派な人物から、思想の一時代を築き、後世に受け継がれる先導者として認識されることになるのではないか。解き明かされた小泉信三は、現代に生きるわれわれに対してこれまで以上に重要なメッセージを伝えてくれるのではないだろうか。そういった期待が本書執筆の動機になっている。

昭和思想史としての小泉信三——民主と保守の超克

目次

序章　思想史としての小泉信三

1　福澤諭吉と小泉信三

新しい福澤諭吉

小泉信三という人物を思想という観点から眺めるにあたって、先人たちの小泉評をヒントにすることは出発点としては強ち不当なことではないだろう。今では語られることが少なくなった小泉であるが、同時代を生きた人々はよく彼を観察していた。例えば、冒頭に取り上げた西脇順三郎は次のように語った。

小泉信三は福沢諭吉からうまれ出た新しい福沢諭吉であると思う。（西脇　一九八三：六一七）

小泉信三は、慶應義塾における中興の祖である。いうまでもなく開祖は福澤諭吉である。しかし、人物史、人脈史として小泉と福澤の関係が語られることはあっても、思想面における両者の関係を論じた研究は断片的なものばかりで、全体を鳥瞰したものは見当たらない。しかし、小泉ほど自らの思想形成において福澤を意識した人物もいなかったといってよいだろう。

とはいえ、小泉信三が福澤諭吉ですべていい尽くされてしまうのであれば、西脇はこうはいわなかっただろう。福澤から「うまれ出た」とは一体どのようなことをいうのだろう。そして、その新しさとは一体何だろうか。小泉は「遺児の皆さんへ」[1]と題された講演の中で、森鷗外の「人間生れたままの顔で死ぬのは恥ずべきことだ」(⑯：一三)との言葉を用いつつ、次のように述べたことがある。

宗教道徳学問芸術の凡べてを包む日本の文化というものは、吾々はそれを祖先から受けて子孫に伝えるのでありますが、受けたそのままを伝えるのでなく、常に何物かを——望むらくは多くのものを——それに附け加え、よりよいもの、より高い、大きいものにして、次ぎの時代に伝えることを期すべきであります。それが出来ないということは、やはり生れたままの顔で死ぬのと同じだといえましょう。(⑯：一三一～一四)

小泉がこれを実践しているとするならば、新しい福澤である小泉は、単に後の時代における福澤思想のコピーではなく、福澤を踏まえつつ自らの哲学として発展、昇華させ、現代の問題に応用し、後人にその財産を遺したはずである。そういった視点は小泉思想の解読の一つの重要なカギになるといえよう。

「青い鳥」

小泉信三が当初から福澤諭吉の思想を自らのものとしていたかといえば、実はそうではない。大正時代、福澤についてはほとんど語っていない。一九二〇年代半ばの『福澤諭吉全集』(福澤 一九二五～二六)刊行に際しての解説はあるが、その内容は句読点等の表現法についてであった(㉖：八四～八七)。小泉が福澤諭吉を強く意識しはじめるのは、一九三三年の慶應義塾長就任の五年前、『福澤撰集』(福澤 一九二八)刊行に際して福澤の「瘠我慢の説」に言及してからのことである。その段階で、研究者となってから既に十五年以上が経過していた。小泉は思索の過程で福澤思想に行き着いたことを、マーテルリンク（Maurice Maeterlinck）の童話劇『青い鳥』を引き合いに出して以下のように描写している。それは第二次世界大戦終盤の一九四四年のことである。『青い鳥』の物語は、木こりの子供の兄妹が幸福の青い鳥を探し求めて遠方の国々を経巡るが見つからず、空しく帰ったわが家の籠の中にいたというものだ（㉖：八七）。そこで小泉は、西洋の思想に解答を求めて彷徨ったが、結局、自らの人生で追い求めていたものが、日本のそれも自らが所属する慶應義塾の創始者である福澤諭吉という、最も近くの人物にあったことを吐露している。

……私は福澤先生について「青い鳥」を感じる。私は普通部から塾に学んだものであり、父も夙《はや》く先生の教を受けた一人であったから、福澤先生を知らなかったとは無論言えない。しかし、塾を卒業してから主として学んだものは、西洋の思想と事物とであった。西洋留学中は勿論、帰ってから後も続けて読んだのは、重に西洋の書籍であった。マアテルリンクの脚本とは違い、私の場合、青い鳥はたしかに西洋にもいた。しかし、その間の久しい年月、よく視れば愈々立派な青い鳥が我が家の籠にいたことは、忘れていたというより、実はよく知らなかったのである。私どもの時代の者が多く洋書を学んだことは、その時代として十分理由のあったことであり、国としても個人としても決して無意義ではなかったと言える。しかし、その間に吾々は我が本国のものを忘れさせるだけの十分の価値あるもののみを読んでいたかといえば、私は自ら省みて忸怩《じくじ》たらざるを得ない。（㉖：八七〜八八）

小泉にとっての「青い鳥」、福澤とはどのような存在であったのだろうか。

福澤評の変遷

もう一点、興味深い記述がある。『續・福澤全集』（福澤 一九三三〜一九三四）刊行の後、福澤の著作中何が最も代表的であるかについて、『学窓雑記』⒀所収の論考で以下のように書いている。

もし明治文明への貢献という見地から見れば、明治政府のプログラムを指導した『西洋事情』と、封建的屈従に慣れた日本民衆に独立自主の精神を吹き込んだ『学問のすゝめ』とにこそ指を先づ屈すべきであろう。しかし、この二大著述は既にその使命を果たしてしまったから、その意義は今日では歴史的のものになった。吾々はこれ等の書を読んで、あの時代によくこれだけの理解があったものだ、よく思い切ってこれだけの事が言えたものだと今も驚くのは毎度のことであるが、今日の一般の読者に向って、これを無条件に面白い読み物だと請合う訳には行かぬ。（⒀：三八）

そこで小泉が推奨した福澤の著作は『福翁自伝』（福澤［一八九九］二〇〇三）、「旧藩情」（福澤［一九〇一］二〇〇二a）、「瘠我慢の説」（福澤［一九〇一］二〇〇二b）であった。しかし終戦後の一九四八年、福澤諭吉の解説書（『福澤諭吉（アテネ文庫）』）㉑においては、次のように前言を撤回している。

先年福澤先生の著作について何を推すかと尋ねられたとき、私は『福翁自伝』「瘠我慢の説」「旧藩情」をもって答えたことがある。そのとき、『西洋事情』と『学問のすゝめ』とのことに触れ、「この二大著述は既にその使命を果たしてしまったから、その意義は今日では歴史的のものになった」といい、また「今日の一般の読者に向って、これを無条件に面白い読み物だと請合う訳には行かぬ」と書いた。然るに十余年後の今日において、事情は一変した。私は自説を訂正しなければならぬ。『西洋事情』の方は兎に角、

『学問のすゝめ』は日本人の最も痛切なる現実の必要に応じた、また読んで最も面白い本になった。その使命はまだ果たされていないと思う。(㉑:四二)

小泉信三の思想を読みとく一つの手がかりは、確かにこの点、すなわち福澤諭吉への覚醒のあり方にあるといえる。小泉が戦前において積み重ねてきた思索が、やがて「青い鳥」としての福澤に結び付けられ、戦後の福澤再評価へとつながる。その過程にこそ小泉思想の体系化の基礎があると考えられる。小泉は福澤に行き着くまでに、実にさまざまな人物から直接薫陶を受け、あるいは著作を通じて影響を受けてきた。まず福田徳三、堀江帰一といった学生時代の恩師、西洋に目を向ければ古典派経済学者のリカード(David Ricardo)やJ・S・ミル(John Stuart Mill)、フェビアン社会主義のウェッブ夫妻(Sidney and Beatrice Webb)、その他さまざまな社会主義者、そして二〇世紀における自由主義思想の代表格であるハイエク、さらには夏目漱石、森鷗外といった文豪に至るまで、小泉の思想に影響を与えた人物は多い。小泉の思想は福澤に行き着くまでの過程に独自の思索の積み重ねがあるが故に、そして福澤とは異なる歴史的文脈に置かれているが故に、研究対象としての独自の面白さがある。

西脇順三郎は「小泉信三は福沢諭吉からうまれ出た新しい福沢諭吉であると思う」という。小泉にとって福澤とは一体何だったのだろうか。西脇は、このことについて具体的には触れず、ただ、小泉信三の著作は福澤の「高弟としての仕事であり、また新しい福沢諭吉の思想であり思索である」とだけ述べている(西脇一九八三:六一七)。小泉は福澤とどう出会い、どう吸収したのか、小泉思想の解明の第一の視点である。

2　保守的な自由主義

自由主義の新旧？

先に、大内兵衛による「日本の保守的な人たちの知的代表者」との小泉評を紹介したが、小泉にはこの「保守主義者」という呼称の他に、「自由主義者」という呼称が付されることが多い。例えば次のようなものである。

二六巻にも及ぶ多作の著述家である小泉は第二次世界大戦後の日本における自由主義、保守主義の両方の分野で重要な役割を果たした。(Ikeda 2006：39)

小泉が自由主義者と呼ばれるとき、しばしばそれが古いタイプであることを示すために「オールド・リベラリスト」という表現が用いられることがある(2)（久野他［一九六六］一九九五：九九以下、小熊二〇〇二：一九〇参照）(3)。これは戦後の知識人が、民主主義を重視しながらも制度や秩序の安定を重視したという意味で「守旧的」であるとした戦前からの古参の知識人に対して、やや批判的な意味合いを込めて用いた呼称のようだ。小泉はその典型といわれることが多い。より端的に、戦後の論壇に華々しく登場した丸山眞男のようなニューフェイスとの対比で用いられた感もある。日本語にすれば「旧式の自由主義者」となる(4)。

このひどく曖昧な言い回しで小泉を性格付けることには無理がある。そもそも自由主義とは何か、自由主義の新旧とは一体何かは何も明らかにされていないし、小泉がどういった意味で自由主義なのかも分からない。「自由主義」は言葉の射程が広すぎて、ある人物の思想を特徴付けることができるほど限定的ではない。

確かに、小泉は個人の自由を尊重して、マルクス主義と戦った。ハイエクは自由主義者だが、攻撃する側からいえば自由放任主義者であり、そういった性格付けをする人々はハイエクを自由主義とは思っていない。そのハイエクからすれば、ある時期以降のミルは誤った自由主義者だ。他人を攻撃するときは反自由主義、非自由主義、あるいは誤った自由主義のレッテルを貼ろうとするのが一般である。自由主義という言葉はそれ自体では無内容なものだ。それを唱える者の自由の論法を具体的に見なければその中身は分からない。

保守主義についても同じことがいえる。その点については、ハイエクが『自由の条件』（ハイエクⅠ⑤～⑦）の中で、自らが保守主義者でないことを論じ、十八世紀の保守主義思想の中心的人物といわれるバーク（Edmund Burke）でさえ自由主義者であって保守主義者ではないと指摘したことを挙げれば、保守主義という言葉が意味するものが通常、曖昧にされていることが理解できよう。重要なのは、その人物が具体的に何を語っているか、どのように語っているか、そして何故そのように語っているのかを明らかにする作業である。ハイエクが自ら否定しているのに保守主義と思われているのは、そういった検証がないまま、表面的な印象だけで語られてしまうからである。

このような曖昧な思想の地図に小泉を放り込むのは、その思想の描写を試みる本書の求めるところではない。むしろ、この自由主義、保守主義という曖昧な海にさまよう小泉を引き上げ、その実体に迫ることが本書の課題なのである。

保守対保守？

小泉をよく知る者は、小泉ほど進取の精神に富む者はいないというかもしれない。福澤諭吉にしても同様である。小泉は決して既存の経済・社会制度について頑なに保守的だった訳ではない。「予の奉ずる主義」（一九二二年）と題されたエッセイで若き小泉は「社会政策」という言葉に関連して次のように述べている。

社会政策なる語には今日一種の聯想が伴って、それは資本主義を維持する方便、もしくは資本主義の原則を傷つけぬ範囲内において労働者階級の境遇改善を行うべきものと解せらるる傾きがあり主張者自らそう考えている者もあるらしく見える。しかしながら資本主義原則なるものに明確なる境界線はない。如何なる程度までの社会政策は、資本主義を傷つけぬもので、如何なる程度を超えれば資本主義の原則に背くという明確な境界があるべき筈はない。既に社会政策に限界がないとすれば、これを進めることによって社会制度は原則的に変わらざるを得ないのである。(㉖：七八)

小泉が保守的だというならば、小泉は何についてどのような理由で保守的なのだろうか。ここで左派論客として知られる勝本清一郎の次のような小泉評を見逃す訳にはいかない。

もし小泉を傷つけようとする人間が現われるとしたら、それは左翼的な陣営からではなく、かえって保守的な陣営からである。(勝本 一九六五：四四二)

勝本のいっていることが正しいとするならば、小泉とは一体どのような「保守」思想家なのだろうか。「オールド・リベラリスト」という呼び名それ自体は何も解答を与えていない。小泉の何が保守的で、何が自由主義的なのか。(5)

戦前派と戦後派のように自由主義を新旧で分け、敗戦と占領を契機として、「新」なるものが登場し、「旧」なるものを「反動」として攻撃する構図は、無益なものとはいわないけれども、ある面でものごとを見失わせるものでもある。

経済学者木村健康は、「思想的にいえば、安倍、小泉、河合、三先生は、ニュアンスの差こそあれ、同じ人格主義の思想家であり、自由主義者でもあった」(木村 一九六六：一六八)と述べている。ここで「安倍」とは学習院長・文部大臣を務めた安倍能成を、「河合」とは経済学者の河合榮治郎を指す。木村によれば、河合榮治郎は小泉のことを「志操堅固な立派な学者であるとして……本心から称揚されていた」が、小泉は河合に好意をもっていなかったらしい(木村 一九六六：一六八)。なるほど、小泉の書いたものに河合の名前はほとんど出てこない。同時期に同じ経済学者として活躍したことを考えれば確かに不思議ではある。木村も、「この二人の、思想をほとんど共通にする社会思想史の大家が、理解しないままで逝かれたことは、惜みても余りあることといわねばならぬ」(木村 一九六六：一六九)という。確かに、T・H・グリーン(Thomas Hill Green)やミルに対する評価には共通するものがある。河合は小泉同様に戦前のマルクス、マルクス主義批判の主要人物だったこともあり、敗戦をきっかけに歴史に埋没させられた感は否めない。本来であれば現代に生きるわれわれが、この偉大な人物を埋没から引き上げ、思想史の証人としてスポットライトを当てるべきなのだろう。しかし「オールド・リベラリスト」の分類に見られるような新旧二元論は、河合のような重要であるが終戦まで生きられなかった思想家を日蔭に追いやってしまった。このことは非常に残念なことだ。それだけ敗戦という事実が思想描写の座標に決定的な意味を持っているということなのだろう。「戦後」を生きられなかった河合にとって不幸なことであろうし、比較の対象を失うという意味で小泉にとっても不幸なことだった。

河合の思想は小泉同様に射程が広く、本書で扱う余裕はない。ここで述べておきたいのは、敗戦を境とする新旧という二元論で単純にある思想家を区分けするのではなく、その思想家の思想を、形成過程を踏まえつつ正面から捉える作業が必要ではないかということである。新旧という視点を持つのであれば、当該人物の敗戦を境とした新旧の連続性、あるいは新旧間での展開を論じるべきではないだろうか。小泉の評価は、これまであまりにも表面的、断片的過ぎたと思われる。

3　ハイエクとの比較

共通の敵

自由主義者でかつ保守主義者とされている二十世紀の代表的な思想家として、オーストリア出身の経済学者・社会哲学者ハイエクを挙げることに多くの者が賛成するだろう。ハイエクは保守主義者であると思われがちであるが、そういった理解に疑問を持つ者も少なくない。ハイエク自身、代表的著作の一つである『自由の条件』の中の「なぜわたくしは保守主義者ではないか」と題する追論（ハイエクI⑦）において、自らの保守主義者としての印象を拭い去ろうとしている。ハイエクは何故に自由主義者でありながら保守主義者と思われているのか。保守派といわれながらも保守派から批判されることもある小泉とは共通点があるのか、あるいは決定的な違いがあるのか。

周知のように小泉信三は、戦後論壇がマルクス主義に染まりつつある中、その批判の急先鋒として戦後知識人から「反動」というレッテルを貼られながらも孤軍奮闘したことで知られている。『共産主義批判の常識』⑩を始めとした一連の著作で、論壇においては逆風の中、マルクス主義批判を貫き通した。ハイエクも同様にその批判者として知られている。[6] その批判はケインズ主義的福祉国家にも及び、西側の知識人からさえ「反動的」と非難された人物である。[7] 小泉の『共産主義批判の常識』は戦後日本におけるマルクス主義、共産主義批判の古典であると思われているように、ハイエクの『隷属への道』（ハイエクI別）も戦後世界におけるこれらに対する批判の定番として語り継がれている。

オーストリア学派のハイエクは景気循環論研究で世界的に有名な経済学者となったが、彼が一九三五年から参戦した社会主義経済計算論争に小泉は注目した。同じオーストリア学派のミーゼスの一九二〇年のドイツ語論文、「社会主義社会における経済計算」（Mises 1920）が発端となったこの論争に小泉は当初から関心を抱いていた。彼は、ミーゼス、ハイエクの張った論陣に依拠しつつ、中央集権的社会主義経済がうまく機能しないことを、戦後に刊行された『共産主義批判の常識』の中で説いている。

思想の重なり合い

はたして小泉の思想は、ハイエクの思想と完全に重なり合うのであろうか。ハイエクが自分は保守主義者ではないといったときの保守主義に小泉は当てはまるのだろうか。また彼らの自由主義を比較したとき、どのような相違があるのだろうか。先程、木村健康が小泉と河合榮治郎の近似性を説いていたことを指摘したが、河合が信奉するグリーンは、ミルと共にハイエクによって批判の対象とされたという事実を見逃すことはできない。自由主義といってもその主張は多様である。保守主義同様に、一度議論を更地に戻してから考察し直す必要があるだろう。

小泉信三は一九四九年に公刊した『共産主義批判の常識』がわが国でベストセラーとなったことで自由主義者としてその名を知られるようになった。一方、アメリカでベストセラーとなったハイエクの『隷属への道』が公表されたのは一九四四年である。小泉は『共産主義批判の常識』において、社会主義経済計算論争におけるハイエクの主張を引きつつ中央集権的社会主義経済運営の困難を説くと共に、出版されて間もない『隷属への道』に注目している。

筆者の知る限りでは、小泉とハイエクとはそれほど親密な関係であった訳ではないが、ハイエクは来日時に小泉と面会し、その後ハイエクが世界的な自由主義者団体モンペルラン協会（The Mont Pelerin Society）に小泉を勧誘する趣旨の書簡のやりとりがあったことが確認されている(8)。社会主義批判の論拠を民主主義の危機に見いだしている点での小泉とハイエクの一致は、小泉が戦後日本で知識人の間で急速に拡大したマルクス主義的思考を民主主義の観点から批判するようになったことを考えれば、小泉の思想形成にハイエクがきっかけの一つを与えていることの説明となるだろう。しかし一方で、ハイエクは周知のように、終始一貫して民主主義への懐疑を強調している。二人の分岐点はどこにあるのか。

ハイエクと小泉との比較は、小泉思想を描写する際に有益な視点を与えてくれるだろう。ハイエクというレンズを通じて小泉を相対化する作業は、福澤諭吉からとはまた異なった小泉思想へのアプローチである。

4　日本を問い直す

冒頭に示した池田潔や松下幸之助による小泉評からも分かるように、小泉信三は「日本」「日本人」という文脈から切り離すことができない存在である。後に見るように、サンフランシスコ講和条約締結においては、日本の、日本人の国益を考えて理想主義者の非現実性を論難し、また、日本の、日本人の象徴としての天皇像を論じ、戦後皇室のあり方に尽力した。戦後小泉が著したものには、「日本」「日本人」をテーマとしたものが多い。国土、防衛、民族、言語、歴史といったテーマが目立っている。

戦後の小泉信三は、日本の防衛のあり方について積極的に発言し、また積極的に関わった。講和問題、安保問題への発言が有名であるが、その他にも、防衛大学校の創設と教育に大きな貢献をしている。小泉は防衛大学校の前身である保安大学校の校長として、慶應義塾大学教授だった槇智雄を当時の首相である吉田茂に推挙している。その後、何度となく、防衛大学校を訪ね講話を行った。一連の講話は『任重く道遠し』との題で一九六七年に出版されている（小泉 一九六七）。

日本と日本人を論じる小泉の思いは、以下の記述（講話録）によく表れている。

吾々の祖先も日本人であり、吾々の子孫も日本人である。日本国民というものは、少しむずかしくいうと、この国土という空間に、過去現在未来という時間を通じて生きているものだということが出来ましょう。そこで自然に、吾々は、国民として現在（同胞）と過去（祖先）と未来（子孫）に対する義務を感ずることになるのです。⒃：一四）

経済学者として活躍していた頃の小泉は、日本、日本人といった視点を強調することはなかったが、戦後の小泉は日本と日本人を常に問い続けた。最晩年の講演録は、小泉の思想家としての到達点をよく示している。講演のタイトルは「日本民族のビジョン」であった。

……明治におけるわれわれの先輩、明治における日本国民が成し遂げた仕事はきわめて大きいと思います。その時代における日本の近代化、日本の勃興というものは、誇るべき最大の事蹟として、世界史上特筆してよい立派な業績であると思うのであります。（中略）
……明治百年は数年のうちにせまっておりますが、私はこの機会において、われわれの先人が日本の興隆のためにいかに苦心したか、いかに努力したか、そして、いかなる成果をあげ得たかを回顧し、反省することは、日本の明日の発展のためにきわめて有意義なことであろうと信じます。（中略）
しからば「明日」はどうかと申しますと、むろん、私はみなさんとともに明日の日本の繁栄と富裕とを願うものでありますが、それとともに、私は、明日の日本が、信義を守る国として、国際社会において尊重せられることを切に願うということを、つけ加えたいと思います。（小泉　一九六六b：一五六～一六二）

青年時代に足かけ五年に亘る欧州留学を経験し、その後、慶應義塾長時代には海外の諸大学との交流を盛んに行い、戦後コロンビア大学等より名誉博士号を授与される（別：三一九〜三二〇他）等国際人として知られる小泉が、日本と日本人を論じ続けた理由は何か。戦争と敗戦という歴史的事実が小泉をして日本と日本人に向かわせたという推測は容易にできよう。そして、経済学等の研究者として活躍していた小泉にその考えるきっかけを与えたのが福澤諭吉であることも、また容易に察しが付く。小泉が福澤を意識しているというのであれば、独立が脅かされた祖国を省みない訳があるまい。しかし、重要なのは、西洋の思想に通じた小泉がその思想に日本と日本人という視点をどのように組み込んでいったのか、国境と民族をその自由主義思想と接合し得る素地はどこにあったのか。小泉が西洋で発展した経済学、経済学史等の研究者であることからもその問題は興味深い。小泉は、日本と日本人を語るとき何を考えたのか。その自由主義思想において国境や民族の違いを超越したハイエクとは対照的である。

5 本書の構成

次章以降の本書の構成は以下の通りである。

第一章では、研究者になるまでの小泉の軌跡を追う。小泉はその青少年期においてどう福澤と向き合ってきたのか、あるいは向き合ってこなかったのかは、興味深い点である。大学部時代の小泉に影響を与えた人物は誰なのか、大学部時代に小泉はどのような主張をしていたのかといったことについて小泉自身の回顧を踏まえつつ整理する。

第二章では、研究者としての小泉を整理する。一九一〇年に大学部を卒業した小泉は慶應義塾の教員として採用され、まもなく足かけ五年に及ぶ欧州留学に旅立つ。帰国後の小泉は、経済学、経済学史、社会思想史といった分野の研究を進めた。マルクス主義者との価値論論争は、小泉の古典派経済学研究から問題提起されたものであり、若き小泉をして当時の有名な経済学者の一人とならしめた。ここでは研究者としての小泉の特徴を示し、その後の思想形成への萌芽を確認する。

第三章では、慶應義塾長時代の小泉の思想形成の過程を概観する。塾長就任の少し前から小泉は福澤思想の解説を手掛けるようになった。それは戦後の小泉思想の形成に向けた大きな転換点であった。この時期に日本は軍国主義化を強め、やがて悲惨な戦争を迎えることになる。小泉はこの時期に福澤と邂逅することで何を得たか、あるいはどのような変化が生じたか。指導者、教育者であるが故に向き合った道徳や教育について小泉は何を考えたか。小泉は戦争に協力的であったと戦後非難されるが、この時代における小泉の戦争観は実際にはどのようなものであったか。そこに福澤がどう絡むのか、あるいは絡まないのか。戦時中に福澤を「青い鳥」に喩えた小泉の思想の本質を探る。

第四章では、戦後におけるマルクス主義批判の代表作である『共産主義批判の常識』『私とマルクシズム』『共産主義と人間尊重』を紹介し、小泉思想の展開を見る。小泉は戦後、マルクス主義の何を問題視し、どこに日本と日本人の脆弱さを見たのか。戦前は研究者としてマルクス、マルクス主義を経済理論的、歴史的な観点から批判していた小泉が、戦後どのようにマルクス主義批判を変化、展開させていったのか。そこに福澤の思想がどう影響しているのか。

第五章では、小泉の「秩序ある進歩」の思想を概観する。「秩序ある進歩」は小泉思想の鍵概念であり、若い頃から積み重ねられてきた思索の到達点でもある。社会が変化するということはどういうことか、それはどうあるべきか。戦後マルクス主義、共産主義が勢力を増し、多くの知識人がこれらの立場に気兼ねして言論が歪められたとされる時期があり、これに対して小泉はあるべき言論の姿をどう描いたか。戦後「反動」的だとして語ること自体がタブー視された道徳や教育のあり方をどう論じたか。法やルールの捉え方、そして民主主義のあり方について小泉は何を語ったか。経済学者を出発点としながらも政治、法、社会、文化、さまざまな分野について逆風に耐えながら鋭い評論と粘り強い啓蒙に勤しんだ「御意見番」小泉の本質部分に迫る。

第六章では、小泉の保守的性格を象徴する一群の議論である講和・安保、国語、天皇論を扱う。全面講和論を批判し、日米安保に肯定的で、国防を積極的に語った小泉は保守といわれた。また、現代仮名遣いへの改変を批判し、戦後皇室に多大なる貢献をした小泉は保守といわれた。その保守的側面の背景をその思想的特徴とともに探る。

第七章においては、小泉の思想とハイエクのそれとを比較する。反社会主義・共産主義の思想的支柱といわれる両者であるが、はたしてその思想構造はどこまで一致し、どこから乖離するのか。もし相違があるならば、その根源はどこに見いだされるのか。小泉のハイエクへの言及を確認しつつ、市場観・競争観、民主主義、個人主義と社会主義、福祉国家、保守主義といったいくつかの視点ごとの比較考察を行う。

第八章においては、以上の考察を踏まえて小泉信三の思想の特徴と構造を説く。

---

(1) 出典は小堀(一九八一:一三二)(「人間は親から貰った顔のままではいけない。その顔を自分で作って行って立派なものにしなくてはならない」)。小堀は鷗外の娘であり、この著作は鷗外についての回想録である。
(2) なおルオフは「prewar liberals」と呼んでいる(Ruoff 2001 : 70)。
(3) 「オールド・リベラリスト」と呼ばれる人々の戦後論壇における活動については、小熊(二〇〇二:一九八~一九九)、奥(二〇〇七:第二章)参照。
(4) 大内兵衛が興味深いことをいっている。

戦後においてわがジャーナリズムは戦前以来の論客の……長谷川如是閑、馬場恒吾というような人々にオールド・リベラリストというレッテルを貼った。幾分の尊敬と幾分の軽蔑をこめてのことと思われる。そして彼等は高野岩三郎をもこのうちに数えたのである。……多年にわたる彼等の出処進退を通して見るところの思想の堅実さ、最善の意味におけるコンサーヴァティズムに対しては、私は大きい敬意を表せざるをえない。いいかえれば、彼等のバックボーンの堅さは、日本人として尊重さるべきだと私はいうのである。こういうことをいうと……大に笑うかも知れない。それもむろん結構である。というのはそういう軽蔑の方法を知ることは、社会を進めることであろうからである。しかし、私自身は、わが周囲を顧みて、こういうオールド・リベラリストでさえ数うるに足らないのをこの上なくさみしく感ずるのである。（大内 一九四九：三五）

（5）「……小泉信三……など、いわゆるオールド・リベラリストについては、個人をあつかった思想史的研究は見当たらない」（小熊 二〇〇二：八五一）。

（6）わが国ではハイエクはマルクス主義批判者としてのイメージが強いようだ。しかし、ハイエクの文献にマルクスが登場することはあるものの、僅かである。例えばハイエク晩年の著『法と立法と自由』（ハイエクⅠ⑧〜⑩）では、マルクスの主張は時代に逆行して部族社会的な「閉じた社会」を目指す先祖返りの非文明的なものであると指摘している。

（7）日本において「保守」や「反動」という言葉が用いられるとき、どのような意味が込められているのか。敗戦という十字架を背負った戦後日本という特殊な環境を意識しない訳にはいかない。例えば、「反動」の言い換えともいえる「逆コース」という言葉は一九五一年の流行語になったが、端的にいえば恒久の平和を志向するはずの日本がそれと逆行するかのように再軍備に向っていく様を表現したものである。「保守＋反動」という言葉は「戦前への回帰」として批判されるものであった。

（8）ハイエクからの書簡として、Friedrich Hayek to Shinzo Koizumi, 26 February 1965, box 31, folder 15, Friedrich Hayek Papers, Hoover Institution Archives, Stanford, Calif.（cited by Burgin（2012：282（n. 38））があり、小泉側か

らの書簡ものとして、『小泉信三全集』所収のもの(25)(下巻):四七一~四七二)がある。なお、ハイエクと密接な関係にある日本人といえば、シカゴ大学時代の直接の弟子である西山千明がその筆頭格である。

第一章　明治期における小泉信三

1　福澤との距離

福澤への反発

小泉信三は、福澤諭吉の高弟の一人であり慶應義塾長の職にあった小泉信吉《のぶきち》の長男として、一八八八年すなわち明治二一年、東京、芝区に生まれた。大日本帝国憲法が発布される前年であり、欧米列強と並ぶべく、日本の近代国家形成が本格化した時期である。また一八八八年は、大倉喜八郎らが設立した東京電灯会社が東京に火力発電所を建設し、電力供給を始めた年でもある。福澤に遅れること約半世紀、小泉信三は福澤が目指した近代化の本格的なスタート地点に生を受けた。

小泉信三が六歳のときに父信吉は四十一歳で病死した[1]。その後、福澤翁が慶應義塾内にあった福澤家の敷地に信三らを住まわせる等、小泉家の面倒を見たという。その福澤も一九〇一年、小泉が十二歳のときに死去している。小泉信三は御田小学校を経て、一九〇二年、慶應義塾普通部（当時は五年制の旧制中学）に編入する。御田小学校以来の同期生として阿部章蔵（後の小説家、水上瀧太郎）がいる。二人は生涯の友で、後に小泉は阿部の妹、富子と結婚し、義理の兄弟となる。小泉は一九〇五年大学部予科に、一九〇七年大学部政治科に進学した。

小泉は、福澤自身から直接教えを受けてはいない。少年期の小泉に「福澤の偉大、福澤の事業の意味はわかるわけがない。私は父の先生であるというので、尊敬してはいたが、先生がどういう人であるかということを、当時気をとめて考えてみたことはなく、なんの感想も持っていなかった。心から先生の偉大を感じたのは、後年、ことに西洋留学を終えて、いくらか物を見る目が肥えてから後のことである」(21：三三七)。むしろ少年期の小泉は、福澤に反抗的でさえあった。正確にいえば、福澤色に染まる慶應義塾に反抗的であった。『私の履歴書』(16)で次のように語っている。

……私が慶應の普通部に入ったのは、もう先生の亡くなった翌年でありましたが、勿論塾では先生の感化は事毎にのこっている。教師の中にも、二言目には先生の名を口にする者がある。また生徒の中にも、多少先生を笠に着るというタイプの者があり、私たちは何か物事を強いられるような感じがして、イヤになってしまった。態々《わざわざ》ここに名を挙げる必要もないことだが、私たちが中学五年のときに習った先生に菅《すが》學應《がくおう》という人があった。この人は後に福澤諭吉伝の編纂にも助力し、平生衷心先生に傾倒していたので、決して為めにするところがあっていったのではないと思うけれども、やはり二言目には「福澤先生アタシは」(福澤先生などはの意味)という。相手が十七八の青年だから堪らない。この先生の訓説は生徒を福澤先生の方へ引き着けないで、却って反撥させる結果となった。私なども「福澤アタシは」ときくと、「またか」と思うようになった。

或るとき、その先生が作文の題に「〝福翁自伝〟を読んで感あり」というのを出した。読んで、感心した、と書けば間違いないことは分かっているが、私はその気にならず、却って反対のことを書いた。この自叙伝の中には、当時の書生の間にはやった悪戯であるが、料理屋に行って皿小鉢などをさらって来て手柄にすること、先生自身も相当それをやったことが書いてある。例えば万延元年、幕府の軍艦咸臨丸ではじめてアメリカへ渡ったときにも、出帆前浦賀に上陸して、あとで聞けば遊女屋だったという茶屋に上って、みなで酒をのんで、その帰りに廊下で目についたうがい茶碗を一つさらって来たが、暴風雨つづきの航海中、飯を盛って食べるのに誠に調法であった、ということを先生は語っている。私はそれを摑まえて、人の物を盗むとは、実に先生として遺憾な所業だと書いた。

教師に反抗するのが目的で書いたのであったが、無論怒るわけには行かなかったであろう。悪るい点をつけられた記憶もない。(⑯:四六五～四六六)

学問への目覚め

普通部までの小泉は、特に読書好きであった訳でも、学問に熱心だったという訳でもなかった。しかし、大学部(予科二年、本科三年)に入ってからは見違えるように勉強熱心になったという(⑯:四六六～四六七)。しかし、小泉自身が「西洋留学を終えて、いくらか物を見る目が肥えてから」と語っているように、この時点でも思想家としての福澤を強く意識していた訳ではなかった。序章で触れた「青い鳥」福澤に出会うには、小泉の中に思索が積み重ねられ思想が形成される、今しばらくの時間が必要だった(2)。

とはいえ、父の信吉が福澤の高弟であり、また信吉は福澤の甥である中上川彦次郎の盟友でもあった等、慶應人脈には事欠かなかったことは確かである。小泉信三はその環境を存分なく活かし、周囲もそういった小泉に慶應の本流としての活躍を期待した。小泉は自身の塾長就任について次のように述べている。

何故私がこのとき選ばれたか、きいて見たことはないけれども……私は父の代から慶應のものであって……評議委員中には父の友人または後輩が多いから、その人々の目から見れば、私に塾長をやらせることはまことに無事の感じがしたであろうと察せられる。その人々が、私に大学経営の才能があると思っていなかったことは慥《たし》かである。第一、本人の私が誰れよりもよくそれを知っていた。（⑯：四九九）

勉強熱心になったのは大学予科に進んでからである。「大学予科に進んでからは私は学問が好きになった。一には年齢の進んだため、一には中学とは違い、論理学心理学法律経済というような、今まで知らなかった大人の学問をすることになったので、新しい興味が起ったのであろう」（⑭：三三八）。大学部予科以降の経済学学習の軌跡である。小泉は大学部後の記述との関係で一点、追加すべきことは、大学部予科以降の経済学学習の軌跡である。

の「友人の間から社会主義者を出すに至らなかった」理由の一つとして、「実力のある教師に就いて基礎の堅固な経済書を読んでいたということ」を挙げている（⑪：二八九）。大学部予科時代、気賀勘重からフィリポヴィッチ（Eugen von Philippovich）の経済原論を学び[3]、気賀の翻訳[4]を通じてフィリポヴィッチ自身の著作も読んだ。これらを通じて、マルクスの労働価値説を批判したオーストリア学派のベーム＝バヴェルク（Eugen von Böhm-Bawerk）も学んでいる。小泉は以下のように回想している。

これは当時のドイツ、オオストリヤで最も成功した原論として許されていたものである。フィ氏の立場は穏健な折衷主義で、奇抜な独創はなかったが、十分なる学識をもって、経済学全般に亙り、確実精密な叙述が与えてあった。価値論においては、彼れは、多くをボエム・バヴェルグに拠って限界效用説を説いた。はじめて経済学を学び、そうして、いきなりこの精緻な理論を教えられた吾々は、ただ驚くばかりであった。（⑪：二八九〜二九〇）

大学部本科に進学後は、セリグマン（Edwin Robert Anderson Seligman）、マーシャル（Alfred Marshall）の著

作を通じて経済学を学んだ。マルクスと向き合うよりも早く、新古典派経済学の諸派の学説に触れていたのである。このことは、小泉のものの見方に影響することになる。小泉は、これら経済学の理解がどの程度であったかは怪しいものがあるとしつつ、こう述べる。

……兎に角当時の吾々の年齢の者が、先ずこれ等の良書を読んで然る後にマルクスに触れたのと、先ず強烈で、党派的なマルクスを読んで、而して後にマアシャルその他を読んだのとでは、そこに余程の違いがあるべきことは確かである。そうして読む順序はといえば、私は今でも吾々の読んだ順序が正しかったと言うに憚らない。(⑪:二九〇)

国富論輪読会、三田読書会

大学部本科ではさらに多くのことを学んだ。彼が専門的に学んだことはその後の思想形成の出発点といえるだろう。それらは、小泉自身によってこの時代に書かれた著作と事後の回顧において確認できる。

『小泉信三全集別巻』の年表には、「一九〇九年四月頃」の欄に以下の記述がある。ここでいう三邊金藏は小泉より二年先輩で、後に慶應義塾大学部理財科教員となる人物である。武井大助は一九〇八年から一九〇九年にかけて起きた申酉《しんゆう》事件(東京高等商業学校の専攻部廃止をめぐる同校関係者と文部省との対立・紛争)の中心人物として知られ、後に海軍中将となり、戦後は財界人として活躍する。歌人でもあり、小泉の著作には武井の歌集についての評論もある(⑲:二一一~二一六)。

前年東京高商の学生によって始められたアダム・スミス国富論輪読会が慶應の学生も交え、千駄ヶ谷の福田徳三宅で毎週土曜日行われることになり、三邊金藏らと出席、武井大助と相知る。

「会員の携えたのは多くは細字のギッシリ詰まったカッセル版の廉本であったが、無論博士は、その頃出て間もないキャナン版本を披げ、同時にやはりキャナンが校訂出版したグラスゴウ大学におけるスミスの講義筆記録や、ジェエムス・ボナアの出した『アダム・スミス蔵書目録』などを座右にして、時々註解にそれを利用した。」（別：一五二）

おそらくその成果であろう、小泉は翌一九一〇年七月に「アダム・スミス國富論解題略」と題した解説を『三田學會雑誌』に掲載している（小泉 一九一〇）。そこには「福田徳三校」とある。

もう一つは、三田読書会である。『小泉信三全集別巻』の解説には「同じ頃、福田の指導で西洋学術雑誌の論文を紹介報告する三田読書会をつくり、その世話人となる。」（別：一五二）とある。この読書会の成果の一つとして学生時代の小泉が執筆した翻訳「社会価値の概念：ヨセフ・シュンペーター氏の諸説」㉔がある。

シュンペーター（Joseph Alois Schumpeter）の論文「社会価値の概念」（Schumpeter 1908-1909）は、彼の有名な経済発展理論や創造的破壊のシナリオの重要な契機となるものであり、経済現象を動態的に捉えるための基礎となるものだった。学生時代の小泉は既にこれらの著作に接し、その解題、翻訳を雑誌に掲載するだけの労力をかけていた。小泉はこのことについて、福田の講義を熱心に聞いたことに関連して、以下のように語っている。

……クラスの中で私は先生に信用のある学生となったらしい。試験のたびに望外の好い点をもらい、更に、これは上級に進んでからのことだが、外国（アメリカ、ドイツ）の学術雑誌に載った論文の翻訳紹介などをすすめられて、それを慶應義塾の機関雑誌であった三田学会雑誌へ載せてもらう等の光栄に浴すること

になった。（⑱：三五九〜三六〇）

小泉は早くから福田にその才能を見いだされていた。後に小泉が研究者の道を選択するきっかけは福田によって与えられたといってもよいだろう。

2　恩　師

小泉信三は大学教員になるまでに多くの恩師と知り合い、少なくない数の者から影響を受けているが、とりわけ以下の三名について紙面を割いて触れている。

福田徳三
堀江帰一
田中萃一郎《すいいちろう》

簡単にこれらの人物についてまとめ、各々に対する小泉の言及に触れておこう。

福田徳三

私は在塾中に実に多くの良師を得たと思って感謝しているが、私に学問に対する興味を喚起し、学校教師になりたいという志を起こさしめたものは、第一は福田博士であった。（⑪：二七八）

小泉が経済学研究者、大学教員を志すようになったのは、理財科教授であった福田徳三との出会いがあったからである。学生たちは福田の講義を聴き、その学問に対する情熱に圧倒された。学生に好学心を起こさせる才能を持った類い稀な教師だったらしい。小泉は福田による経済原論の講義を必ず履修できるようにするため、大学部本科は理財科ではなく政治科に進学した。理財科の一年生は福田が経済原論を担当する級に入れるかどうか分からなかったからである。その福田の魅力を小泉に吹き込んだのは、上級生の心酔者であった。

福田徳三は明治後期から活躍したわが国経済学の草分け的存在である。高等商業学校（後の東京高等商業学校）を卒業後、ドイツ留学を経て同校教授となった。校長と対立したため一九〇五年から慶應義塾の教員となり、一九一八年からは再び古巣に復帰した。ドイツでビュッヒャー（Karl Wilhelm Bücher）やブレンターノ（Lujo Brentano）に師事した福田はドイツ歴史学派の経済学者であったが、やがてその立場を批判し、限界革命後の経済学、すなわち新古典派経済学のわが国における導入者となり、教え子に新古典派の研究を勧めた。ジェヴォンズ（William Stanley Jevons）の『経済学原理』（Jevons 1871）翻訳（邦題は『經濟學純理』(24)）を手掛けた小泉信三はその一人であった。社会政策をライフワークとし、「生存権」を基礎とする社会政策論を主張し、東京高等商業学校に復帰した後は、わが国への厚生経済学の導入者、福祉国家論の初期の提唱者として活躍した。[5]

福田の経済原論講義ではセリグマンの教科書（『経済学原理』（Seligman 1905））が用いられた（⑪：二七五）。「セリグマンの価値及び分配理論は、その同僚にして、同じく限界思想に立脚して新機軸を出し、凡ての生産要素は、それが生産収益に寄与しただけを報酬として受けると説いたジョン・ベエツ・クラアクに拠るものであった」（⑪：二九〇）。クラーク（John Bates Clark）はアメリカにおいて限界革命を支えた人物の一人として知られている。

また当時の理財科で福田は新古典派経済学のマーシャルの『経済学原論』(Marshall 1890)を教科書として用い、その経済学を講義した。小泉は福田に対して、次のように回顧している。小泉は、福田がその講義録を元に執筆した教科書(福田 一九〇七〜一九〇九)とともに、マーシャルの原論を読んだ(⑪:二九〇)。

今、三十年の後に至って回顧しても、私にはこれほど興味を持って楽しく聴聞した講義というものはない。講義の途中で一年立ってしまったので、吾々は無理に学校に頼んで、更に一年講義して貰うことにした。何処がそれほど面白かったかと言われても困るが、兎に角福田先生の学生を惹きつけ、若い学者を刺戟する力は、今日では已に定評あるものであろう。東京高商または商大で博士の教えを受けた左右田喜一郎、坂西由藏、大塚金之助、宮田喜代藏、大熊信行、中山伊知郎、杉本榮一というような経済学者の学界における活動は、事実によって何よりもよくそれを物語っている。慶應義塾における福田博士は、謂わば一個の客将であり、塾には塾の古い学問の伝統があったから、事情はよほど違っていたが、しかし、学生が講義に魅力を感じ、勉強を刺戟されたことは変わらなかった。今日学界にいる高橋誠一郎、三邊金藏、増井幸男の諸君、またかくいう私自身は、皆な何等かの程度において福田博士の刺戟と影響を受けたものだと謂って好いと思う。私は毎週の時間を楽しみにして講義を聴き、博士の引用または紹介した書目を書き付けて来ては、覚束ない外国語学力をもってそれを読んだ。(⑪:二七六)

そういった刺激的な指導者である福田徳三であるが、小泉の目からすればやや粗さが目立ち、知識の習得としては物足りなかったと回顧している。しかし、その物足りなさを補って余りある情熱だった。

今になって考えて見ると、博士の講義は、決して整備したものではない。当時の博士の学問上の業績といえば、フックスに拠った国民経済学原論の第一巻が出て、『経済学研究』の初版『経済学講義』の上巻が出て、ドイツで書いた『日本経済史論』の邦訳（坂西由藏）が出たばかりの時であるから、いずれの方面でも、博士の研究は極く初歩の段階にあったものであり、吾々の教科書であったセリグマンすらも、善く下読をしないで来て、理解の足りないため教壇の上でつかえてしまったり、前年大学予科でフィリッポヴィッチの原論を聴いて来たばかりの吾々の質問にも当惑したようなこともあった。（その他の点でもオオストリヤ学派というものに対しては、博士はあまり理解を持たなかったように思われた。）それに、得意なところは一ペエジに何時間も費し、不案内のところはドシドシ飛ばしてしまうと言うようなこともあった。それにも拘らず、吾々は半ば煙に捲かれて感心して聴いていた。考えて見ると、吾々は博士の授けてくれる智識を喜んだというよりも……博士の学問に対する熱情に感染したのであった。（⑪：二七六～二七七）

講義としては精密なものではなかったにもかかわらず、小泉は福田の話に熱中した。学問に対する情熱に歓心し、自らもその世界に入っていくことになったのである。

堀江帰一

講義の整い振りからすれば、堀江帰一のそれは福田とは比べ物にならない出来栄えだった。小泉の在学中、『時事新報』の社説欄にも執筆していた堀江は、「講義も文章も最も精彩に富んでいた」（⑪：二七八）。小泉はその堀江にも惹かれたことを告白している。

幼稚舎から慶應義塾に学んだ生粋の慶應人であった堀江は、一八九六年に慶應義塾大学部理財科を卒業後、三井銀行を経て、時事新報社に入社。一八九九年に大学部教員となり、同校第一回海外留学生として米欧に学んだ。帰国後、大学部で教鞭を執る。初期の堀江は徹底した経済的自由主義の立場に立ち、小泉はその時期の堀江に学んでいる。しかし、一九一一年に二度目の欧州留学から帰国した後は社会問題への関心を強め、主要産業の国有化、労働者による産業管理、社会的格差是正等、部分的に社会主義政策を実行する国家資本主義を主張するようになった。堀江が帰国後に開講した「最近社会問題」という講座は一九一六年から小泉に引き継がれた(6)。

小泉は堀江について次のように語っている。

当時福田博士と違って明快な、よく整った講義をしていたのは、堀江帰一博士であった。博士は後には研究の範囲を拡げたが、吾々の在学中は、銀行、貨幣、財政が専門であった。年は福田博士より二歳年下であった。……博士の特に得意とするところは、政策上の主張の明快であること、最近の経済事情に精通していたこと、その学生に授ける智識が直ちに実用上の価値を持つことであった。実際博士の講義は直ちに実用に供することが出来た。私は、自分の興味が段々経済理論や社会思想の方角に向ってしまったので、金融財政の方面では、自分では殆ど何も勉強せず、ただ堀江博士の講義を聴いて覚えただけで、数年後にヨオロッパに出かけたが、英、独、仏諸国の金融市場や財政制度のことは、新聞雑誌の論説を理解する程度には一通り知っていた。これは全く博士の講義のお蔭であって、この講義が、いかに精密で明快で、且つ up to date であったかを示すものである。そういう点で、堀江博士の講義も類の少ないものだったと言って好かろうと思う。(⑪:二七八)

小泉の在学中、堀江は徹底した経済的自由主義者、言い換えれば自由市場の擁護者だった。

吾々が聴講した頃の堀江博士は、殆ど無条件な経済的自由主義者であった。従って、始めは社会政策に反対、というよりは寧ろ、各個人の自利追求の放任によって解決されない社会問題などというものを、テンデで認めないというほどの、極端な立場を占めていたようであった。これは後に変って、社会的立法にも労働組合運動にも多くの同情を示すようになったが、当時の博士は、全くの自由主義者であった。明治四十一年、当時一橋にあった高等商業の講堂で開かれた社会政策学会の大会で、関税問題が論ぜられた時、博士は来賓として壇上から、敢然として自由貿易を主張し、来会の学者政治家の間において独り異彩を放ったものであった。当時博士の自由貿易に対する所信はよほど堅いもので、学生の反対でも容認しなかった。(⑪:二七九)

堀江は一九〇八年から理財科主任、一九一七年から理財科学長、一九二〇年からは経済学部長の要職を務めた。この間、小泉の他にも三邊金藏、高橋誠一郎、増井幸雄等を教員として採用した。小泉は、「卒業後の就職や海外留学のことについては、一番多く堀江博士を煩わした」(⑪:二八〇)というくらい堀江を頼った。それだけの信頼関係が堀江との間に築かれていたということだろう。半ば客分の立場にある福田と生粋の慶應人である堀江という全く立場の違う二人の教員が小泉を支えたという事実は、小泉にとって幸運なことだった。

田中萃一郎

小泉が「教えを受けた先生で、是非とも書いて置かなければならない」(⑪:二八一)として挙げたのは、歴史学者田中萃一郎である。[7]

田中萃一郎は慶應義塾大学部文学科を一八九二年に卒業し、一八九九年より同大学部で歴史を講じた。一九〇五年から一九〇七年までイギリスとドイツに留学し、帰国後、大学部教授に就任した。東洋史だけでなく、西洋史、政治学等も研究の射程とした。ドーソン（Abraham Constantin Mouradgea d'Ohsson）著『蒙古史』の翻訳者としても知られている。歴史書以外にも、社会主義、官僚制度、憲法、民主主義に関する論文が多数ある。一九一〇年代にはイギリスのロイド・ジョージ（David Lloyd George）政権についての論文を複数発表している。(8)

小泉は政治科二年のときに、田中萃一郎より「欧州列国政治史」の講義で各国社会党、労働党の発達について詳細に教えられ、またマルクスの盟友エンゲルス（Friedrich Engels）やドイツの経済学者ビュッヒャーの著書を教科書としてドイツ語を学んだとある（別：一五〇）。

小泉の回想は以下の通りである。

吾々が習ったのは、欧洲列国政治史とドイツ語とで、ドイツ語ではフリイドリヒ・エンゲルスの『家族の起源』とビュッヒヤアの『国民経済の発生』とを、教科書として読んだ。どちらの時間にも、博士は笑談一つ言わず、講義は早口で、味もソッケもない。だから普通の意味ではこの講義は、少しも面白いとは言えないものであった。にも拘わず、吾々学生は、先生の人物に信頼し、学識に信頼しておとなしく聴いていた。（⑪：二八一）

小泉は田中の人物と学識を信頼した。人としての遊びのなさ、学問に対する真摯さ故であろう。講義における工夫のなさが、却って学者としての純粋さを引き立てたのかもしれない。

……田中博士の列国政治史は、事実の羅列が多くて、あまり分り好くなかった。その後流行した歴史哲学過剰の政治史とは反対に、博士は事実そのものに興味を持って、細かい政治上の事件を、しかも理路を辿らず列記するので、学生は試験前になると、これを理解して記憶するのに大騒ぎした。しかし、吾々が時々訴えても博士は一向取り合わず、その異常の読書力と記憶力とを働かせて、益々細密な記述を続けて行った。当時イギリスの政界では一九〇六年の総選挙に、労働党が一挙にして四十余名の議員を議会に送ったという事件があったために、労働者の政治的活動というものが遽《にわ》かに人の注意を惹いた。博士はその講義の中で、この新事実に吾々の注意を促し、この形勢の将来について吾々に考えさせた。後に私自身近世社会思想史を講義することになったが、社会思想の政治的発現を論ずるところでは、知らず識らず田中博士の講義に学ぶところが多かったと思う。(⑪:二八三)

「新事実に吾々の注意を促し、この形勢の将来について吾々に考えさせた」。このことは小泉の後の学問と啓蒙を貫く重要な視点となったといえるだろう。

3　青年小泉の主張

一九一〇年に慶應義塾に教員として採用され研究者としてのキャリアをスタートさせた小泉であるが、彼が大学部時代にどのような主義主張を持っていたかを確認しておくことは準備作業として重要であろう。小泉が大学部時代の主張について自ら語っている文献は数が限られているが存在する。代表的なものは以下の二つである。

「日本人の長所と短所」

第一が、一九〇九年に公表した「日本人の長所と短所」と題された小論である(㉖)。一九〇八年、三田文学会主催の復活第一回試文に投稿したものであり、甲部乙賞を受賞（賞金二〇円）し、翌年の『慶應義塾学報』（一九〇九年一月号）に掲載された。当時、小泉は政治科二年、二十歳であった。(9) これはこのテーマで出題された懸賞論文であり、小泉自身が選択したテーマではないが、戦後日本と日本人のあり方と向き合う小泉の思想的源流を知るうえでは見逃せないものである。公刊された小泉自身の初の論文でもある。「余は明らかに日本人なり、到底日本人の第三者たる能はず、仮りに能ふとするも断じて欲せざるなり」と断り、「余が日本人の長所と短所とを論ぜんとするや、これを客観せずして主観す、観察記述帰納演繹の縄墨的方法に依らずして、唯感じて而して思惟するのみ」（㉖：一九）と断ったうえで、小泉はまず日本人の短所について次のように述べる。

……邦人の性は甚だ火山的なり、事に由て俄かに動き、刺撃に遭て直ちに爆発す。最も適当に云へば衝動的なり。即ち刺撃と意思決定とが直ちに相接し、普通の意思決定に於ては必然の過程なる、理智の考慮を欠けるなり。一の判断を下すに当り、理智の働きを用ふる事最も少なき人は、屢々単純なる人物との評語を受く。日本人は正にこの評語を受くるの資格あり。日本人の単純なる、これを間口ありて奥行なき点より見れば線なり、平面に非ず。更に面積あるも深さなき点に於ては平面にして立体たるを得ず、日本人の思想には多く線的、平面的の者あるなり。（㉖：一九）

「日本人の短所はこの衝動的、線的、平面的なる点にあり」。この火山の如き衝動的な性格が日本人の短所だという。「近世の複雑せる事物はこれを最も合理的に解釈し、処理するに非れば全く触手すべからず、而して合理的の解釈処理を行ふに当っては、冷かにして明らかなる理智の作用を要とす、一の事を行ふに於て、深謀熟慮これを分析し綜合し演繹し帰納し、有らゆる智的計量を経て、初めて判断を下さざるべからざるなり」。しかし、「かくの如きは、衝動的なる日本人の到底能はざる所なりとす」（以上、㉖：一九）。日本人は、「一の事を行ふに当り殆ど何等の考慮なくして咄嗟的に判断を下し、後にて自らその何の故なりしかを解せざる事すらあり」（以上、㉖：一九〜二〇）。日本人は計算高さを嫌い、単純にして痛快な人物を好む。家康、三成が嫌われ、信長、秀吉が人々に好かれ、同情されるのはその気質を表しているという。だから官は理智を要する政治外交が下手で、民は不満をすぐに爆発させる。ポーツマス条約とその後の日比谷焼き打ち事件はそういった日本人の弱点を象徴するものだ。学問分野が発達しなかったのもそのせいだと小泉はいう（㉖：二〇）。

合理性という弱点

しかし、長所もそこにあるという。「日本人の特徴の一面はその短所にして、眼点を変ずれば即ちその長所となるべきなり。日本人の長所は実にその衝動的なる所にあり」（㉖：二一）。

日本人は衝動に由て動くと云ふ。しかも天下誰れか衝動に由て動かざる。一の事を取って熟慮深思すと雖、その判断を下さんとする刹那微妙の消息は衝動に非ざれば説明し得べからず、明理冷智の人と雖その判断を下すは一種の衝動に由る者にして、所謂衝動的の人と相距る唯一歩のみ。しかもその一方に於て余は人の理智なる者が幾何の権威を有する者なるかを疑はざるを得ず。（㉖：二一）

なぜ理智と権威が結び付かないのか。それは「複雑無限の事物に対し人類の浅薄なる理智」が、「正しき考察を下し、正しき計量をなし得る」か、疑わしいからである。[10] 合理性の追求は、人間の判断能力の限界から、場合によっては弱点となる。ハイエクのいう「理性の限界」を想起させる内容であるが、その力点は決断力の欠如に置かれる。すなわち、「智愈々明らかにして不可解の事愈々多し、不可解の事に向って薄弱なる理智を唯一の楯として戦ふ、決断の意力自ら鈍るべきの道理なり。所謂衝動的の人の判断を不合理なりと云ふを止めよ、云ふ者自ら己れの判断を合理的なりとなすに、如何の拠るべき標準ありや」（以上、㉖：二一）。

「もし真に所謂合理的たらんと欲せば、頭を砕いて主観を滅したる後に非ざれば不可なり。かくして人は遂に何等の判断をもなし得ざるべきなり」。故に、「深慮は往々にして人の勇を殺ぐ事ある」（㉖：二一）という。だからこそ、衝動的な日本人の気質は、躊躇することなく大きな決断を行うことができ、その結果、重要な局面で大きな成果を挙げることができる。その最たるものは「戦い」である。

> 秀吉信長の天下を平定するや亦これに類する者ありき、或はその突飛を非議する者ありと雖、彼等の気魄事業の大は毫もこれに由てその大を失ふ者に非ざるなり。男児痛快の事多くこの種の人の手に成る、吾人が衝動の強力を否認し得ざる事尚ほ火山の爆破力を認むるに異なざる也。日本人が戦争に強きも亦由来をこの辺に発す。（㉖：二一～二二）

小泉の議論は武士道に移る。「日本に武士道と云ふ者あり。封建武士の間に起りたる一種の人道にして、義を重んじて私を賤み、事ある時は君の御馬前の討死を希ひ、士人の『面目立たざれば腹掻き切て相果つる』を理想とす」（㉖：二二）。欧州にも騎士道というものがあるが、小泉は日本の武士道の特殊な性格に注意すべきという。

> 日本人の衝動的なるや、一言の義に感激しては復《また》その理非を究めず、敢然として行ふに躊躇する事なし。

この性情あり君の馬前の討死、腹掻き切て相果つるの語初めて活くるなり。道徳は時代と共に推移す、個人性の発展を重んずる近世の倫理より見れば、武士道の如きその根拠単純にして、説く所甚だ浅薄なりと云はるべし、しかも一言の然諾を重んじ身を殺して敢て悔ひざる、這個《しゃこ》根本痛快の精神は、衝動的日本人の一人たる吾れに取りて替へ難き価値あるを如何。然り、かくの如きは線的平面的の道徳なるべし、しかも修身の法必ずしも深遠の理を説くを須《もち》ひず、武士道は理を説くに非ず唯これを行うのみ。㉖：二一）

「武士道は理を説くに非ず唯これを行うのみ」。小泉はそうした武士道に見る日本人の直線的な性格が、近代化の中で失われていくことを嘆くのである。ここで「履き違への個人主義」という言葉が登場する。合理性を追求する個人を批判的に見る小泉は、この後、合理性を追求する個人を前提とする経済学研究の世界に飛び込むことになる。

信念志操にして堅からば、その拠て立つ所の理の単純は、却って彼の徒に理を説く軽浮者流の弱行に優る事万万に非ざるなきか。理義の透徹もこれを体得し体達するに非れば理は遂に何の要をもなさざるなり。近世の文明は人をして益々理智の動物たらしめ了んぬ。利巧方便に敏なる者は最も優秀なる人種と称せられ、義に動く者利に淡なる者は時世遅れの骨頂と敬称せらるるに至りぬ。今や誰れか我が日本人の為めに時世遅れの骨頂たるを甘んずる者ぞ、誰れか履き違への個人主義に随喜する者ぞ、人は理性を有するのみに由て獣と異なる者には非ざるなり。㉖：二一）

表裏としての長短

「日本人の衝動的なるはその長所にして亦その短所なり。此の短所は実に彼の長所あらしむるの所以にして、彼の長所はやがて此の短所を避くべからざらしめ、両面相合して日本人の表裏面を成す、即ち彼の特徴が衝動的なるの所以なり」(㉖：二二一〜二二三)。これが小泉の結論である。ここに至って、小泉の近代化についての評論が展開されている。日本の近代化を推進した思想の基礎は西洋的な合理主義であるが、それが単に人をして理智の動物とさせるだけだという小泉の理解は、小泉思想の形成過程の出発点としては興味深い。これから経済学者として活躍することになる小泉が、その出発点において合理主義を警戒している点は、後に出会う福澤諭吉の「瘠我慢の説」を「イルラショナリズム」として自らの思想の中に読み込む余地をつくる布石になっていたともいえる。しかし、近代化を支えた個人主義が「履き違え」のそれ、すなわち利己主義的な個人主義であふれるかもしれないと日本の将来を危惧する小泉であるが、この時点では「履き違え」のない個人主義の姿を提示できないでいるのも確かである。

後に見るように、明治末期における小泉の日本人の長所・短所論と似た言動が、戦時中の小泉の言動に再び登場する。小泉は一九四四年一〇月、『現代』という雑誌に「決心第一、智術第二」(㉖)と題するエッセイを発表し、「如何にして米英を撃滅すべきか」との問いに、次の通り述べた。

智慧才覚は役に立たぬばかりか、或いは却って邪魔になる。これほどの大戦争に何か奇抜な妙策があるかのように思うこと、それが抑《そもそ》も間違いである。汗血塗炭、悪戦苦闘、これ以外に勝利の途はなく、ただこの中に勝利の道は必ず開ける。どんな新兵器があるか、どんな秘密の作戦計画があるか。そんな事は凡べて軍当局者に一任して置けばよい。吾々国民は戦うことあるのみ。(㉖：一〇二)

「日本人の長所と短所」を執筆した明治末期から先の大戦に至るまでは、小泉の研究者としての時代と塾長としての時代である。この間、一体どのような思索の積み重ねがあったのか。「日本人の長所と短所」は考察の出発点として興味深い対象である。

「予の奉ずる主義」

第二が、一九二二年の「予の奉ずる主義」㉖である。そこで大学部時代に彼が考えていたことについて回顧する箇所がある。小泉は経済問題、社会問題に限ったうえで、自らが大学部までにどのようなものの考え方をしていたのかをまとめている。

……私にとって一番早く纏まった考えは、社会を（一切事物をと云わぬまでも）固定、静止、不動のものと見ずして、これを運動、成長、進化するものと観ること、エンゲルスによって弘められた術語をもって謂えば、形而上学的考察法 Metaphysische Denkweise を棄て、弁証的考察法 Dialektische Denkweise を取ることであった。而してこの考察法は、その時以来今日まで、多少精粗の別はあるであろうが、自分の保持して渝《かわ》らざるところである。然るに私は全くヘエゲルを知らず、この考え方は一にマルクスによって得たものであったから……この根本的なる重要の点においては、私はたしかにマルクシストとして出発したと云わなければならぬのである。（㉖：七二〜七三）

小泉は学生時代から経済社会問題の考察において、マルクスがヘーゲル（Georg Wilhelm Friedrich Hegel）から継承した弁証的考察法をとるようになった。マルクスの唯物弁証法は、自然や社会において事物を固定不変のものと見ずに、運動、発展、成長していく過程として捉える進化思想である。弁証とは対話を意味するため、事物のより高きものへの発展は「肯定―否定―否定の否定」にしたがって行われる。肯定と否定との対抗は矛盾であるので、事物はそれ自体の内に矛盾が生み出されることによって運動し、より高次なもの

へ発展、成長することになる。このような弁証法的な進化思想を小泉は資本主義社会に当てはめて考察する。(11)

「凡べてあるものは合理的である」しかしまた凡べてのものの合理性、存在の権利は、絶対的永劫的なものでなくて、相対的一時的のものである。一社会組織が如何に不当不合理に見えても、それは偶然過まって造られたものとは見ることが出来ぬ。従って資本主義社会もまた社会進化行程上の必然的一階段であって、永久不変のものとは思われぬと同時に、資本主義社会が長年月間の発達の成果であると同じく、それが別の一社会制度に地を譲ることもまた長年月間の進化行程において行われるものと考えなければならぬ。要するに社会組織は長年月間に成長するものであって、随意に一挙に造出することも改造することも出来るものではないというほどの考えを、今ここに記したより更に漠然たる形において抱くようになった。(26)・・七三)

社会は漸進的に進化せざるを得ないものである。資本主義社会も社会進化上の一段階であるので、将来は別の社会制度となるかもしれない。資本主義社会の将来の変革についてのこのような見解は、次章で触れるように、フェビアン社会主義の見解を想起させるものである。小泉はこの見方を、欧州留学時代、イギリスの経験に直接触れることで確信することになる。

「日本人の長所と短所」そして「予の奉ずる主義」において回想されている大学部時代の小泉の主張はまだその萌芽段階のものであるが、研究者時代そして塾長時代の小泉にどのように影響し、あるいは反映したのだろうか。

（1）戦前、一般に年齢表記は「数え年」で行われていたので、著作によっては年齢表記がずれることがある。
（2）小泉にとっての「青い鳥」としての福澤については、本書第三章4参照。
（3）気賀勘重のフィリポヴィッチ研究については、ディステルラート（二〇一五）参照。
（4）フィリッポヴィッチ（一九〇三）。同著は何度も改訂されているが、小泉が読んだものがどの版かは不明である。
（5）福田徳三の人物史、業績については、慶應義塾大学図書館の『Bibliographical Database of Keio Economists』の他、木嶋（二〇〇六）、西沢（二〇一五）等を参照。
（6）堀江帰一の人物史、業績については、慶應義塾大学図書館の『Bibliographical Database of Keio Economists』や小泉自身の紹介の他、上久保（二〇一五）等を参照。
（7）ドイツ・日本研究所の「日本の大学所蔵特殊文庫データベース」（http://tksosa.dijtokyo.org）の他、田中（一九三二）、慶應義塾（一九六二：一一四）、佐藤（一九九一）等参照。
（8）但し、田中がロイド・ジョージ政権に批判的であること（田中 一九三二：五五五）が興味深い。
（9）詳しくは、慶應義塾（一九六〇：一五五～一五八）参照。
（10）もちろん、限定的な情報と判断力の制約の中でいかにして合理的な意思決定を行うかという視点はあり得る。それが近年の経済学の課題であることはこの時点での小泉が知る由もない。
（11）小泉は、人間の経済行動と社会形態の変化との関係を考察したという点でマルクスの唯物史観を評価しているが、唯物弁証法を徹底するなら、唯物史観における共産主義必然論は「経験科学の領域を超えた形而上学的断定」（⑩：七六）であると批判している。

……資本主義社会の矛盾が共産主義への発展によって止揚せられた後、更にこの共産主義そのものの内から、それに対する否定が起って来なければならぬ筈である。（中略）

マルクス、エンゲルスの著作には、それは全然説かれておらず、彼等の文言及び言外に感ぜらるる印象からいえば、共産主義社会は人類最高の歴史的段階であって、それ以上の発展は想像思議すべからざるものであるかのようである。然らば、謂わゆる弁証法的発展は、共産主義社会の実現せらるるその時まで世界を支配し、共産主義の実現せらるるとともに、忽然として永遠に停止するというのであろうか。それは人の理性に迷うこと最も甚だしき断定である。（⑩：一〇一〜一〇二）

第二章　経済学、経済学史、社会思想史研究

1　研究者としての歩み

慶應の麒麟児

一九一〇年、小泉信三は政治科を首席で卒業し、慶應義塾に教員として採用される。教員といっても就任当初は特に講座を持っておらず、専ら勉学に専念する時間が与えられた。小泉はこの時間を利用して経済学、経済学史の知識の涵養に努める傍ら、当時永井荷風、小山内薫といった看板教授を揃えた文学科の講義に、親友の阿部章蔵（水上瀧太郎）とともに聴講し、澤木四方吉、久保田万太郎らと親交を深めた。小山内薫は近代劇の講義でイプセン（Henrik Johan Ibsen）の『幽霊』の英訳を用い、二代目猿之助も聴講していた。小泉は永井荷風が編集人兼発行人を務めた『三田文学』を機関誌とする三田文学会の活動に積極的に参加するようになった。『三田文学』には森鷗外も深く関わるようになり、小泉の文学への関心はますます高まった（⑯：四六九、今村 一九八七：四九等）。永井荷風の下で学んでいた佐藤春夫との親交も、こうした小泉の文学への関心がきっかけとなった。文学、芸術への造詣の深さはこの頃の経験が大きいだろうし、そういった分野に人脈が広いのはこのためだろう。

それでも欧州留学出発前の三年ほどの間にいくつかの重要な研究業績を出していることは見逃せない。福田徳三は小泉に欧米で展開しつつあった新古典派経済学を学ばせ、その成果を世に出すことを求めた。そして小泉の名が日本の経済学界で知れ渡ることになるジェヴォンズ『経済学原理』(Jevons 1871) の翻訳『經濟學純理』㉔が公刊されたのは、小泉が欧州留学中の一九一三年のことである。ジェヴォンズはワルラス (Léon Walras)、メンガー (Carl Menger) と共に経済学において限界分析の手法を導入し新古典派経済学を創始した担い手の一人である。これは近代経済学翻訳書シリーズ『内外経済学名著』を刊行計画した福田の勧めによるものであり、その序文の中で福田が小泉を「慶應義塾が近年に於いて産出したる麒麟児の一人なり」と評しているのは有名である。

小泉信三君は慶應義塾が近年に於て産出したる麒麟児の一人なり。……予は慶應義塾に教鞭を取ること前後八年、其間予が講座に列り予が門に出入したる塾生千を以て数ふ可し、然れども頭脳の明快・理解の透徹・学力の優秀・人格の堅固の点に於て未だ小泉君の右に出づるものに接せしことなし。……之を先輩の中に就いて求むれば、恐らく小泉君以上の卓越せる学者其数少しと為さざる可し。唯だ義塾出身者の世に出で身を立つる或は実業界或は政治界に専らにして、学問の世界に方針を定むるもの極めて少し。幸ひ、大学部の発展に伴い留学生の派遣比々相続ぐに及び有為なる学者の三田学舎に起るもの多しと雖も、之を経済学に就いて云えば堀江・気賀両先輩に続くもの殆ど之なきの状あるは甚だ遺憾とす可き所なり。予は任に義塾に就きてより常に謂《おもへ》らく、予が如きはバプテスマのヨハネたるを得ば畢生の幸福のみ、在任数年若し一個半個の龍像《りようぞう》を打出し得て之を義塾に寄進するを得んか、予は其責を尽したるものなり、少くとも第二の堀江博士第二の気賀教授が予が門下より出づることあらんか、予が性来の狷介《けんかい》を以て塾僚を煩したる罪は償はる丶ものとするを得んのみと。予は今小泉信三君を得て之を三田の諸君に還付す。予は予

が事を成し終へたりと自信するものなり。(㉔:一三七～一三八)

また小泉は当初から社会主義、社会政策に強い関心を寄せていた。社会主義思想に強い関心を持つきっかけとなったのは、一九一〇年の幸徳秋水(伝次郎)らによる大逆事件だった。明治天皇暗殺計画に関与した大逆罪で社会主義者、無政府主義者二十四名が死刑宣告され、幸徳等十二名の死刑が執行され、全国民に衝撃を与えた。彼は次のように述べている。

……天皇崩御の二年前に、幸徳傳次郎一派によって企てられたという大逆事件は、強いショックでありました。幸徳は無政府主義を奉ずるものだと伝えられた。無政府主義とはいかなるものか、また虚無主義とはいかなるものか。(中略)

人びとはしきりに「危険思想」ということを言った。危険思想が青年にとって魅力のない筈がない。当時、私たちの同僚や同年輩の友人に社会主義者と称すべきものは見当らなかったが、多かれ少なかれ社会主義に対して関心を寄せることは、皆な一様であったといって好いでしょう。幸徳傳次郎、堺利彦の共訳による『共産党宣言』なども、私たちはすでに読んでいました。(⑯:四七三)

師事していた福田徳三は社会政策の研究者であり、当時からマルクス経済学を批判的に論じていた。また福田が主要メンバーの一人であり、当時ほとんどの社会科学研究者が参加していた社会政策学会に小泉も参加した。社会政策学会は、無制限な自由競争と貧富の差の拡大を招く自由放任主義と、経済組織を破壊し資本家の絶滅を図る社会主義の両方から距離を置き、私有財産制に基づく経済組織を維持したまま個人の活動と国家の権力によって社会の調和を図ろうとした。

これに関連して留学以前の業績として興味深いのが、留学直前に『慶應義塾学報』に掲載された「社会問題と近代戯曲（一）（二）」①である。小泉は教員採用後しばらくの間は時間的余裕があり多くの文学者と知り合い、多くの作品に出会った。小山内薫の戯曲は小泉に強い関心を呼び起こさせた。当時、社会問題を多く扱った鷗外にも関心を寄せていたことから、小泉は自らの思索の拠り所の一つを文学に見いだそうとしたことが窺える。小泉は生涯に渡って実に多くの文学作品の評論を手掛けた。その多くは、自らの当時の問題関心と結び付けられて論じられた。文学作品に思想の糸口を見いだす小泉の思索のスタイルは早い段階で確立していたといいえる。

足掛け五年の欧州留学

小泉はジェヴォンズの翻訳を終えてまもなく、三年半に渡る欧州留学に旅立った。『小泉信三全集別巻』の年表によると、滞在先と滞在期間は次の通りである。途中、徳川頼貞に随行し一カ月ほどスペイン、ポルトガルを旅行し、またパリに向かう途中に一カ月ほど欧州を旅行をしている。

一九一二年　九月　日本発
一九一二年一一月　ロンドン着
一九一三年　一月　ロンドン・スクール・オブ・エコノミクス（ＬＳＥ）聴講生となる
一九一三年一一月　ベルリン着、ベルリン大学哲学科に通う
一九一四年　八月　第一次世界大戦勃発のためドイツを発ち、イギリスに向かう。ケンブリッジ大学に通う
一九一五年　六月　ロンドンの大英博物館近くに下宿し、大英博物館図書館に通う

一九一五年一一月　パリ着、ソルボンヌ法科大学に通う
一九一六年　三月　パリ、ニューヨーク、シアトル経由で帰国

旅行を除けば、イギリスには二年強、ドイツには一〇カ月、パリには三カ月ほど滞在したことになる。小泉の欧州留学については詳細な日記があるのでその概要を知ることは容易である（小泉 二〇〇一）。また、その概要をまとめた文献もある（池田 二〇〇五）。ＬＳＥではシドニー・ウェッブ、キャナン（Edwin Cannan）、ベルリンではシュモラー（Gustav von Schmoller）、ゾンバルト（Werner Sombart）、ケンブリッジではピグー（Arthur Cecil Pigou）、ケインズ（John Maynard Keynes）、ソルボンヌではジード（Charles Gide）等著名な学者の講義を聴講した。しかしそれだけではなく、欧州滞在中とりわけイギリスで生じたさまざまな政治動向すなわち現実が小泉を大いに刺激した。後年、小泉は留学時代を振り返り次のようにいう。

ヨオロッパでは開戦のためドイツを退去させられたので前後合せて一番長くイギリスに滞在することになった。イギリス人の妥協的、折衷的、常識的なものの考え方は、自分の性向に合わないので、書籍は英書よりもドイツ書を読むことを喜んだが、イギリスの実際社会の観察はかなり私に利益を与えたように思う。（㉖：七三）

小泉がその例として挙げるのは、ロイド・ジョージを中心とした当時の自由党政権による急進的な社会政策である。小泉がイギリスに到着した一九一二年前後には、最低賃金、国民保険、養老年金等、社会保障関連の法令が矢継ぎ早に制定され、その勢いは止まるところを見せなかった。

それまで私は社会制度の変革という事と、社会政策なるものとを全く別の事として取扱っている嫌いがあった。社会政策なるものは私有財産制度の原則はそのままとして、これに触れざる程度内において下層階級の窮苦を和らげるものと云うが如き俗説を無吟味で採用していたのである。しかし気を付けて見れば私有財産の原則なるものは、それほど明確なものではない。一つの社会制度が無数の成法並びに事実上の法律によって支持せられている以上は、その法律のいずれかを改廃修正して、しかも社会制度そのものを全く旧のままに保存するという事はあり得べからざる事である。僅かに一個の工場法と雖も、明らかに私有財産に対する制限をなしている。その制限は極めて軽微のものであっても、同種の方策が集積すれば社会制度は異った面目を呈する事にならざるを得ない。(㉖:七四)

小泉は、イギリスにおいて社会の矛盾が革命として爆発するのではなく、民主的手続を通じて修正されていくその姿を目の当たりにした。二〇世紀初頭のイギリスにおける社会改良政策については堀江帰一や田中萃一郎から聞き及んでいたが、その世の中の流れに呼応するように社会が変化していく様を、自らの目で確認したのである。イギリスでの経験は小泉の後の思想形成に大きな影響を与えた。

小泉は、事前に知識だけは持っていたイギリスにおけるさまざまな改革の動きに直接触れることで、次のような見解を持つに至った。再び「予の奉ずる主義」から引用しよう。

イギリスが与えた衝撃

イギリスにおける経験は小泉に衝撃を与えた。「個々の施設を引離して単独に見ずして、長時間の経過を通覧すれば、個々の一見弥縫《びほう》的の施設の集積は、明らかに一個の原則的変革を齎らしている。量の差が質の差に変わっているのである」(㉖:七五)。新しい社会制度は、その基礎となる社会政策が集積されることによってのみ移行することができる。小泉は一九世紀初頭のイギリスと、さまざまな福祉国家政策がとられるようになった一九一〇年前後のイギリスとを比較して、このことは明らかであると述べる。極端にいえば、私有財産制までもが、個々の改革の集積によって本質的に変わり得るというのである。

……旧政府に取って代った権力者がその権力を揮って、一新社会制度を造出そうとして、成功すれば、それは新社会の基礎たるべき経済組織が、既に出来上っていたからでなくてはならぬ。新社会組織は新社会組織が既に出来ているときにのみこれを造ることが出来る。而してこの新社会組織は成長によって成るもので、命令、威力によって一挙に造出し得るものではない。然らばその新社会組織の成長は如何にして行われるかと云えば、畢竟各種の社会政策的施設と労働組合、消費組合その他各種の産業組合等による経済生活上の改良、新形態の集積に外ならぬものではないかと思う。兎に角自分は新社会の建造なるものが、随時任意に意力によって一朝にして造出すことの出来るものであるかの如く思うブランキイ流の考えを、間もなく幼稚なる空想として（少なくとも理論上は）顧みなくなった。（㉖：七六）

一連の社会政策は、結局は資本主義の維持に過ぎないとする見方に対して小泉は反駁し、資本主義の修正が結果的に資本主義自体を変容させることになり得るということを強調する。ここで小泉は「今日までに最も益を受けた書」（㉖：七六）としてベルンシュタイン（Eduard Bernstein）の『社会主義の諸前提と社会民主主義の任務』（一八九九年）を挙げる。同書では暴力革命ではなく、議会制民主主義を通じて漸進的に社会改良を進めることで社会主義を目指すべきだとする修正資本主義が提唱されている。

……個々の社会政策的施設の累積が長年月の間に社会制度を原則に異ったものに進化させる。量の差が変じて質の差となることを信じ、同時に社会制度の変革はこれ以外の方法では行われないことを信ずるものである。政治的革命は容易に行われても、社会組織、経済組織は一朝にして造り、もしくは改造することは出来ぬ。政治的革命の後において新権者は、やはり与えられたる経済組織の許す範囲内において、政策的施設を行う外はないのである。社会政策なる語には今日一種の聯想が伴って、それは資本主義を維持する方便、もしくは資本主義の原則を傷つけぬ範囲内において労働者階級の境遇改善を行うべきものと解せらるる傾きがあり主張者自らそう考えている者もあるらしく見える。（㉖：七八）

小泉は「予の奉ずる主義」において、大学部時代には「資本主義社会の進化行程は、どういう形を取るか、また取るべきか、その細目は事実上の知識の不足だったためもあるが、面倒で考えられなかった。それがため、一方では社会の必然的漸進的進化を信じながら、他方では何かの機会に、一朝にして、社会組織が一変するという奇蹟を予期するような心持ちを慥かに懐だいていたことは争われない」（㉖：七三）と述べている。しかし、欧州留学を通じてそのような急進的思考法はとらなくなった。とはいえ、社会政策の積み重ねの結果として、資本主義が社会主義に変容することは容認する。そもそも資本主義と社会主義の境界自体が曖昧なのだから、そのような変容は重要な問題ではなく、環境の変化に応じて、またその時々の社会の要請に応じてあるべき姿を目指せばよいと考えるのである。(1)

……資本主義原則なるものに明確なる境界線はない。如何なる程度までの社会政策は、資本主義を傷けぬもので、如何なる程度を超えれば資本主義の原則に背くという明確な境界があるべき筈はない。既に社会政策に限界がないとすれば、これを進めることによって社会制度は原則的に変わらざるを得ないのである。（㉖：七八）

現実の資本主義社会の諸問題を強く意識していたからこそ、小泉は研究者となった当初からさまざまな形態の社会主義思想を詳細に研究していく。だからこそマルクスにも大きな関心を寄せていたのである。ロンドンではチャリングクロス・ロードの古本屋街でヘンダーソンという急進思想専門の小さな本屋を見つけた。英語版の『共産党宣言』や、プルードン（Pierre Joseph Proudhon）、バクーニン（Mikhail Alexandrovich Bakunin）、クロポトキン（Pjotr Aljeksjejevich Kropotkin）等の無政府主義者の著作、その他現行秩序に反抗する一切の資料があり、多くの書籍を購入した。『私とマルクシズム』（⑩）で述べるように、小泉がいかに社会主義に興味を抱いていたかをよく物語っている。

……何しろ、大正元年のその当時、日本ではウッカリ持って出歩くことも出来ないような、禁制の書ばかり店一杯並べてあるのには驚いた。忽ちその家の常得意となり、一理窟ありそうな主人及び温良な息子とも懇意になって、郊外の下宿からロンドンに出るたびにその店に立ち寄り、書棚に並べてあるものを――小冊子類が多かったが――片端から買った。（中略）

かく手当たり次第に社会主義文書を渉猟《あさ》るとともに、系統的に近世社会主義思想及び実践運動の由来経過を明らかにし、これに対する批評的態度を定めたいとの欲求が漸く強くなって来た。（⑩：二一七～二一八）

こうして少しずつ社会主義に関するノートを作り始め、本格的な社会主義思想研究がスタートすることになった。帰国して慶應義塾で堀江帰一から引き継いだ「社会問題」（後に「社会思想史」と改称）を講義するときにはこのノートが役に立った（⑩：二一八）。

帰国後、小泉は堰を切ったように社会主義をテーマとした研究業績を公表した。またさまざまな社会主義思想の経済学的な基盤である古典派経済学者リカードの経済学を体系的に研究するようになった。このことは、後にマルクス経済学をその価値論の形成史から批判する独自の見解を確立し、マルクス主義者との論争へと発展することになる。

帰国後教授になる

帰国後すぐに大学部教授となった。初期のゼミナールの学生には、日本を代表する詩人にして文学者となった西脇順三郎、日本共産党議長となる野坂参三がいた（今村 一九八七：七九）。西脇は小泉の人柄に心酔した。既に見たように、小泉を「新しい福沢」と評したのは西脇である。小泉は英語版のマルクス、エンゲルスの『共産党宣言』廉価版をたくさん購入して帰り、自分のゼミナールでそれを用いて講義した。野坂参三は、この講義で受けた感銘が長く消えることがなく、自分を今日あるに至らしめたという（今村 一九八七：七九）。野坂はこのことについて次のように述べている。

わたしは、徹夜して全部を書き写し、字引をひきながら夢中で読んだ。……この書がわたしにあたえた影響は、実に大きかった。これによって、わたしがマルキシズムにはいる決意をかためた、といってもいいと思う。

このような手引きをしてくれたのが、その後、反共のチャンピオンとなった小泉さんであったことは、まことに皮肉なめぐりあわせである。（文藝春秋 一九六六：二五七〜二五八）

また、後の共産党員で、一九三四年に獄死した野呂榮太郎は、学生時代に小泉の授業に熱心に参加し、論戦を挑んできたそうである。そういった野呂を小泉は大いに評価していた。

考えて見れば、野呂と教室でマルクシズム問答をした日は、既に四半世紀の昔となった。彼れが生きていれば、吾々の間の思想上の距離はいよいよ相距たるものとなっていたであろう。或いは私交も続けられぬほどになっていたかも知れぬ。しかし、彼れの生前、私はひそかにこの後輩の才幹の非凡を重んじ、その一身を気遣った以外、彼れと些かの不快の記憶もない交際に終始したことを幸いと思う。マルクスを批判しながら私は幾人かマルクシストの友達を持っているが、野呂はその中の最も顕著な一人であった。（⑩：二三一）。

2　経済学、経済学史研究

わが国への近代経済学の導入

福田徳三が教科書として用いたのは新古典派経済学を解説したセリグマンの著作であった。福田は留学先のドイツでビュッヒャーやブレンターノに師事したドイツ歴史学派の研究者であり、社会政策学会の主要メンバーであったが、その後は思想を変節させ、慶應義塾教授時代は歴史学派を批判するために限界効用学派やマーシャル等新古典派経済学を研究するようになった。学生時代の小泉は、マーシャル経済学を基礎として福田の著した『経済学講義』（福田 一九〇七〜一九〇九）から影響を受けたと考えられる。

卒業後、留学前の一九一一年に「ヘルマン・ハインリッヒ・ゴッセンと其学説――生誕一百年記念のために」（外国論文の紹介）（㉔）を、翌年には「主観的価値論沿革の一節」（㉔）を発表する。ゴッセン（Hermann Heinrich Gossen）はジェヴォンズによって発見された限界効用理論の先駆者であり、後者ではゴッセンとジェヴォンズの理論が比較検討されている。一九一二年秋に欧州留学に旅立った小泉が置土産としたのが、ジェヴォンズ『経済学原理』の一九一三年の翻訳（㉔）である。小泉はわが国への近代経済学導入の時代に福田の影響でその一端を担ったことになる。これは福田監修『内外経済学名著』第一冊として刊行され、福田はそれに寄せた序文の中で、この書が選ばれたのは小泉自身の発意だとしているが(㉔:一四四)、後に寺尾琢磨も述べるように、これは福田の発意ではないかと考えられる(㉔:五四〇)。その序文の中で、福田がジェヴォンズ『経済学原理』をわが国経済学界に紹介したい理由を明らかにしている。

……予は経済学史の全体を通じて最も偉大最も絶倫なる破壊の効業は之を我ジェヲンスに帰せざる可からざるを思ふものなり。何故に彼の破壊は大なるか。答、彼は破壊の為めに破壊せず、彼は破壊を以て破壊せず、建設の為めに、而して自ら建設するによりて破壊したればなり。(㉔:一四二)(傍点は省略した)

予がまた此訳書を『経済学名著』の第一冊として採択し現代の我邦思想界に提供する所以はジェヲンスが千八百七十年代の英国に期したるもの、我等之を大正初期の我邦に期するが故のみ。曰く、権威の打破、偶像の破壊。(㉔:一四五)

福田が「打倒すべき権威」としたものは何だったのか。明治大正期に後進国として国家主義的に急速に経済発展、工業化したわが国では、資本主義の矛盾が表面化し、国民の厚生は犠牲にされ地方においては貧困拡大がもたらされた。同じように国家主導で経済発展したドイツが手本とされ、資本主義の矛盾を立法によって是正するドイツ歴史学派が政策的にも適用されるようになる。わが国においても一九〇〇年に社会政策学会が設立され、それは貧富の差を拡大する極端な自由主義にも、現在の経済体制を崩壊させる社会主義にも反対する立場であった。しかし、時局の進展と共に国家主義の色彩が濃厚となり、またマルクス経済学の台頭もあって次第に弱体化し、社会政策学会は一九二四年には解散することになった。福田が「打倒すべき権威」としたのは、歴史主義の名を借りた国家主義のことであった(2)。古典派経済学を倒したのはドイツ歴史学派であると信じられてきたが、理論的背景の乏しい歴史学派はその後に新しい経済学体系を確立することはできなかった。福田は古典派経済学の労働価値説に対抗できる新古典派経済学の限界効用理論のわが国への導入を急ぐことになった。

このように研究者として最初の時期に限界効用学派のわが国への導入に参画した小泉であるが、留学後にはジェヴォンズが批判の対象としたリカード等古典派経済学の研究を主体とするようになった。日本の国家主義と結び付いていた歴史学派経済学と対決しなければならなかった時代に、小泉はなぜ時代を遡ってリカードを中心とした古典派経済学研究に還り、それを極めようとしたのか。その理由は、留学後の小泉の社会思想史研究(3)、マルクス経済学批判の中にある。

リカード研究と新古典派経済学研究

留学を終えた小泉は、ラサール（Ferdinand Lassalle）やロードベルトス（Johann Karl Rodbertus）、ギルド社会主義等の社会主義思想史を精力的に研究し、さらにその後、マルクス経済学、リカードを中心とした古典派経済学を研究する。古典派経済学については、リカード『経済学及び課税の原理』の翻訳（一九二八年）㉓、『リカアドオ研究』⑥（一九二九年）、『アダム・スミス　マルサス　リカアドオ』（一九三四年）⑤等があり、慶應義塾長だった一九三四年、『リカアドオ研究』の諸論文によって、自分で自分に授与する形となってしまったが博士号を取得した。中山伊知郎が『小泉信三全集第九巻』解説において「小泉経済学の本質は、リカードの研究からきている。先生はリカードの研究を通じて経済学の本質をしっかりつかんだ」（⑨：四八二）と述べ、小泉を「現代古典学派」と呼ぶように（⑨：四九五）、小泉の社会思想史研究、マルクス主義研究、新古典派経済学研究は古典派経済学研究を基礎として有機的に結び付いているところが興味深い。

小泉が自身の経済学を体系的に論じた著作として一九三一年の『経済原論』(9)と一九三八年の『青年公民読本・経済篇』(『初学経済原論』)(9)があるが、それは彼がリカード研究を完成させた後のことである。『初学経済原論』は前者を初学者向けに解り易く解説したものである。小泉の経済学上の立場は当時最新のものであった新古典派経済学をとっているが、中山伊知郎によると、価値や価格の説明から始まり景気変動論に至るドイツの分析的な経済学の立場と、直観的な価値価格分析を通じて経済を総体的に把握しようとするイギリス的な経済学の立場とが統合されて彼の経済学が体系化されている。

『経済原論』で興味深いのは、新古典派のジェヴォンズ(4)が限界効用学説で乗り越えようとした古典派のリカードの労働価値説に基づく生産費説の価値論について、両者は相互補完的であり相対立するものではないとしているところである。

……貨物の価値を決定するものは何処までも需要と供給或いは効用と稀少性とであり、労働費用または生産費は此の供給または稀少性を左右するものとして初めて価値に影響するのであるから、効用学説は生産費説に対して特殊に対する一般の地位にあり、ただその場合に生産費は効用よりも一層明確に価値を測定せしむることがあるというに過ぎぬ。(9:三七五)

労働価値説を基礎に持つリカード経済学においては、財の価値はその生産に投下された労働量によって測られる生産費説をとるが、限界革命以降、商品の需要と供給の関係が重視され、その商品に対する需要側の最終効用(限界効用)が価値を決めるという限界効用説がとられるようになった。供給に制限のある名画等の稀少材の価値は限界効用説によって説明される。需要の増減に伴い供給も増減可能な任意可増財の価値についても限界効用説で説明される。しかし、小泉によると、需要の増減と共に即座に供給が増減できるものは実際上ほとんどなく、生産に時間を要する財の価値はその生産費の影響を受けることになる。前記引用文は、価値論は一般的には限界効用説で説明できるが、生産に時間を要する場合は生産費説による説明が有効であり、労働費用や生産費といった供給側の要因が重視されるということである。そして小泉は次のように述べる。

故に費用説と効用説との両立を認め、そのいずれの一方が正しいかを問うは、鋏の双刃のいずれの一方が物を截《き》るかと問うの不合理に等しいというマアシャルが、「通則として吾人が考察しつつある期間が短ければ短きほど、吾々は大なる注意を価値に及ぼす需要の影響に分たなければならぬ。また期間が長ければ長きほど、価値に対する生産費の影響は益々重要となるであろう」といったのは極めて正当の見解である。（⑨：三七五〜三七六）

小泉は、財の価値は短期的には需要側の要因である限界効用説が有効であるが、生産が長期化する場合は供給側の生産費の影響が大きくなるとしたマーシャルを引用し、このような形で古典派経済学と新古典派経済学の価値論の折衷案を提示している[5]。ジェヴォンズの限界効用学説は、ジェヴォンズ自らが信じたほど革命的なものではなく、古典派のリカードの価値論を詳細に検討すれば、それと相互補完的なものであるとしている。また、リカード価値論の研究は、マルクス価値論の批判において小泉独自の主張を生み出すことになった。

社会主義思想の基礎理論としてのリカード経済学

ロードベルトス、マルクス、フェビアン社会主義等さまざまな社会主義思想を研究していった小泉であるが、それらは古典派経済学を理論的に体系化したリカード経済学を基礎に持っているという共通点があった。新古典派経済学の研究から出発した小泉が、それより以前の古典派のリカード経済学を体系的に研究したのは、それがさまざまな社会主義思想を研究していくうえでの基礎理論を提供するものだったからである。後に「秩序ある進歩」という修正資本主義的な思想的立場を表明する小泉は、さまざまな社会主義思想を理論的に検討し、その実際的な可能性について検討していったと考えられる。『経済学説と社会思想』（一九二〇年）①、『社会組織の経済理論的批評』（一九二二年）②、『アダム・スミス　マルサス　リカアドオ』（一九三四年）⑤等では、リカード経済学とさまざまな社会主義経済学の関係について言及している。小泉は、リカードの価値論、地代論、賃金法則がどのように社会主義思想家たちに影響を与えたかについて述べている。

リカードは財の価値はその生産に投入された労働の相対量によって決まるとする労働価値説をとった。一九世紀前半のリカード派社会主義者たちはこの労働価値説から、生産に用いられた資本のうち消耗された部分を回収した後に資本家が収得する利潤や地主が収得する地代の部分は本来労働者に帰するものであるとして、労働全収権論を主張した。またプルードン、ロードベルトス、オーウェン（Robert Owen）は、この労働価値説の考え方から、ある一定量の労働を投入して生産された財は、それと同じ労働量を投入して生産された財と交換されなければならないとして、労働貨幣を案出している。

マルクスは『資本論』においてリカードの労働価値説を批判的に継承し、財の価値はその生産のため「社会的に必要とされる労働」で決まるとした。社会的に必要とされる労働というのは、一社会のその時々における平均の熟練度と平均の労働強度によってその財が生産される労働時間ということである。そして、この労働価値説を労働力の価値に適用することで、マルクスの「剰余価値説」が生まれる。人間の労働力も社会では一つの商品として売買され、その価値はこれを再生産するために「社会的に必要とされる労働時間」によって決まる。資本家が労働者を働かせるとき、その労働者と家族の一日に必要とされる生活必需品を超えた部分が「剰余価値」であり、資本家が収得する利潤は、労働者から労働生産物の一部を不当に搾取したものということになる。

次にリカードの地代論であるが、彼は差額地代説をとっている。土地の肥沃度に差がある場合、優等地では劣等地と同じだけの資本と労働を投下しても余剰収益を上げることができる。この余剰あるいは差額が、優等地の地主が収得する地代となるのである。人口増加によって穀物に対する需要が増加すると、優等地と辺境にある劣等地との収益の差は拡大していき、社会全体の発展によって生じた所得を無為階級である地主が独占することになる。このようなリカードの地代論から、社会主義思想家たちの土地国有主義が導き出された。

古典派経済学の立場に立つが分配論は歴史的・社会的に修正可能であるとしたミルはその租税論の中で、何の努力、犠牲を払うことなく常に増加していく地代は不労所得であり、国家がその所得の増加あるいはその一部を徴収しても、私有財産の基礎原則を傷付けないとした。ヘンリー・ジョージ（Henry George）はさらに進んで土地国有主義を主張した。農業の生産力が発展したとしても、地代が同時に増加していく限り、資本利子と労働賃金は増加することができない。そのため、地代の発生しない最劣等地に投下された資本利子と労働賃金とを基準として、それ以上の余剰をすべて地代として国家が徴収することができるとした。ヘンリー・ジョージの影響を受けたイギリスのフェビアン社会主義者はさらに進んで、最劣等地において最小の資本で最小の熟練度で働く労働者を基準とし、彼が獲得することができる賃金が、同じ社会のあらゆる無熟練労働者の賃金を定めるとした。もしこの基準賃金を超過する収入を得ている者があれば、それは優良な土地か、優良な資本か、優良な技量のいずれかによるものであり、性質上すべて地代《レント》に相当するものである。これらはすべて個人の力によって生まれるものではなく、境遇の産物であるので、一切のレントの公有化を主張した。

賃金法則については、リカードはマルサス（Thomas Robert Malthus）が提唱した人口法則を応用して、労働者の賃金がその生活費よりも上昇すると生活が楽になって結婚や出産が増え、労働人口が増加して、結局元の水準まで賃金が下落するとした。逆に、賃金が生活費よりも下落すれば生活が厳しくなり、労働人口が減少して、結局賃金は下落する。

ラサールは一八六三年にドイツで社会党運動を起こすとき、この賃金法則を利用した。賃金法則が働くため、労働者の境遇は改善される余地がない。そのため、国家から資本を借りて労働者生産組合を起こし、労働者が自らの雇用者となる他はない。しかし、ラサールの期待に反して、たとえ生産組合を組織しても、生活に余裕が生じる限り人口法則は作用し続ける。マルサスやリカードは、人間社会の貧困は人口増殖という自然の法則によってもたらされるため、社会組織をいかに変更しても貧困を根絶することができないと考えた。

以上のように、個人主義と自由主義を基調とする古典派経済学で最も体系的なリカード経済学が、思想的には正反対の立場である社会主義思想の論拠として利用されていることは小泉にとって興味深いことであった。

3　社会思想史研究

ラサールの国家社会主義

「予の奉ずる主義」で表明されたように、帰国後の小泉はマルクス主義者の革命主義ではなく、資本主義の弊害を漸進的に改良していく修正資本主義的発想の正しさを確信するようになった。さまざまな社会主義思想を理論的に検討してその実際的可能性を検討していくうえで、マルクスと敵対した社会主義思想家に注目するようになる。

小泉が帰国の翌年に論文「フェルヂナンド・ラッサルと独逸労働者（一）〜（五）」（①）を発表し，わが国で初めてラサールの思想を紹介したのであるが，それは猪木正道も高く評価している（猪木 一九六八：二）。共産主義社会実現後の国家死滅論を唱えたマルクスに対して，ラサールはヘーゲルのドイツ観念論哲学の国家観を継承したうえで，国家が社会主義を推進する国家社会主義を提唱した。

ヘーゲルの国家観においては，国家はますます完成の域に進む偉大なる有機体で，文化人類の政治的，法律的，道徳的自由は国家内においてのみ実現される。ラサールはヘーゲルにしたがい，自由は国家の完成によって初めて実現されるとした。階級別社会が撤廃された後には「自由への人類の強化及び発展」を目的とする真性国家が実現される。このような国家の真の目的に無産無縁の労働者階級だけが直覚することができる。国家と自由とは相容れないとして共産主義社会実現後の国家消滅を目指したマルクスとは対照的である。

具体的な政策としては，前節で述べたように，リカードの賃金法則による労働者搾取を回避するため，国家の保護奨励による労働者生産組合の設立を主張した。そのためには普通選挙が実現されなければならない。ラサールにとっては，普通選挙が社会的救済のための根本条件，労働者の物質的境遇を改善する唯一の手段なのである。彼は後にドイツ社会民主党となる全ドイツ労働者同盟の創設者となり，社会主義共和政による統一ドイツを目指した。

マルクス主義者が主張するように国家が消滅して共産主義のユートピアが訪れることは，理論的にも歴史的にも明らかにされていない。小泉は現実的な解決を図る修正主義にこそ活路があると考えた。小泉が研究者の初期の段階でラサールを集中して研究した背景には，文明の破壊の中に活路を見いだすマルクス主義的思考への否定があったからではないだろうか。彼が死の直前まで書き続けた論考のテーマが「国家の死亡」（小泉 一九六六b）であったことは，議会制民主主義を通じた漸進的改良が彼を貫く哲学的基礎であることを表している。

ベルンシュタインの修正資本主義

ベルンシュタインが「社会主義学説に残存する空想的な要素を一掃して現実的要素を強める」ためにドイツ社会民主党の機関誌に発表したものが、『社会主義の諸前提と社会民主主義の任務』（一八九九年）である。既に述べたように、小泉は「予の奉ずる主義」において、「私は今日までに最も益を受けた書としてこれを挙げることを憚らない。殊に書中に全くhumbug[6]のないのは愉快であった」（㉖：七六）と述べている。

ドイツ社会民主党は一八九一年、マルクスの資本主義崩壊論を前提とした革命主義をとる「エアフルト綱領」を採用した。しかし、実践上の課題とされたものは民主的政治改革とさまざまな社会政策であり、これらの要求が実現されれば、それだけ資本主義経済の崩壊は妨げられることになる。ベルンシュタインはイギリス亡命中に社会改良主義のフェビアン社会主義者から影響を受け、また『共産党宣言』や『資本論』における予言がイギリス資本主義の発展の現実と合わないことに注目する。一九世紀半ば以降、資本主義経済を行き詰らせ暴力革命を招くような激烈な恐慌は来襲しなかった。また、労働者階級の生活状態は資本主義の発展に伴い少しずつ良好になっていく。一九世紀末のイギリスでは工場法が整備され、労働組合の発達によって賃上げ運動が世論の支持を得るようになっていた。

このような背景により、ベルンシュタインは議会制民主主義の手段による漸進的な社会改良政策である修正資本主義を主張した。すなわち、労働組合・協同組合運動、労働者保護立法の発達によって社会主義を実現すべきであるとした。ベルンシュタインの修正主義について、小泉は次のように評価している。

私の快く思うのは、マルクシストたる彼れのこの批判的吟味の態度である。（中略）

私は既に記した通り、多くのマルクシストのマルクスに対する無批判随従に慊らず、学者は如何なる巨大の思想家に対しても常に批判の独立を失うべきではないと主張する……。（⑩：二四六）

フェビアン社会主義

マルクス主義者の革命主義、階級闘争を否定する立場として小泉が注目したのはフェビアン社会主義である。フェビアン協会は一八八四年にイギリスで設立され、ウェッブ夫妻や劇作家のバーナード・ショー（George Bernard Shaw）等が指導者となり、社会民主主義を唱える労働党の源流となった。前節で述べたように、ミルやヘンリー・ジョージの見解をさらに進め、土地と産業資本の公有化による社会主義を目指したが、ベルンシュタインと同じように、議会制民主主義を通じた漸進的な社会改良主義をとっている。

小泉は留学中にLSEでシドニー・ウェッブの講義を聴講し、ケンブリッジ滞在中には同宿していた上田貞次郎[7]からフェビアン協会入会を誘われた。入会はしなかったが、会報の定期購読者となった。資本主義社会から社会主義社会への漸次的な変容について小泉がシドニー・ウェッブの見解を紹介した次の内容は、彼が「予の奉ずる主義」で主張していることと近い。

フェビヤン社会主義は……社会主義が歴史上の或る瞬間において、一挙に実現せられるものではなくて、長い時間内の部分的、済《な》し崩し的改造の綜合として、漸次に成立つものと見た。社会主義の社会と、非社会主義の社会との境界は、截然一線をもって劃すべきものではなくて、労働者保護立法、労働組合、消費組合運動、都市事業、国有事業の範囲の拡張等によって、漸次に個人主義の色彩が稀薄となって、社会主義的色彩が濃厚になって行くものと見た。資本主義社会と社会主義社会との相違は、その過渡の段階においては、謂わば濃淡の差である。社会主義は将来の或る時期に実現せられるものではなくて、吾人が踏み

つつある一歩一歩に実現せられて行くものである。(②:二九八〜二九九)

小泉は自身を社会主義者であるといったことはないが、「予の奉ずる主義」で述べたように、さまざまな社会政策の集積によって、資本主義社会が変容することを受け入れる立場である。

J・S・ミルの社会主義論

一九三九年、小泉は戸田正雄訳『ミル経済学原理』の第三巻に付された帯に次のように書き、「先ずミルを読め」とこの書を推薦している。

経済学を、一冊の本で卒業することは無論出来ない相談であるが、もし仮りに強いてそれを試みるとしたら果して何を読んだらよいか、ミルの経済原論は今もなおその選に入るべきものと、私は信ずる。それは十九世紀第一流の頭脳によって書かれたる第一等の教科書である。彼れが企てた経済学と社会学、理論的推究と歴史的考察との統合、また個人主義から社会主義への架橋はいずれも依然、今日の吾々にとっての課題たるものである。博大なる彼れの知識、厳密なるその理論、そうして加うるに精確極まるその表現、いずれも取って吾々の範となすべきもののみである。今日「ミルに帰れ」ということは当らずと雖も、「先ずミルを読め」とは躊躇なく何人に向っても勧め得るところである。(㉖:三一一〜三一二)

ミルは古典派経済学者であったが、その『経済学原理』(一八四八年)は生産論から分配論を分離し、後者は社会の法律や慣習に依存するものであるため社会改良によって変更可能であるとしたところに特徴がある。また、サン・シモン主義者、ハリエット・テイラー(Harriet Taylor)夫人からの影響により、同書は特に第三版（Mill 1852）以降、社会主義的傾向が強くなっていく。ミルはその第二編分配論において、最善の社会主義と理想的な私有財産制度の優劣を即断することはできないから、小規模な社会主義の実験を行い、どちらの制度が人間の自由と自主性を最大化するかを検討しながら、現行の私有財産制度の改良を図るべきだとした。小泉は塾長就任の数年前に著した『近世社会思想史大要』（一九二六年）⑧の中で、ミルの社会主義論を次のように紹介する。

一八四八年に出た経済原論では、ミルは社会主義の困難を力説し、これに対する論調は大体否定的であったが、版を重ねるに従い、その説は漸く改められて「一層進歩せる意見」が表白されるようになった。この「進歩」は個人主義から社会主義への進歩であった。自叙伝中の告白によれば、彼は当初私有財産と相続とをもって「立法の最終語」となし、この制度から生ずる不公平は長子相続制の廃止と教育の普及に俟つ任意的人口制限との外に匡正《きょうせい》の途なしと信じていたのである。然るに後年のミルの社会改善の理想は、遥かにデモクラシイ以上に進み、彼れ自身己れの社会主義者なる概称の下に編入せらるることの至当なるを承認するに至った。彼れは曰く、「一方吾々は、大多数の社会主義体系が包蔵すと認められている、個人に対する社会の圧制を極力排斥しながら、吾々はなお且つ、社会の最早怠惰者と勤勉者とに分岐せず、働かざる者は食うべからずとの規則が、貧民のみならず、公平に凡べての者に適用せられ、労働生産物の分配が、今日大いに然るが如く、出生の偶然によっては決せられずして、承認せられたる正義の原則に基づく合意によって行われ、また人類が己れ独り専らにせずして、その属する社会とともに分つべき利益の獲得のため奮励努力することが、最早不可能ならず、もしくは不可能と思惟せられざる時の到来すべきを待望した。将来の社会問題は、個人行動の最大自由と、土地原産物の共同所有と、結合労働の利益に対する一切人の均等参加とを、如何にして合一するかにあるということを吾々は認めた」と（自叙伝第七章）。

(⑧：七八～七九)

小泉は同書のイギリス社会思想の解説において「一八八〇年代における社会主義の復活については、特にマルクスとヘンリイ・ジョオジとの影響を挙げなければならぬ」(⑧：七七)と記述し、それに続いて次の通り述べている。

しかしこの両者の影響に先だって、既にベンサム学徒や正統派亜流経済学者等の自由放任主義、原子的社会観には漸く不満が感ぜられておった。「一社会は幾多個々単位の合計以上の或るものなること、――その構成要素のいずれかの存在とは区別せらるべき別の存在を有することが、発見(または再発見)せられた」のである。「共同社会は必然意識的または無意識的に、その共同社会としての存続を志さなければならぬ。……社会的有機体はそれ自身個々人の結合から発展したものではあるが、個人は今自らその一部分を成せる社会的有機体によって創造せられ、個人の生命はより大なる生命より生れ、個人の属性は社会的圧力によって形成せられ、個人の活動は他のものと交錯合体して、全体の活動に属するものになっている。社会的有機体の存続と健康となくしては、今日何人も生存し繁栄することは出来ぬ。故にこれが永存は、彼れの最高の目的である」(*Fabian Essays in Socialism*, p. 56)。これがモウリス、キングスレエ等のキリスト教社会主義者、営利主義を憎むカアライル、ラスキン、最も己れを善くし得ることの意味における真の自由は、単に拘束を受けざることに存せずして、却ってより大なる制限によって進めらるるの理を教えた、トオマス・ヒル・グリイン等の影響の下に、新たに起こりつつあった社会観である。(⑧：七七～七八)

ここで *Fabian Essays in Socialism* とあるのは、バーナード・ショー等が編纂した著書(Shaw 1899)であり、該当部分を執筆したのはシドニー・ウェッブである。小泉はさらにこの文章に続けて、「この変遷は、当年思想界の代表的人物たるジョン・スチュアアト・ミル……の思想の発展に投影した」としている（⑧：七八）[9]。シドニー・ウェッブの社会主義観の根底には、個人はその一部分を構成している共同体によって創造され、全体の活動に属するという社会有機体説があった。これはベンサム（Jeremy Bentham）の功利主義や古典派経済学の自由放任主義、原子論的社会観に対抗するものであるが、小泉は上記ミル『自伝』（Mill 1873）を引く前提としてこの社会有機体説について述べ、共同体の価値を重視する社会有機体説がミルにも影響を与えたことに注目する[10]。

「先ずミルを読め」は一九三九年のものであり、『近世社会思想史大要』は一九二六年のものである。一九二六年の段階ではあくまでも社会主義思想の発展の解説としてミルに言及していたに過ぎなかった。一九三九年では必読の文献としてミルを紹介している。このミルの扱いの違いはどのように説明すればよいのだろうか。次章で述べるように、この間、小泉は一九三三年に慶應義塾長に就任し、その前後には福澤との邂逅があった。

4　マルクス主義者との闘い

マルクス主義者に先んじたマルクス研究

大逆事件が小泉に社会主義に関心を持たせるきっかけとなったことは既に触れたが、その首謀者とされた幸徳秋水は、堺利彦と共に『共産党宣言』を英訳版から翻訳していた。「危険思想」弾圧時代に学生時代の小泉はひそかにこれを読んだ（⑯：四七三）。そして、小泉のマルクス主義研究の道を拓いたのは、慶應義塾で経済原論を教えていた福田徳三であった。福田は明治期の日本でドイツ語原典で『資本論』を読んだごく僅かな学者の一人である。小泉は福田のマルクスに対する態度を次のように述べ、福田も自分も実はマルクスのファンであったとしている。

マルクスに対する態度を敵味方と分ければ、博士は結局反対陣営に属する人ではあったが、それでも終始マルクスのファンであった。ドイツの学者でも、ゾムバルトは当初からマルクスに対する批判を忘れず、しまいには激しいマルクス攻撃者となったけれども、始めは明らかにマルクスのファンとして出発した。……省みれば私自身も幾分そうであったと言えるが、福田博士は一層そうであった。（⑩：二一三）

戦後の小泉はマルクス主義を国家体制としたロシアの共産主義や日本の戦後のマルクス主義（的）知識人に対して大変厳しい批判を展開しているが、マルクス自身の思想については次のように評価している。イギリス古典派経済学者のリカードの体系を経済学研究の基礎とした小泉は、そのリカード経済学を批判的に継承したマルクスも理論的な分析の対象であったのであり、多くの価値あるものを含んだ思想家として捉えていた。

……私は何時かマルクス批判者ということにされたらしい。そうして、それに異存はありません。私はたしかに批判者であった。私は多くの同時代人とともにマルクシズムというものに対して多くの関心をいだき、或る点その影響も受けている。しかし、結局彼れを、誤謬なき……ただの一人の人と見ることは出来ない。彼は私にとっては異色ある多くの思想家の一人に過ぎない。これが、マルクシストと私の違う点であったと思います。経済理論に於ても、国家論に於ても、歴史哲学に於ても、マルクスの主張は全くの謬《あやま》りではない。否な、非常に多くの価値あるものを含んでいることは、幾度もいわなければならぬ。た

だ私は彼れの革命家としての局視或は焦躁による多くの誇張と偏説に同意しないというだけである。(⑯:四九二)

マルクス価値論論争

小泉は一九一八年頃からリカード、マルクス、ロードベルトス三者の価値理論を一括して考察の対象としていた。ロードベルトスの価値論研究はまったく注目されなかったが、一九二二年に『改造』誌に「労働価値説と平均利潤の問題――マルクスの価値学説に対する一批評」と題する論文を発表すると、多くのマルクス主義者を刺激し、価値論論争が始まった。小泉の直接の論争相手となったマルクス主義者は山川均、河上肇、櫛田民藏の三名であった(山川 一九二二、河上 一九二二a・一九二二b・一九二五、櫛田 一九二五・一九二六・一九二七)。論争における小泉の論文はすべて『価値論と社会主義』(一九二三年)③に収められている。

当時は、マルクスの価値論に対する批判よりもまだその解説が必要とされていた時代であり、同様の問題提起は「転形問題」と呼ばれ、オーストリア学派のベーム=バヴェルクが小泉の論文よりも二十年以上前に『マルクス体系の終結』(一八九六年)で提示していた(Böhm-Bawerk 1896)。「転形問題」とは、マルクス経済学において労働価値説によって規定される商品の価値が、生産価格に整合的に転形できるかどうかという問題であり、『資本論』第一巻で提示された労働価値説と、第三巻で提示された生産費用によって導かれる平均利潤の説明とが整合的でないという問題であった。小泉は『私とマルクシズム』(一九五〇年)において、「私は寧ろ古典派経済学、殊にリカアドオの理論とその発展の経過を学ぶ間に、マルクスに対する批判が自分の内に熟して行った」(⑩:二二一)と述べるように、古典派のリカード研究からマルクス価値論を批判した。これはマルクス経済学者の『資本論』理解を深化させることでわが国のマルクス経済学研究に貢献することになった。小泉は次のように述べる。「私がマルクス一人を単独特別のものとして考察せず、これを同系の思想の流れにおいて捉えたことは、幸いに正しかったと思う。これによって私は、マルクスもまた他の優れた理論家等と同じ問題に当面し、同じ困難に逢着したのであったことを、冷静に認めることが出来たと思う」（⑩：二二一〜二二二）。

小泉のマルクス価値論批判はどのような内容であろうか。イギリス古典派経済学の労働価値説をとるリカードは、商品の価値（交換価値）は、その生産のために必要とされる相対的労働量によって決まるとした。商品の市場価格は、市場におけるその時々の需要供給によって変動するものであるが、その変動はある中心を持っている。それが自然価格であり、それが交換価値によって表されている。自由競争経済においては、資本は不利な産業を去って有利な産業に集まり、商品の供給を増減させるため、結局、市場価格は自然価格に引き付けられる。すなわち、リカードの価値論は、自由競争による資本利潤率の平均という作用を前提としている。

しかし、機械や建物等の固定資本の生産に投下された労働は、すぐに生産物として結実せず、寝かされた状態となっている。これでは、商品の価値が投下された労働量に一致するとはいえない。小泉は、リカードがこの困難を克服するために、『経済学及び課税の原理』第一版から第三版に至るまでの思索によって価値論を修正したという立場をとる。リカードはマカロック（John Ramsay McCulloch）宛の手紙（一八二〇年五月二日及び六月一三日付）の中で、次のように価値論を修正した（③：一七七）。

商品の価値を決める原因は二つある。一つは、それぞれの商品の生産に必要とされる労働量であり、もう一つは、それぞれの生産物が市場に出て売れるまでにかかる時間であり、生産上において固定資本が寝かされる時間の問題は、この第二の規則に含まれることになる。小泉はこのように、リカードがその価値論を「修正」したという立場に立つ。リカードが労働価値説を貫くことができず、労働量以外に時間の要素も認めざるを得なくなったという立場である。

マルクスも『資本論』（一八六七年）以前の『賃労働と資本』（一八四九年）、『価値、価格及び利潤』（一八六五年）においてはリカードと同じく、利潤率の平均によって労働価値説を説明しようとしていた。しかし、資本の有機的組成を考慮するなら、リカードと同じ前記の問題に直面せざるをえない。既に述べたように、マルクスの剰余価値説は、資本家の得る利潤が労働の搾取によって成り立つと主張する。商品の価値が投下労働だけでなく時間の経過によってもつくり出されるということは承認できない。そのためマルクスは、利潤率の平均ということがなければ労働価値通りの交換が行われると主張するようになった。利潤率の平均は自由競争を前提としているため、『資本論』のあるところでは自由競争が労働価値説成立のための要件となり、またあるところではそれを妨げるものであるとされた。小泉は、「マルクスの価値理論はリカアドオ説の一つの展開であるが、リカアドオ－ミルのラインに従う限り正しく、これを離れた限りにおいて失敗した」（⑩：二二四）と述べている。

小泉の主張に対して、特に河上肇はマルクスの価値論を価値人類犠牲説と解釈して反論する。すなわち、マルクスの労働価値説を、ある商品を生産するために費やされた人間の労働（犠牲）である費用価値として解釈すれば、彼の価値論と価格論は矛盾しないという（後に河上はこの説を撤回する）。また河上や櫛田民藏は、『資本論』第一巻の労働価値説は前資本主義的な単純商品経済に適用されるが、第三巻の価格理論は発展した資本主義経済に適用されるためマルクスに矛盾はないとしたが、小泉はマルクス原典を引用しながらこの見解を退けている。

福岡正夫が述べるように、小泉のマルクス批判がベーム＝バヴェルクによる批判に対して持っている独自性は、マルクスのリカード労働価値説吸収過程が後のマルクスの経済学理論と矛盾していることを指摘したことである（福岡 一九九四：六五）[11]。小泉のマルクス批判は、彼がリカード経済学を体系的に研究した成果であるといえる。

5　体系的思想の萌芽

小泉はまず経済学者、経済学史研究者であった。ゴッセン、ジェヴォンズ、オーストリア学派等の限界効用理論をいち早く学び、わが国における新古典派経済学の導入者としての役割を果たした。留学後の小泉はリカードを中心とした古典派経済学について多くの著作を著した。リカード研究を進める過程でマルクス労働価値説批判が導き出され、価値論論争を発端として、マルクス経済学者の『資本論』理解を深化させることでわが国のマルクス経済学研究に貢献することになった。リカード経済学研究は小泉の社会思想史研究の基礎を提供している。

小泉は社会思想史の研究者でもあった。留学先のイギリスで二十世紀初頭の社会改革を間近に見て、さまざまな社会主義思想の文献を収集した。帰国後それらを理論的に検討し、その実際的な可能性について検討していく。ラサール、ベルンシュタイン等、マルクス主義の革命主義、階級闘争に陥らない多様な社会主義思想に関心を持った。漸進的な社会改良主義である修正資本主義的な考えに触れ、資本主義を基調としながらもその弊害を抑える福祉国家のあり方を模索するようになる。フェビアン社会主義やミルの社会主義思想については、個人主義と社会主義をどのように調和させるかという社会有機体的な共同体思想に注目している。

小泉の経済学、経済学史、社会思想史上の成果はその後、「秩序ある進歩」に結実する彼の思想形成に貢献することになる。この段階では、小泉のいくつかの思索の方向性が互いに部分的に関連し合いながらその思想の体系的基礎を形成し始めていた。

このようにマルクス経済学批判の代表格として活躍した小泉であるが、その後、慶應義塾長となり、研究の一線から退くことになる。特に同時代の経済学者たちからは、彼が経済学者を続けていれば、さらに体系的な経済学研究で功績を挙げたであろうと惜しむ声が多い。しかし、日本が激動の時代を迎える塾長就任前後の小泉は、個々の研究テーマを超えて自らの思想体系を構築する過程を歩んでいく。そのきっかけを与えたのは福澤諭吉との邂逅であった。このことが小泉信三の思想形成過程の面白さでもある。

(1) ここに、本書第五章のテーマである戦後における小泉の「秩序ある進歩」の思想の萌芽を見ることができる。
(2) 寺尾(一九六六)、松浦(一九七六)参照。松浦は、国家主義と結び付いたドイツ歴史学派経済学と対決する時代に小泉がむしろ古典派経済学を研究しようとしたのは、福澤以来の慶應義塾におけるイギリス的自由主義思想の影響によるとしている。「創立以来、福澤先生によってそだてられてきたイギリス的な自由主義、そして功利主義は、その思想基盤に十分残っていたといえよう。また慶應義塾が輩出した民間企業の実業人によってそのような思想がささえられており、その雰囲気は、ドイツ歴史学派経済学に対決しようとして、むしろイギリス古典学派経済学を学ぼうとした小泉先生の思想形成、そして小泉経済学を理解するうえに欠くことのできないものといってよいだろう」(松浦 一九七六:六五)。
(3) 小泉は堀江帰一が設置した講座「社会問題」を一九二一年に引き継いだが、後に「社会思想史」と改称した。小泉にとって社会思想史は社会主義思想史を指している。
(4) 小泉は労働価値説に基づくリカードの価値論を、自由経済競争下における利潤率平均の作用から生産費説として強調している。「利潤率平均の作用があるので、兎に角貨物の価格と労働費用との間に或る関係が保たれ、市場価格は生産に費された労働の賃銀と、生産に投下された資本の利潤との合計たる生産費を中心として旋廻するのである。もしこの平均作用を度外すれば、労働費用を重要の項目とする生産費と市場価格との間には何等の必然的関係をも求めることが出来なくなってしまう」(⑨:三六二)。

（5）『経済原論』『初学経済原論』における古典派経済学と新古典派経済学の折衷案についての分析は、池田（二〇〇六）、池田（二〇一五）に詳しい。池田（二〇〇六）は、任意可増財の限界生産費による価格決定理論について、リカードの差額地代説の解釈が適用されているとする。

（6）欺瞞、ごまかしの意味。

（7）東京高等商業学校で福田徳三に師事し、後に同校教授、学長となった経済学、経営学研究者。

（8）太字強調は省略した。

（9）シドニー・ウェッブは *Fabian Essays in Socialism* でミルについて次のように述べている。「社会有機体についてのこの新しい科学的な構想は、経済学者や哲学的急進主義者が大事にしてきた原理を完全に無意味なものにした。彼らはレッセ・フェールの無秩序状態の中で浮かれているままとり残された。その後この潮流は変化した。ジョン・スチュアート・ミルの一八四八年の『経済学原理』刊行は古い個人主義的経済学の限界をまさに表している。ミルの著作は版を重ねる毎により社会主義的になっていった。彼の死後、単に政治的な民主主義者から確信を持った社会主義者への成長という、ミル自身が執筆した彼の個人史を世界が知ることになった」（Shaw 1899：58）。

（10）ミルの社会理論の社会有機体的解釈については深田（一九七二）を参照のこと。深田は次のように述べている。「ミルは社会における諸機能的関連、社会的分業、階級相互の関係、あるいは社会における共通の信念、等による社会相互関連のなかには自然的な統一関係があるとし、種々な社会現象の状態相互の間には『共通の斉一性』が存在するという意味で社会を有機体としてとらえたのである」（深田 一九七二：六一）。

（11）小泉の経済学について現在英文で参照できる唯一の文献である Morris-Suzuki（1989）は、ベーム＝バヴェルクの文献を念頭に置き次のように述べている。「小泉とマルクス主義者たちの論争は経済学上の貢献がほとんどなかったといいえる。両者は概ねヨーロッパの論争で展開された考えを再述しただけである。……しかしながら、この論争は価値論を日本の経済論の中心に置き、また一九五〇年代の宇野弘蔵から一九七〇年代の森嶋通夫までの戦後経済学者による重要な理論的展開のための基礎を提供したという点で重要であった」（Morris-Suzuki 1989：91）。

第三章　塾長時代における福澤との邂逅

1　指導者となる

塾長就任とその時代

小泉信三は一九三三年、すなわち昭和八年に慶應義塾長に就任した。堀内輝美、槇智雄を常任理事に据えて塾の運営にあたった。この内オックスフォード大学出身の槇は、後に防衛大学校の初代校長となる人物である。それは小泉が吉田茂に槇を推薦することによって実現した。槇校長のいる防衛大学校に小泉は何度も足を運び、学生を啓蒙、激励した(1)。吉田、槇と共に小泉が「防大の三恩人」と呼ばれる所以である。

重要なのは、小泉が塾長に就任したその時期である。海外に目を向ければ、就任の前月にドイツが国際連盟を脱退し、国内に目を向ければ、就任の前年に五・一五事件が起きている。就任の一週間後には、野呂榮太郎が検挙されている。就任の翌年、河合榮次郎は、後に発禁処分となり出版法違反で裁判にかけられた『ファシズム批判』（河合　一九三四）を著した。さらにその翌年、美濃部達吉の天皇機関説が国体の本義に反するため排除されるべきとした国体明徴声明が政府によって出された。いわゆる二・二六事件はさらにその翌年である。この後誕生した広田弘毅内閣が、軍部大臣現役武官制を復活させる。軍部による政治権力掌握が急速に強まり、日本の軍国主義化に歯止めがかからなくなっていった。
小泉と親しかった永井荷風は、その日記『断腸亭日乗』において次のように述べている。日付は一九三六年二月一四日、二・二六事件の直前である。

この頃新聞紙上に折々相沢中佐軍法会議審判の記事あり。相沢は去年陸軍省内にてその上官某中将を斬りし者なり。新聞の記事はその最も必要なる処を取り去り読んでもよまずともよきやうな事のみを書きたるなり。されど記事によりて見るに、相沢の思想行動は現代の人とは思はれず、全然幕末の浪士なり東禅寺英国公使館を襲ひあるいは赤羽河岸にヒュウスケンを暗殺せし浪士と異なるものなし。……そはともあれ日本現代の禍根は政党の腐敗と軍人の過激思想と国民の自覚なき事の三事なり。政党の腐敗も軍人の暴行もこれを要するに一般国民の自覚に乏しきに起因するなり。個人の覚醒せざるがために起ることなり。然りしかうして個人の覚醒は将来においてもこれは到底望むべからざる事なるべし。（永井 一九八七：三四四〜三四五）

日本が軍国主義に突き進むまさにその最中に、小泉は既に大きな影響力を持つ私学のトップとなったのである。この時期、小泉の思想は苦悩の中で形成されることになる。

指導者、小泉

塾長就任は一九三三年であり、その翌年からの小泉の著作は、当然ながら一経済学者のそれではなく、指導者としての性格を帯びることになる。経済学者の高橋誠一郎のいうように「もし昭和八年から同二十二年にわたる長い塾長時代がなかったなら……経済学上における畢生の大著を残すことができたでしょう」（高

橋　一九六六：五九）と惜しむ声もあるが、この時期があったからこそ、戦後「大器、大樹」たる小泉、そしてその思想が生まれたと考えることもできる。西脇順三郎のいう「新しい福沢」への重要な過程だったといえよう。

小泉の塾長としての業績についてはこれまでに刊行された伝記に譲る。(2) 重要なことは、小泉がこの時期に直面した指導者としての課題である。

それは教育者として何を学生に伝えるか、という点である。小泉はそれまで一線級の経済学、経済学史、社会思想史研究者として活躍していたが、この時点で教育者として特筆すべき業績があった訳ではないし、その方面の研究者でもなかった。

小泉が何よりも重視したのは教育の基礎としての道徳である。それを象徴するのが「塾の徽章」⑬と題する塾長講話、そして「塾長訓示」㉖である。一九三九年末に小泉は「塾の徽章」と題する講話を行い、翌年初頭に印刷し内外に配布した。慶應義塾の徽章はペンのマークとしてよく知られている。その内容は以下のものである。

吾々は国民として常にわが国の国旗の尊厳を護り、その光栄をねがい、もし万一にも他国人によってその軽んぜらるるが如きことがあったなら、決してこれを不問に附せず、必ず相当の処置を取るだけの覚悟を持っている。塾生の塾の徽章におけるも正に同様であるべきである。塾生諸君の国旗にも比すべき塾の徽章と制服との光輝を護るために諸君は居常必ず相当の覚悟を持っていると思う。慶應義塾八十余年の歴史と光栄とは、福澤先生在世の時に定められた、諸君のあの徽章に象徴せられている筈である。もし万一にもこの徽章に対して敬意を失するものがあったなら、諸君としては必ずその者にその非を悔いて改めさせるだけの処置を取る用意があるであろう。しかし、敬意の不充分であった場合に適当の処置を取るのは当たり前であるが、実はそれより先きに、諸君としては諸君の徽章と制服とをして自らにして人々の最高の畏敬と信頼との的とならしめるに遺憾なきことを期せねばならぬ。それは極めて簡単なことである。それはただ諸君の日常の行動によって、容易に且つ自然に行われることである。諸君の日常の行動が人の尊敬と信頼とを促すものでありさえすれば、諸君の国旗に比すべき塾の徽章と制服とは、これを尊敬するなといっても尊敬を受けるであろう。私は濫りに道徳を説教することを好まない。しかし、学生として、私共とともに、諸君の塾であり、我々の塾である慶應義塾の徽章の光りを、諸君自らの力によって輝かすということは、愉快な仕事ではないか。私は諸君が私の意あるところを汲み、諸君自身の行動によって塾の徽章の光輝を護るという運動を起こされることを期待している。それは諸君自身のためにやり甲斐のある仕事であるとともに、諸君の先人の功労に報い、また諸君の跡から続いて来る後輩のために、実に無限の恩沢を与える行為である。(⑬：五一四〜五一五)

小泉はそこで「塾生の協力」と「容儀礼節」を挙げるが、それをより端的に示したのが「塾長訓示」である。冒頭、「かねて『塾の徽章』の題下に訓示せるところの要を摘り、塾生諸君の居常懈るべからざる心得数条を定む。左の如し。心して守り、苟も塾の徽章に愧づることなきを期せらるべし」(㉖：六一五)と述べ、以下を掲げる(㉖：六一五)。

一、心志を剛強にし容儀を端正にせよ(3)
一、師友に対して礼あれ(4)
一、教室の神聖と校庭の清浄を護れ(5)
一、途に老幼婦女に遜れ(6)

善を行ふに勇なれ[7]

小泉が道徳を語るとき、そこには忠君愛国は出てこない。また愛塾精神なるものも道徳として説いていない。次節で見るように、愛国主義の小泉にとって愛国は、福澤に倣って私情である。しかしながら私情に基づくものとはいえ、それが他者からの尊敬を受けるためには確りとした道徳観とその実践に立脚しなければならない。そうでなければそれはただの独善になってしまうからである。個人の自由は道徳と矛盾しないどころか表裏一体であって、それこそが後に見る一身独立、一国独立の哲学、小泉が福澤から受け継いだ愛国の哲学なのである。「塾の徽章」では愛塾自体は身に付けるべき道徳ではない。道徳の出発点なのである。およそ慶應義塾の一員となった以上、それは強制されるものではなく当然の前提である。[8] 共同体の一員である以上、共同体の価値観を共有し、それは自らの意思である。この発想が日本という枠に適用されたとき、愛国という価値観が出現する。愛塾教育、愛国教育というものは小泉の教育論には存在しない。[9]

2　福澤への言及

きっかけとしての『福澤撰集』

若き小泉は福澤に対して強い関心を抱いていた訳ではなかった。一九二〇年代半ばまで、公刊された著作で小泉が福澤に言及したのは唯一、一九二五年からの『福澤諭吉全集』（福澤 一九二五～一九二六）刊行に際しての解説「福澤全集刊行に就いて」[26]で、その内容は句読点等の表現法についてであった。小泉が福澤に対して意識を先鋭化させるのは昭和に入ってからである。そのきっかけを作ったのが、一九二八年の『福澤撰集』（福澤 一九二八）の出版であった。小泉は同著の「解説」を手掛け[21]、その出版に合わせて開催された「福澤先生記念講演」で「瘠我慢の説と栗本鋤雲」と題した講演を行っている(21)[10]。また、『文藝春秋』誌に「福澤先生の瘠我慢」(小泉 一九二八)を掲載している。塾長就任の五年前のことである。

この内、前記解説は収録された福澤の著作の全般的紹介である。注目すべきは、その後の二つの著作である。

「瘠我慢の説と栗本鋤雲」と題された講演では、「瘠我慢の説」が公開されるに至った経緯が説明されている。「瘠我慢の説」(福澤［一九〇一］二〇〇二b)は、旧幕臣だったが、維新後明治政府に出仕し栄達を遂げた勝海舟と榎本武揚を非難する内容で、「瘠我慢」とはその判断が損得としては非合理であっても自らの出自に忠実になることを道徳的に善しとすることを説いたものである。小泉はこの講演で、「瘠我慢の説」が小泉と同世代あるいはそれ以降の人々にはあまり知られていないので、これを知らしめようという意図があったとしている。小泉は「瘠我慢の説」に後世の人々が学ぶべき何かを見いだしていたということだろう。重要なのは、小泉が福澤の「瘠我慢の説」について昭和の最初期に既に注目していたということである。小泉の愛国論が福澤のそれを引き継いでいるとするならば、小泉ははたして一部論者が思っているように戦争という時局に迎合した人物といえるのかどうかを考える十分な材料を与えるだろう。小泉はなぜ「瘠我慢の説」に最初に着目したのか。前記「福澤先生の瘠我慢」によれば、以下の通りである。

……私一個としては、私かに第一に指を屈しゐたものである。固より此の一小篇は、決して先生一代の代表作と目すべきものではないけれども、併し西洋文物の輸入明治以降の指導という事業を外にして、福澤先生其人の面目を最もよく傳えるものとして、又天下後世苟も士人の氣節を論ずるもの、必ず忘るべからざる文章として、私は常に先づ指を此篇に屈するのである。(小泉 一九二八:九七)

もう一つ注目したいのは一九三六年刊行の『学窓雑記』所収の論考で『福翁自伝』、「瘠我慢の説」、「旧藩情」を解説するにあたって、その書き出しにおいて以下の通り述べていることである。

もし明治文明への貢献という見地から見れば、明治政府のプログラムを指導した『西洋事情』と、封建的屈従に慣れた日本民衆に独立自主の精神を吹き込んだ『学問のすゝめ』とにこそ指を先ず屈すべきであろう。しかし、この二大著述は既にその使命を果たしてしまったから、その意義は今日では歴史的のものになった。吾々はこれ等の書を読んで、あの時代によくこれだけの理解があったものだ、よく思い切ってこれだけの事が言えたものだと今も驚くのは毎度のことであるが、今日の一般の読者に向って、これを無条件に面白い読み物だと請合う訳には行かぬ。(⑬:三八)

なお、一九三一年に『中央公論』誌に掲載した「福澤諭吉伝」⑫は、福澤の著作を紹介しつつ、最後に以下の通り締めくくっている。簡単にいえば、『学問のすゝめ』等で実現しようとした日本の文明化、それを通じた独立の維持は、昭和初期に至るまでに十分実現されたということである。

日清戦争の後十年にして日露戦争が来たが、福澤先生はこれに先だつこと約三年、明治三十四年の二月三日に長逝した。先生をして明治三十八年五月、日本海海戦の勝報を聞かしめなかったのは千秋の恨事であるが、しかし「唐人往来」以来、『学問のすゝめ』以来、或いは『文明論之概略』以来、二十年或いは三十年に及ぶ先生の文明指導の努力はその生前においても既に充分多くの実を結んだ。いかに割引しても、先生の晩年において少なくも日本の独立そのものについては最早何人も懸念を抱かなくなったのである。学者思想家としての福澤先生は、功労は固より大きいがまた酬いらるるところも多かったと謂って好い。

先生自ら自己の事業成績を顧みて「法螺《ほら》を吹き当てた」といって満足し、また「自分の既往を顧みれば遺憾なきのみか愉快なことばかりである」（自伝 二九八）といったのは、その有りのままの真情であったろうと思う。（⑫：六九）

なぜ『学問のすゝめ』は「今日の一般の読者に向って、これを無条件に面白い読み物だと請合う訳には行かぬ」（⑬：三八）のか。それは、「日本国が独立を全うして外の侮りを受けないという一点においては、最早全く何等の心配も残さなくなった」（⑬：一八）からであるというのが、小泉の塾長就任前後の認識であった[11]。だからこそ、当時の小泉にとって学ぶべき福澤とは、西洋に学べという福澤ではなく、出自に忠実であれという福澤であったのだろう。一度独立を全うしたとしても、そもそもの愛国心を失えば国の独立は容易く危機に陥る。そういった戒めの警告を小泉は福澤の中で強調したといえる。小泉の独立の哲学の基礎はこの頃に形成されたといってよいだろう。

「瘠我慢の説」と独立論、愛国論

一九二八年の時点で小泉は福澤の「瘠我慢の説」に言及している。重要なのは、そうした「瘠我慢」をすることの理由である。福澤は「立国は私なり、公に非ざるなり」（福澤［一九〇一］二〇〇二b：一一〇）という有名な説を唱える。そこで福澤は報国の精神も私情に過ぎないというのであるが、これはどういうことか。小泉の思想形成の過程において重要な点であるので詳しく見ていきたい。福澤の記述には以下のようにある。

……開闢《かいびゃく》以来今日に至るまで世界中の事相を観るに、各種の人民相分れて一群を成し、その一群中に言語文字を共にし、歴史口碑を共にし、婚姻相通じ、交際相親しみ、飲食衣服の物、都てその趣を同うして、

自から苦楽を共にする時は、復た離散すること能わず。（福澤［一九〇二］二〇〇二b：一一〇）

日本人は日本人として言語、文化、歴史を共有し、生活の基盤を同じくする運命共同体の関係にあり、これは世界中どこでも共通にみられる現象である。

即ち国を立て又政府を設る所以にして、既に一国の名を成す時は人民はます〳〵之に固着して自他の分を明にし、他国他政府に対しては、恰《あたか》も痛痒《つうよう》相感ぜざるが如くなるのみならず、陰陽表裏共に自家の利益栄誉を主張して殆んど至らざる所なく、そのこれを主張することいよ〳〵盛なる……。（福澤［一九〇二］二〇〇二b：一一〇～一一二）

故に、国という単位でものをみるとき、その国民は国の内外を意識するようになる。それは国の単位だからそうなのであって、より小さい単位であればその単位の内外を意識し、家族であればその内外を意識する。結局、最後は私情という訳である。もちろん、私情とは自分勝手を意味するのではなく、自身と自身の属性に対する誇り（自尊）を意味する。突き詰めて考えるならば、所属へのこだわりは私情のうえにある。それは人智の及ぶものではない。「忠君愛国等の名を以てして、国民最上の美徳と称するこそ不思議なれ」（福澤［一九〇二］二〇〇二b：一一二）と福澤はいう。

しかし、「哲学の私情は立国の公道」であると福澤はいう。国を建てれば、その国に属する者は他国に対して譲らない。国として譲らないのであるからそれは公道である。言い換えれば、私情の積み重ねが公道となり、私情と切り離された公道はあり得ず、そうでなければ「忠君愛国」はのっぺらぼうなものになってしまう。「外に対するの私を以て内の為めにするの公道と認めざるはな」く、そういった世界共通の内外の区別を考えれば「忠君愛国の文字は……之を称して美徳と云わざるを得ず」ということになるのである[12]（以上、福澤［一九〇二］二〇〇二b：一一一）。

つまり、忠君愛国は私情に基づく公道であるが故に、君主と国を守ろうとして敗北、従属への抵抗という「瘠我慢」の態度となるというのである。「自国の衰頽に際し、敵に対して固より勝算なき場合にても、千辛万苦、力のあらん限りを尽し、いよ〳〵勝敗の極に至りて始めて和を講ずるか若しくは死を決するは立国の公道にして、国民が国に報ずるの義務と称すべきものなり」（福澤［一九〇二］二〇〇二b：一一二）。単に忠君愛国だけが重要なのであれば、大国に飲み込まれかけた小国の人々はさっさと大国に忠誠を誓うことも許容されることになるが、私情に基づくからこそ忠君愛国は確固たるものになる。勝海舟と榎本武揚はその点でいただけないという訳である。

君だから忠義を尽くし、国だから愛着を憶えよといったところで意味はない。それらが意味を持つのは、それらが自分自身のものだからだという公と私の一見相反するものの連関においてであって、そこに忠君愛国の本質があり、瘦我慢とはその必然的な現象に他ならないのである。

このような福澤の考え方は、既に述べた「塾の徽章」に見られる塾長時代の小泉の発言によく表れている。

国家観、社会観——愛国の論理

「瘠我慢の説」と同じテーマをより分析的に記述したものが、「福澤先生の国家及社会観」である(21)。これは塾長就任直前の『續・福澤全集』完成記念講演会における講演録を一九三四年に雑誌『史学』に掲載したものである。同じ年の三月には「愛國者、個人主義者」と題する講演録が『公民講座』に掲載されている（小泉 一九三四）。その基礎となる内容は既に触れた、一九三一年の「福澤諭吉伝」に表れている。以下、「福澤先生の国家及社会観」について見てみよう。この講演は、福澤の国家観、社会観における個人主義と共同体、合理主義と小泉の言葉でいう「イルラショナリズム」といった思想の性格付けを試みるものであり、福澤思想の理解に役立つのみならず、小泉が福澤をどう自分自身の中に受け入れたかを知るうえでも貴重な資料である。小泉は冒頭で次のような問題意識を読者に提示する。

福澤先生の教えとして誰れも思い出す言葉は、独立自尊という言葉である。この独立自尊という言葉からして、福澤先生の思想は個人主義、或いは個人主義的自由主義であると解することが普通の解釈になっております。この解釈は決して誤っているとは言われない。誤っているとは言われませぬが、しかし全部を尽くしているとも言われないのであります。(㉑:三五七)

福澤の『文明論之概略』に、「独立を保つの法は文明の外に求むるべからず。今の日本国人を文明に進るはこの国の独立を保たんがためのみ。故に、国の独立は目的なり、国民の文明はこの目的に達するの術なり」(福澤[一八七五]二〇〇二:三三〇)という有名な記述がある。ここで文明は手段であり独立が目的である。小泉はこれについて次のようにいう。

……「文明」というのは何であるかというと、結局は「智徳の進歩」ということである。……その智徳の進歩は何故に価値があるかと言えば、先生と雖も智徳の進歩はそれ自体として価値を持ったものであると無論言わなければならぬものであります。しかし先生は智徳の進歩のための智徳の進歩でなくして、もっとその目的を卑近な所に持っておった。(㉑:三六一)

では、この独立すべき一国の存在はどのようにして論証できるのだろうか。ここからが小泉の福澤解釈に関わる部分である。小泉はまず『学問のすゝめ』を引き合いに出して、「理性に基礎を置いた啓蒙主義の哲学」（㉑：三六二）と一国の独立の関係を論じる。

……「天は人の上に人を造らず人の下に人を造らず」というのと同じ思想によって……国は国として上下の差別はなかるべきものであると、矢張り啓蒙主義に基く一種の自然法的論拠によって、国の独立の大切なることを説こうとせられたようであります。例えば先生が西洋の社会契約説を説こうとせられた文言も『学問のすゝめ』の中に見出すことが出来る。政府と人民とが契約を為して国を造っているというような言葉もありますが、これもまた同じように啓蒙思想の現れであろうと思われます。（㉑：三六二）

しかし、小泉は一国の独立はこの啓蒙主義によっては論証できないとする。すなわち、「日本人にとって日本国というものが何故に大切であるかということは論証出来ない」（㉑：三六三）のである。

……一国の人民が自国の独立を尊重し、他国の支配を受けない。或いは他国人の保護の下に生活を全うするということを潔《いさぎよ》しとしないということこの間の消息は、合理主義をもっては説明することが出来ないのであります。国民主義、或いは国民的意識というようなものを説明する場合に、学者が屢々持って来るのは、人種を同じうし、言語を同じうし、宗教風俗習慣を同じうするものが一国を成し、或いは口碑伝説を同じうするものが一国を成し、或いは過去において安危休戚の運命を共にして来たということによって一国を成すということを挙げる。ドイツの学者はこれ等の問題を論じます場合に、能く Schicksalsgemeinschaft という言葉を用いますが、このシックザールというのは運命でありまして、安危休戚の運命を共にして来た人のコミュニティということであります。福澤先生もそれについて同様に、一国民を結合せしむる上において「就中有力なるは懐旧の口碑を共にして其喜憂栄辱を共にするもの即ち是なり」と言われている。即ちドイツ人の言うシックザールスゲマインシャフトでありましょう。しかしかくの如く喜憂栄辱を共にしたものが、何故に特にその集団の独立を尊重するか。何故に他に侵されることを肯んじないか。この間の消息を説明するには、人間と人間との関係を手段と目的の関係として見るところの合理主義では足りないのであります。(㉑:三六三〜三六四)

イルラショナリズム

ではこの感情をどう説明すればよいか。小泉が提示するのは「イルラショナリズム」、すなわち「計算にも理窟にも合わない、全く思案の外である」(㉑:三六四)というものの見方である。小泉はそこで、第一次世界大戦をめぐり当初反戦運動を精力的に行ってきたドイツ社会民主党が宣戦布告後態度を一変して戦争に賛同したことについて、自身が欧州留学中に日本の福田徳三に伝えた際、福田が「愛国は恋に等しく、共に思案の外に有之候」と書いて送ったことを紹介している(㉑:三六四)。

では、思案の外を支配する原理とは何か。

小泉はドイツの社会学者テンニース(Ferdinand Tönnies)の、「結び付くための結び付き」である「共同社会(Gemeinschaft)」と、「ある目的を達する手段としての結び付き」である「利益社会(Gesellschaft)」との分類からこの問題を説こうとする。各々の例として小泉は次の通りいう。まずは利益社会について。

利益社会の最も代表的なものは株式会社で、株主が集って株式会社を作るのでありますけれども、これは何も株主同志が親愛の感情を持って居るのでもなければ、また親兄弟の関係にあるのでも何でもない。唯共に利益を営もうという一つの目的のために、手段として結付くのであって、これが所謂利益社会的の関係である。この利益社会の関係においては、人々の行動は全然合理主義的に律せられる。即ち経済学で謂うところの最小の費用でもって最大の利益を収めようという原則は、この利益社会の関係において最も明らかに現われるのであります。(㉑:三六四〜三六五)

そして共同社会について次の通りいう。

即ち母親が子を愛するということ、子に対して無限の愛着を感ずるということは、それ自体がそれ自体である。所謂目的手段という考慮を全く離れておりましょう。この子供を育てて大きくなったらどうして孝行して貰おうとか、今可愛がって置けば損はないからというような打算をして可愛がっておるのではない。これは株式会社の関係とは全然違った関係である。……所謂一番安い費用で、一番手間を掛けないで、或る目的を達しようというラショナリズムの原則というものはそこに働いていない。(㉑:三六五)

小泉は、ドイツの経済学者、社会学者であるゾンバルトの『商人と英雄』を引き合いに出しながら、「打算」の対極として「傾倒献身」を、「権利(を主張し合う関係)」の対極として「義務(に服する関係)」を挙げる(㉑:三六五〜三六六)。それは一方的に尽くす片務的な関係である。

小泉によれば、福澤が何よりも重要と説いた一国の独立は、福澤自身が学べと説いた西洋近代の合理主義では到底説明ができないものである。つまり、福澤が西洋の合理主義から学ぶことの目的とした一国の独立については、合理主義からは学び得ないというのである。

傾倒献身と個人主義

小泉がいう共同社会を支配する「傾倒献身」「義務に服する関係」はどこからやってくるのか。小泉は福澤の「立国は私なり、公に非ざるなり」とする「瘠我慢の説」に言及しながら、次のようにいう。

……愛国心とか、報国心とかいうものは、これは哲学の上から見れば、天地の公道ではなくして私情に過ぎないものである。丁度吾々が親の病気を心配すると同じような私情に過ぎないものである。しかしたとい私情に過ぎないとしても、吾々にとっては最高の道徳である。よし哲学的には説明出来ずとも、哲学的に弁護出来なくとも、自分は敢えてその私情に殉ずる、ということを度々の機会において公言せられるのであります。(㉑：三六七)

つまり、国の独立を求める国民の感情は打算では説明ができない私情である。私情とは怨嗟や妬みといった福澤が忌み嫌った負の感情ではない。親の病気を心配するのと同じだという。他人の親ではなく自分の親であるからこそ無限の献身ができるのであって、それ以外の理由はない。他人ではなく自分、他人の親ではなく自分の親、他国ではなく自国。そう考えるのは私情に過ぎない。自らが存亡の危機に晒されるとき、他よりも自を護るのは理に適っているとか、正義に資するかという問題ではもはやない。しかしそれは最高の道徳であるという。福澤は、立国における自他の優劣は正道ではなく権道であるが、それに敢えてしたがおうという。小泉は、一国が独立の危機に晒されているときに平和主義を唱える人々を「結構人」として嘲る福澤に触れつつ、立国や愛国においてはもはや福澤は合理主義の見地に立っていないという(㉑：三六八)。

福澤の個人主義について小泉自身はどう考えているか。「福澤先生の国家観及社会観」の最後で小泉は次のように述べる。

先生は無論個人の権利ということを高唱した人でありますから、その意味において個人主義者と見ることは誤りではないのであります。しかしながら同時にまた最も強く国家国民に対する義務ということを高唱した人である……。然るに世間通俗の解釈は多く唯前の一面においてのみ先生を見て居るようでありますから、今日は特に後の一面についてお話をした次第であります。国民をして国を護り、国を愛せしむるためには、唯徒《いたずら》に愛国家になれ、愛国者になれと言って説教するだけではその目的を達し得るものではない。国民をして真実に国を愛せしむるためには、その国を彼等自身の国にしなければならぬ。自分の国としてこれを愛せしめなければならぬ。これが即ち福澤先生が、終生個人の不羈独立ということを高唱して、封建的卑屈を攻撃するに最も力を尽くされた所以であろうと思います。(㉑：三七一)

小泉はここで論を閉じているが、彼の指摘したいことは、福澤は独立の精神を論じる際、テンニースのいうような共同社会にその論理を求めるといっても、そこにおける人々は共同社会に決して埋没することなく、なおも個として確固たる独立を維持し続けているという個人像を持っていた、ということである。そこが封建社会との違いであり、独立自尊を支える視座なのである。西洋の啓蒙思想、合理主義を徹底的に貫きながらも、最後の一点、すなわち国の独立という究極の目的の部分は Schicksalsgemeinschaft に導かれた私情というイルラショナリズムに委ねるという二層構造が福澤思想の本質である。

当時の、そして後の小泉の著作を見る限り、彼はこの二層構造を受け継いでいる。そこでは、権利の主体として語られる個人の他に不羈独立の個人が登場し、後者の個人が愛国を支える。そういう観点からその後の小泉の言動を眺める必要がある。「塾の徽章」はこれを象徴するものといえよう。小泉の個人主義はこの二層構造にあるからこそ、それは自分勝手とならない。個人主義と共同体主義は互いに対立するものではない。一定の条件を満たした個人主義のうえに成り立つ共同体主義は小泉にとって批判の対象とはならない。

このことが後に見る、不羈独立の個人が備えるべき属性を問う「秩序ある進歩」の哲学の基礎となっており、ハイエクとの興味深い比較参照の対象となっている[13]。

3　戦争へ

アメリカ訪問

一九三六年、ハーヴァード大学創立三〇〇周年祝賀会に招かれた小泉は、全米の大学の視察を兼ねて約三カ月間アメリカに滞在した。『小泉信三全集別巻』年表によれば、帰国後の一九三七年一月、大学評議会に赴き、「渡米視察の大要を報告、学問のための学問、一般的文化的教養、職業のために必要な教養、健全な学生生活、いずれも均衡を得るハーヴァード大学の教育方針等について詳細に説明する」(別：一二五)とある。ハーヴァードの他には、コロンビア大学、イエール大学、プリンストン大学、ジョンズ・ホプキンス大学、スタンフォード大学等を訪問している。帰国後しばらくアメリカ訪問記の著作が続く。

小泉は三カ月間のアメリカ旅行でさまざまなことに気付き、想うのであるが、ここでは一九三八年の『アメリカ紀行』[22]から、注目すべき記述を二つ取り上げてみよう。

まず、アメリカの主要大学において図書館や体育館といった施設の多くが卒業生を中心とする富豪の寄付によって成り立っている、という点についてである。

これ等の事を単にこれ等の人々が富有であったからこれを為し得たと解するのは皮相の見解である。よし富有たりとも彼等に真に教育学問を尊重する念慮が強く、或いは教育学問への貢献を最大の美事とする社会一般の気風があるのでなければ、到底この事あるを得なかったであろう。この気風は果して何から生じたか。私は……米国人の祖先は昔新大陸に上陸してニュウ・イングランドを建設して、衣食が足るや直ちに学問を進めこれを後代に伝えることを考えた。三百年前にマサチュウセッツベイ殖民地に一つのカレッジ……が設けられた時、住民の数はまだ僅かに一万人に過ぎなかった。この理想主義は今の米国社会の或る部分に伝わっている。そうしてこの理想主義は米国人の強味で米国今日の富強をあらしめた最も重要の原因であることは私の断言して憚らぬところである。米国人を単に物質の力のみを信ずるものと考えるのは月並の観察である。(㉒:二八)

そしてアメリカの民主主義について小泉はこう回想している。

或る日ニュウ・ヨウクの街上でタクシを拾った。その運転手は始めから旗色を明らかにして、車窓に「ルウズヴェルト」と名を書いた紙片を貼付して走らせている。私はこの運転手に向って故意に反対説を唱えて、ランドンに有利な意見を述べた。彼れは少しも騒がず、イヤ、あなたの仰有る通りかも知れません。しかし私はそうは思いません。あなたはそう思い、私はこう思う。それ故にこそ投票の必要があるのではありませんか、とやられた。(中略)

アメリカのデモクラシイも決して結構なことばかりではあるまいが、兎に角選挙権を行使する民衆に選挙に対する熱心があり、またその選挙権を、己れの確信に基づいて行使しようとする風の見えることは羨ましく思った。(㉒:一七五)

その他、小泉はこの紀行文の中で「私がアメリカ人を好むのは、その態度の率直無造作で、人の顔色を見て物を言うことを知らないように見える点である」(㉒:一八二)とも述べている。この時、人々が相手の身なりやふるまいで自分の態度を決めるありさまを福澤諭吉が興味深く観察した、『福翁自伝』（福澤［一八九九］二〇〇三：二九二～二九三）の記述を意識していたかは定かではないが、そのようにアメリカ人を比較の対象として見て、当時の日本人の各界共通した小役人的精神構造を再認識したのであろう。

媚び諂うことのない人々の率直さ、母校と祖国の繁栄を願う理想主義、主体性のある民主主義、こうしたアメリカとアメリカ人に小泉は学ぶべき点を見いだした。『アメリカ紀行』はその感情を率直に記したものであった。戦前、小泉は民主主義に言及することが少なかったが、これは珍しい例の一つである。戦後の小泉思想の入り口のようなエッセイである。しかし、戦局は悪化の一途を辿り、やがて日米開戦となる。

日中戦争から日米開戦までの小泉

日米関係は悪化の一途を辿っていった。既に国際連盟を脱退していた日本は一九三六年一一月、同じく国際連盟を脱退していたドイツと日独防共協定を結ぶ。一九三七年七月、盧溝橋事件が勃発、日中戦争に突入した。

国際連盟は日本軍による中国の都市への空爆に対する非難決議を満場一致で採択し、日本の国際社会での孤立が深まった。特に大陸利権に固執していたアメリカは態度を硬化させた。一九三九年九月、ドイツがポーランドに侵攻、第二次世界大戦が始まる。一九四〇年九月、日独伊三国同盟が締結される。一九四一年一二月、日本は米英に対して宣戦布告した。小泉がハーヴァードに招かれてから僅か五年で日米は全面戦争に突入することになったのである。

日中戦争開始以降、日本はますます国家主義的、軍国主義的な傾向を強めた。思想統制は強められ、多くの共産主義者、社会主義者が検挙された。一方、小泉自身は一九三七年一二月、文教審議委員、文部省教学局参与となり、国の重要政策に関わるようになる。一九三九年には、将来の慶應義塾との合併を見据えて設立された藤原工業大学の学長に就任した[14]。
日米開戦が近づくにつれ、小泉は福澤諭吉の著作や生涯の解説をいくつか著した。一九三七年から翌年にかけて福澤に関連した以下の著作がある[15]。

「福澤先生の青年時代」(13)
「福翁自伝普及版」(12)
「福澤諭吉伝」(13)
「日清戦争と福澤諭吉」(13)
「福澤諭吉と科学」(13)

塾長という立場である以上、その創始者に言及するのは当然なのかもしれないが、日清戦争に言及するあたり時代を感じさせる。小泉からすれば、欧米列強と肩を並べるに至った日本の近代化の歴史を再確認し、日本人として先人の作った歴史を受け継ぐ義務を、福澤を通じて当時の日本人に伝えたかったのだろう。

開戦反対だった小泉

日中戦争に突入した日本で、小泉は戦時下における教育界の一指導者としての役割を求められ、そこに苦悩もあっただろうことが容易に推察できる[16]。一九三七年の日中戦争開始を受けて著された「忠烈なる我が将兵」では、小泉の戦争と平和についての率直な思いが吐露されている。

日支両国は遂に戦った。人誰れか平和を愛せざらん。誰れか隣国との親交を希わざらん。今日まで日支問題の解決については、多くの人に多くの説があったであろう。かくいう私の如きも、如何にかして平和の途は見出されぬものかと、愚存及ばずながらも私《ひそ》かに苦慮し、また識者の説をただしたこともある。しかも一切の努力は無効に終り、矢は既に弦を離れて、戦局は日支両国の全面に拡大した。一切の思議一切の言説、今においては悉く無効である。戦は戦の論理を辿る。戦はただ戦によって解決しなければならぬ。我々に残されたる途は唯一つ。徹底的打撃によって敵国の意力を挫き、然る後において新たに平和の途を講ずることこれのみである。日支両国の和親はただわが完全なる戦勝の暁に始めて講ずべき問題となる。これは悲しむべきことであろう。しかし我々には今となってはこれ以外には途はない。我々は平生支那の文化を尊重し、近年支那国民の努力をも認め、また支那人中に多くの親しい友人を持っている。支那人中にも恐らく我々に対して同様の感を懐くものが多かろう。しかしこれ等のことは、今は一切忍ばなければならぬ。彼等の問題は彼等に任かす。我々は我々の手に取れる鉄槌に――已むなくして取れる鉄槌に――力を極めて打たねばならぬ。打って槌下のものを砕かねばならぬ。これ実に古今地上に国を立つる民族の歴史上時あって逢着する、避くべからざる課題である。（⑬：三八二～三八三）

以下に見る『私の履歴書』における回顧も同様である。

戦争に至るまでの時局の推移については、無論私として無限の不平があり、憂慮もありましたが、一たび開戦の後は、思い定めて、愚痴はいわず、ヤミもせず、終始愛国的に行動したつもりです。アメリカに勝てるとは思わなかったけれども、少しでも有利な条件で講和したいものと思い、殊に戦勢が不利になってからは、私は私なりに力を入れて同胞国民の士気を鼓舞することに力めたつもりで、従って時には荒らっぽい言葉を使ったことも憶えています。（⑯：五〇七）

これらの引用から分かるように、小泉は開戦に反対の立場だった。[17] しかし、開戦後は日本の勝利を信じて戦争に赴く者たちを鼓舞して止まなかった。自国が外国からの危機に晒されているとき、これを傍観したり、日本が不利になるようなことを、小泉は受け入れることができなかった。小泉の母国への想いは終戦後も一貫している。敗戦後、戦争に協力的であった知識人やメディアが挙って民主主義者、平和主義者を標榜し、敗戦国日本に非難を浴びせる中、小泉は開戦に至るまでの自国の選択の誤りを認めつつも、祖国防衛の正当性だけは譲らなかった。

祖国死守

開戦直後は破竹の勢いで勝ち進んだが、やがて戦局は悪化、一九四二年ミッドウェー海戦の大敗、翌年ガダルカナル撤退と続いた。一九四三年九月イタリアが無条件降伏した。一〇月出陣学徒壮行大会が開催される。一九四四年六月マリアナ沖海戦大敗、七月サイパン陥落、一〇月レイテ沖海戦大敗と続き、日本は追い詰められていく。Ｂ29による都市部への空襲が始まり、本土が本格的に破壊されるようになる。この年に神風特別攻撃隊が編成された。一九四五年三月硫黄島が陥落した。四月米軍が沖縄に上陸し、支配下に置く。五月ドイツが無条件降伏した。八月六日広島に原爆投下、同九日長崎に原爆投下。まもなく日本はポツダム宣言を受け入れ、連合国に対し無条件降伏した。八月一五日、玉音放送が流され、九月二日、日本政府は降伏文書に調印した。小泉は一九四五年五月二五日、大学近くの自宅にいたところ空襲に遭い焼夷弾で焼かれた。第三度熱傷で重傷、一時期は生死の境を彷徨ったという。玉音放送を聴いたのは病床であった。なお、小泉は一九四三年に帝国学士院会員、一九四四年に小磯國昭内閣の顧問に就任した。小泉の長男信吉《しんきち》は、一九四二年一〇月戦死している。

戦局が悪化すると、小泉は、厭戦感を募らせるどころか祖国死守の語調を強め読者を鼓舞した。次のような文章がそれである。いずれも一九四四年のものである。

この戦争に中途半端な解決はあり得ない。……米英人は頻りに日本の絶滅を唱えている。……アジヤはアメリカ人のアジヤと思っている以上、彼等にとって日本の存立は許して置けぬ筈である。……万一この戦に負けたなら三等国、四等国になる、ならぬの如きは問題ではない。日本が果して地球上に国として残るか、否かが問題である。(㉖：九七)

玉砕勇士の忠魂を慰める途はただ戦争に勝つ外にはない。戦争にも勝たずに英霊に報ずるなどとはもっての外で、到底吾々の口から言えた義理ではない。極言すれば、読経も供養も演説も今はすべて不要である。これ等のものは凡べて戦争が勝ってから後の事である。(㉖：一〇四)

戦争は最後まで屈しないものが勝つ。ただそれだけである。そうして屈するか屈せぬかはただ人に在る。(㉖：一〇五)

そういった論調は、終戦に近づくにつれより強まった。一九四五年四月に『週刊朝日』に掲載された「戦勝と道義精神」では次のように述べた。

怯懦のため、或いは怠惰のため、道義的精神の力を認めることを好まぬものは、かかる場合にもなお精神力以外の原因を求めて、賢《さか》しげな議論を試みるかも知れない。しかし、事実は余りに明白である。戦勝は結局国民の道義的精神の力による。(㉖：一三一)

終戦前の小泉最後のメッセージはこうである。タイトルは「決戦外交への覚悟」。一九四五年五月九日、掲載紙は『大阪毎日新聞』である。

われわれは米英が一度に来寇し来れば一挙にこれを屠るだけだ。……いまこそ米英に日本人の本当の強さを思い知らしてやる時が来たのだ。……ドイツが単独講和をしようがしまいが、そんなことを考えずにただひたすらに沖縄の敵に突撃すべきだ、そこに勝利の道がある。(㉖:一三〇)

小泉は戦局が日本に不利な状況になっていることを百も承知だったろう。承知のうえで徹底抗戦を国民に呼びかけている。物資に劣り、兵器に劣ると分かりつつ、それを精神面で補えと訴えている。特攻隊に対しては、それが日本の物量に劣るが故の非常の戦闘法であるといい、「激しき自責の鞭を身に感ずる」(㉖:一二六)といった。もともと開戦に反対であった小泉であるが、祖国死守のために後から振り返れば空しく感じられるほど国民の奮闘を唱えた[18]。この姿勢が戦後、攻撃される。

戦争と学徒

この時期、教育上の指導者たる小泉は学生に呼びかける文章も多く発表した。論調は一貫しており、この非常時に一丸となって祖国防衛にあたれというものであった。当時の教育指導者、それも組織の長にあたるものであれば例外のない態度ではあった。とはいえ、その呼びかけに小泉らしさもいくつか滲んでいる。『毎日新聞』掲載の「決戦下の学徒に与ふ」(一九四三年六月二六日)では、こう述べている。

学生諸君……諸君はまた「国家須要の学」を修める責任を有していることを忘れてはならない。学の蘊奥を攻究し、人格を陶冶することは、また国家戦力増強に直接、役立つことを強く自覚すべきである。かつて兵士には学問は邪魔であるといわれたこともあったが、それは支那事変の経験が、誤りであることを教えた。よく訓練された学生、よき知識を習得したものが、危きに臨んでよき判断、強き行動をなし得ることは明白である。学窓に腕を撫して戦いの場を望んでいる諸子も、荏苒《じんぜん》日を過ごしているのではない。しかし、ここに互いに戒むべきは、それを徒《いたず》らに焦慮して学業を軽視することは却って諸君の本来の志に背くものといわなければならぬ。従って学窓にいる以上学徒として真に価値のある時日とするか否かは、諸君の勉学の態度が総べてを決するであろう。（㉖：一二〇～一二一）

『小泉信三全集』では「発表紙未詳」となっている「戦時下文政の確立望む」（一九四三年一〇月）では、より語調が強まっている。

今日の学徒はここ数年俟《ま》つあるを期して真にその身心を錬磨し、戦場に赴くの日の一日も早からんことを念願し来ったのだ。最近学徒はこの激しい精神を胸に、校風の刷新に、学問の研鑽に曽て見ざる頼もしさをもって孜々《しし》精進して来た。この際政府は聊《いささ》かの遠慮も要らない、断じて学徒を徴集されたい。学徒は蹶然ペンを銃に代えて戦場に赴き御民われの熾烈な尽忠精神をもって国家の柱石としてその身を鴻毛の軽きに置くであろう。学徒は国家のため大いなる命の下るのを待っていたのだ。当局は急速且つ徹底的に学徒を徴集し、出来るだけ早く優秀な兵隊を戦線に送り出し皇軍の威力に一層の光輝を添えて貰いたいと思う。戦いに勝利を得ればまた学徒は学問の道に励めばよい。その日が来るまで学徒は一切を捨て戦場に赴くべきである。学徒としてもこのことを深く深く反省し自覚してその信念に聊かの動揺なきよう念願してやまない。（㉖：一二一）

ここで重要なのは、単に時局が自由主義者小泉に日和見主義的な行動を取らせたのか、それとも小泉自身にそのような発言をする素地があったのか、後者であれば自由主義者としての小泉とどう整合性を取るかということである。後述するように、一部論者から戦争が小泉を盲目にしたという指摘がなされている[19]。しばしば引かれる『暗黒日記』(清沢[一九五四]一九九〇)における右翼化したと思われた小泉に対する清沢洌の驚きは、この辺りの背景を知らなければ当然の反応だったといえよう[20]。塾長に就任する前後からミルやフェビアン社会主義流の共同体主義に触れ、福澤諭吉の「瘠我慢の説」を何度となく引き、個人の自立と愛国とを両立させる、言い換えれば個人主義と共同体主義との整合を自らの思想の基礎に据えた小泉にとって、祖国の難局に直面しての前記のような発言はむしろ自然なことであったのではないだろうか。特に、教養を身に付けた最高学府の学徒であれば、個人の自立と愛国が両立しない訳がないと考えたことについては、小泉自身それを疑うことはなかったのだろう[21]。

敗戦

一九四五年八月一四日、御前会議が開かれ日本はポツダム宣言を受諾することを最終決定、八月一五日正午、玉音放送が流された。その後、小泉の病床に訪れた慶應義塾出身の海軍士官が「私たちは何処までも米軍と戦います。陛下は君側の奸臣に誤られてお出でになります。今度のことは御本心ではありません」といったことに対し、小泉は立腹し「陛下がそれほど暗愚の君だというつもりか」と返したという(㊊:二七〇)。

天皇の決断がある以上、小泉には選択の余地はなかったといえよう。しかし、福澤に倣って国の独立を何よりも重要と考えた小泉にとって、「敗戦と占領」という最悪の事態を受け入れる用意はなかったはずである。小泉にしてみれば、次の言葉に自らの拠り所を見いだすしかなかったであろう。

宜シク擧國一家子孫相傳ヘ確ク神州ノ不滅ヲ信シ任重クシテ道遠キヲ念ヒ總力ヲ將來ノ建設ニ傾ケ道義ヲ篤クシ志操ヲ鞏クシ誓テ國體ノ精華ヲ發揚シ世界ノ進運ニ後レサラムコトヲ期スヘシ

「任重而道遠」。後の章で触れる、戦後小泉が防衛大学校生に贈った『論語』における曽子の言葉(⑱:二三二)は、この玉音放送として知られる「終戦詔書」から来ているのかもしれない。敗戦と占領と独立。西脇順三郎のいう「福沢諭吉からうまれ出た新しい福沢諭吉」は、福澤よりも重い任を背負って、福澤よりも遠い道を歩むことになる。

戦時中の小泉

開戦後の小泉の言動で気付くことがいくつかある。一つが、開戦後に福澤諭吉への言及が減ることである。一九四二年三月の『中央公論』掲載の「西洋列強の東侵と福澤諭吉」(⑫)以降、一九四四年の「青い鳥」に至るまで福澤を正面から扱ったものは存在しない。[22] 当時、西洋流の個人主義、自由主義を唱えているとして福澤や慶應義塾に対する批判が激しくなっていたが、それに対する唯一の反応は、次節で触れる、強烈な福澤批判を展開した徳富蘇峰に対する反論のみである。

第二の点は、第一章で触れた「決心第一、智術第二」(㉖)に代表されるように、国民に「思考」ではなく「決断」を求めることである。思考は決断を鈍らせる。決断が鈍れば物事が先に進まない。有事においては何事にも決断することが重要である。これは小泉の学生時代の論文である一九〇九年の「日本人の長所と短所」を彷彿とさせる内容だ。合理性を追求するあまり決断が鈍れば、勝てる勝負も勝てなくなる。戦局が悪化した状況下で、責任ある指導者は国民をどのように導けばよいかということは常に難しいものであるが、小泉の出した答えは、国が戦っている以上、国民も戦うということであった。

こういった言動を捉えて、小泉が時局に流され、大勢に迎合したと考えるのは早計である。昭和の最初期、塾長就任以前から小泉は福澤の「瘠我慢の説」を意識していた。戦時中、小泉はそれを実践したに過ぎない。天地の公道たる国の独立のために愛国に徹したのである。それは外から押し付けられたものではなく、私情に基づくものであった。「哲学の私情」は「立国の公道」である。「忠君愛国等の名を以てして、国民最上の美徳と称するこそ不思議なれ」。それはもはや人智の及ぶものではない。忠君愛国を私情にできるのは、小泉が恵まれた生まれと育ちだったからだと考察する者がいるかもしれない。ただ、ここで重要な事実は、小泉は、時局に流され大勢に迎合した多くの知識人とは全く異なったタイプの知識人であり、それは戦後においても変わらなかったことである。祖国の独立が脅かされればされるほど小泉は祖国への思いを強くした。戦争というものはそういうものだという割り切りがあった。それは「瘠我慢の説」に見られる私情に基づく愛国論の帰結であり、また交戦状態にある国の指導者として避けることのできない選択であったといえよう。小泉ほどの国際通がアメリカの強さを知らぬはずがない。しかし、開戦となれば、個人主義に依拠する愛国者小泉には国の独立を失うことは自分を失うことを意味し、人としてそれを受け入れることはできない。だからこそ徹底して戦うことを選択した。そこに時勢に阿ねた国家主義者の姿はない。では何故、開戦後福澤への言及が少なくなったのか。推測ではあるが、福澤諭吉は周知のように自由主義、個人主義で知られ、ファシズム化した日本のとりわけ軍部からの批判が高まり、慶應義塾にとって逆風が吹いていたこともあり(23)、福澤への言及を避けたのかもしれない。

小泉が迷いのない決断を国民に求めたのは、愛国と同様、時勢に阿ねた姿勢では決してない。何故ならば、既に述べたように小泉は「日本人の長所と短所」において、有事においては、情緒に走りやすい性向は、迷いをもたらす西洋流の合理主義よりも、決断を下せる点で優れた特性であると論じているからである。もちろん、その認識の是非は問われるべきところであるが、国際主義の小泉が時局の悪化で盲目的となり、世の風潮に流され愛国に走り、抗戦への決断を煽ったというのであればそれは誤りである。時局の悪化により愛国的な性向を強めたのは事実であるが、それは小泉の中では「変節」ではなく、環境の変化に応じた「適応」だった。この言葉が戦時中の小泉をいい表すために最も適切なものではなかろうか。そういったバックボーンがあったからこそ、小泉は、戦後も一貫して勢いのある方へ阿ねず、反動といわれながらも日本の将来を憂い、論じ続けた。

4 「青い鳥」——戦後の小泉への架橋

「青い鳥」(一九四四年)

「青い鳥」㉖は一九四四年に『三田文学』において三回連載された論考である。そこで小泉は、西洋の思想に自らの思想の拠り所を求めて彷徨ったが、結局自らの人生で追い求めていたものが日本のそれも自らが所属する慶應義塾という、最も近くの場所にあったことを吐露している。それをベルギーの詩人、マーテルリンクの『青い鳥』を引き合いに出して述べている。再び引用しよう。

……私は福澤先生について「青い鳥」を感じる。私は普通部から塾に学んだものであり、父も夙《はや》く先生の教を受けた一人であったから、福澤先生を知らなかったとは無論言えない。しかし、塾を卒業してから主として学んだものは、西洋の思想と事物とであった。西洋留学中は勿論、帰ってから後も続けて読んだのは、重に西洋の書籍であった。マアテルリンクの脚本とは違い、私の場合、青い鳥はたしかに西洋にもいた。しかし、その間の久しい年月、よく視れば愈々立派な青い鳥が我が家の籠にいたことは、忘れていたというより、実はよく知らなかったのである。私どもの時代の者が多く洋書を学んだことは、その時代として十分理由のあったことであり、国としても個人としても決して無意義ではなかったと言える。しかし、その間に吾々は我が本国のものを忘れさせるだけの十分の価値あるもののみを読んでいたかといえば、私は自ら省みて忸怩《じくじ》たらざるを得ない。（㉖：八七〜八八）

「青い鳥」において、小泉は福澤諭吉の国権論や「瘠我慢の説」を強調して論じている。国権論とは、すなわち日本の主権論、独立論である。[24] 昭和に入り、帝国主義国間の対立が激しくなる中、小泉は日本の独立国家としての主権を強く意識するようになったことは想像に難くない。小泉は以下の通り述べている。

私自身は無論先生の国権論にのみ興味を感じた訳ではない。しかし、この一面が学者によって閑却（或いは全く無視）せられつつあったので自然権衡上これを伝えることに比較的多く力を用いたような結果となった。……「福澤諭吉伝」（昭和六、七年）「福澤先生と日清戦役」（同七年）「続福澤全集を読む」（同八年）「福澤先生の国家及び社会観」（同八年）「日清戦争と福澤諭吉」（同十二年）「西洋列強の東侵と福澤諭吉」（同十七年）「徳富蘇峰氏の福澤先生評論について」（同十九年）の諸篇もまた同じ動機に促されたところが多かったと思う。（㉖：九五）

確かに小泉によると、福澤は「一面においては大いに西洋啓蒙思想の影響を受けながら、しかも儒学武士道精神の根柢に基づく独自の境地に立ち、啓蒙思想から見れば、人為の国権論は『権道』に外ならぬことを認めてなお且つ『我輩は権道に従ふ者なり』と断言した」（㉖：九五）。小泉によれば、列強諸国への対抗心を隠さない福澤の主張は、「福澤先生においてただ一時の激語に過ぎなかったかといえば決して然らず、この主張は先生の著作の全体を通じて前後終始を経糸の如く貫いている」[25]（㉖：九五）。そういった福澤に小泉は「青い鳥」を見いだし、自らの愛国論の基礎とした。

福澤批判への対応

塾長就任後、時局の悪化が進むと一部軍関係者や評論家が、福澤諭吉が個人主義、自由主義を唱えたことを捉え、慶應義塾は反国家的性格を持った大学だと非難する向きがあることに小泉は苦慮する。評論家からの批判としては徳富蘇峰からのそれが有名である。[26] 福澤は西欧的な個人主義、自由主義の唱道者としていわゆる「反日」のレッテルを貼られるようになった。そういう事情もあってか、日米開戦後、小泉はその著作において福澤の思想を用いることを控えるようになったと思われる。

徳富蘇峰は、福澤諭吉の「独立自尊」とは欧米流個人主義、利己主義のスローガンであると舌鋒鋭くこれを攻撃した。福澤についての言及を控えていた小泉は蘇峰を論難する。一九四四年のことである。小泉は蘇峰の主張を「福澤先生の教えは個人主義である。先生自身は愛国者であるが、その教えを奉ずるものは国家の大事に無頓着である」(㉑:三七三)とまとめたうえで、以下のように反論した。

福澤の教えを受けたものといえば、私共の同窓の者は皆そうです。そうしてその中の幾千百の青壮年は今陸上海上空中において戦っています。そうして彼等は皆福澤先生の名を口にして襟を正すものですが、それ等凡べての者が非愛国者だと徳富氏は言われるのですか、まさかそんな事を言われるとは思いません。(㉑:三八五)

戦後、愛国主義者の多くが転向する中、小泉は愛国者であり続けた。それは権威に隷従する愛国心ではなく、自らが主体となって醸成され維持されるそれであったからだというのは、十分に言い得ることである。

個人主義、自由主義者であるが故に愛国者となる。蘇峰への反論を通じて、小泉はより福澤に接近し自らの思想を確固たるものとしたのではないだろうか。

福澤評の変遷

小泉が戦前、戦中において強調した福澤諭吉は、「瘠我慢の説」を説いた愛国者福澤であり、『学問のすゝめ』『文明論之概略』の福澤、すなわち、独立に向けた文明化を唱えた福澤ではない。戦前、戦中の小泉は国民に対して近代化を説いた訳ではなかった。

小泉は戦前、福澤等による啓蒙の甲斐もあって、危惧された独立の危機は去ったと考えていた。近代文明が日本に根付いたと考えた。慶應義塾長就任の前後に小泉は、福澤の著作中何が最も代表的であるかについて、『西洋事情』と『学問のすゝめ』を取り上げつつも、「この二大著述は既にその使命を果たしてしまったから、その意義は今日では歴史的のものになった」と書いた（⑬：三八）。

しかし、終戦後に書かれた福澤諭吉の解説書『福澤諭吉（アテネ文庫）』（㉑）において、小泉は次のように前言を撤回している。

> 先年福澤先生の著作について何を推すかと尋ねられたとき、私は『福翁自伝』「瘠我慢の説」「旧藩情」をもって答えたことがある。そのとき、『西洋事情』と『学問のすゝめ』とのことに触れ、「この二大著述は既にその使命を果たしてしまったから、その意義は今日では歴史的のものになった」といい、また「今日の一般の読者に向って、これを無条件に面白い読み物だと請合う訳には行かぬ」と書いた。然るに十余年後の今日において、事情は一変した。私は自説を訂正しなければならぬ。『西洋事情』の方は兎に角、『学問のすゝめ』は日本人の最も痛切なる現実の必要に応じた、また読んで最も面白い本になった。その

使命はまだ果たされていないと思う。(㉑:四二)

「青い鳥」としての福澤との出会いは、この変遷の十分な説明にはならない。近代化を唱える福澤の『学問のすゝめ』の再評価は戦後のものである。戦前、明治以降の近代国家の形成が達成されたと考えた小泉に、戦後、再び精神面を含めた近代化の必要性を唱えさせたものは一体何か。

---

(1) 槇智雄について書かれた文献は、その功績の大きさに比して僅かである。国分(二〇一二)はその一つである。

(2) 今村(一九八七)神吉(二〇一四)等。

(3) 「端正なる容儀は剛強なる心志と相伴ふ。容儀の弛緩は心志の薄弱を示すものなり。塾の徽章を輝かすべき制服制帽は必ず正しく着け、正しく脱げ(教室、食堂内等)。服装は清潔なるべし。贅沢を愧ぢよ。正しからざる服装容儀は頭脳の欠陥、学識の低劣を示すこと多し。心して侮を招くこと勿れ」(㉖:六一五)。

(4) 「礼を守るは徳義を守る第一歩なり。礼なきは往々徳義なきに等し。師に対しては容を正して礼せよ。友人間にありては親愛の意を表するを旨とすべし」(㉖:六一五)。

(5) 「教室、校庭は堅く相戒めて汚損すべからず。誤って教室内に喫煙し、校庭に紙屑を投ずるが如きは学府の尊厳を知らず、愛塾の心足らざるものの所業なり。塾生は堅く相戒めて我等が学府の尊厳を護り、苟も自ら軽んずることある可らず」(㉖:六一五)。

(6) 「途に老幼に対するときは我家の老幼を思へ。婦女に対するときは我が母と姉妹とを思へ、路上、車中老幼婦女と先を争ふが如きは苟も自重心あるもの之を敢てすべからず。我塾生の在るところ必ず秩序あり、人の信頼あるに至るを期して務むべし」(㉖:六一五)。

(7) 「以上一切を行ふには勇なかるべからず。善の何たるを知るも為さゞれば知らざるに同じ。之を行ふには勇を要す。勇は平生の覚悟と鍛練とに由りて長ず。善の何たるを知りて之を行ふの勇に乏しきは往々知識人の病弊とせらる、ところなり。吾等の正に期すべきは慶應義塾に復た一人の道徳上の怯者なからしむるに在り。諸君、奮ひ且つ戒めよ」(㉖:六一五〜六一六)。

(8) ここに小泉思想の一つのポイントがあるといえる。すなわち共同体的価値観(塾生にとっては塾、日本人にとっては日本)は、道徳の対象ではなく所与のものであるということである。

(9) 裏を返せば、小泉の愛国論の脆さもここにある。学校は選べるが祖国は選べない。

(10) この「瘠我慢の説と栗本鋤雲」では、福澤自身公開するつもりのなかった「瘠我慢の説」が公開されるに至る過程が説明されている。

(11) しかしその認識は後に覆されることになる。一つが敗戦により独立を失ったという事実であり、もう一つが敗戦に至るまでの過程で、日本人が福澤の難じた事大主義、隷従主義に逆戻りしたという事実である。

(12) 小林秀雄は、立国は私情であるという自明な「物事の実を先ず確めて置かないから、忠君愛国などといふ美名に、惑わされるのである。高が国民の私情に過ぎぬものを、国民最上の美徳と称するのは不思議である。世人は、物を考え詰めるのを嫌がるから、『哲学の私情は立国の公道』であるというこの不思議な実社会の実状が見えない」と述べている(小林 二〇〇四:一六一)。福澤のいう「不思議」とは、後述する小泉のイルラショナリズムを踏まえるならば、「怪しげなもの」ではなく、議論の外、人智の及ぶものではないという意味だろう。だからこそ、勝や榎本を難じたのではないか。「高が国民の私情」であるが、福澤にとってはそこが重要であった。何故ならば、それが瘠我慢の根拠だからだ。

(13) 東京帝國大学の若き助教授だった丸山眞男は一九四三年一一月、「福沢に於ける秩序と人間」という小論を『三田新聞』に掲載している(丸山 一九九六a:二一九〜二二二)。そこでは、福澤諭吉における個人主義と国権論との整合性と連関を説いている。小泉の一連の論考から約一〇年後のものである。両者の比較は興味深かろうが、本書の射程ではない。

(14) この頃の小泉については、槇(一九六六)に詳しい。また今村(一九八七:一三三〜一八八)も参照。

(15) 小泉信三「福澤諭吉先生」大阪府羽衣高等女学校『はごろも学藝』第二号(一九三七年)、小泉信三「愛国者福澤先生」『大阪慶應倶楽部会報』第五五号(一九三八年)があり(参照はいずれも『小泉信三全集第二六巻』㉖年表の該当箇所より)、いずれも全集には登載されておらず著者は未見である。

(16) 『証言 太平洋戦争下の慶應義塾』(白井他 二〇〇三)に収められている、第二次世界大戦を知る慶應義塾関係者の証言の中に、小泉信三への言及がいくつかある。そこには小泉を擁護するものもあれば批判もある。

(17) 槇智雄は次の通り語っている。

いうまでもなく先生は、生涯を貫いた愛国者であり、国家独立の熱烈な擁護者であり、幾度となく福澤諭吉の愛国心について語り、書きもした人である。しかし、当時の開戦論者の同調者では、断じてなかった。むしろばかばかしい話だが、当時の禁句の非開戦論者であった。先生はこの頃、急に山本五十六元帥と親交を結んでいた。同大将の対米戦争避くべしとする説も周知のことである。しかるに、この二人の戦争回避論者は、ひとたび干戈《かんか》を交えるに至っては、戦争の遂行に全力を傾けたのも、奇しくも一致する運命であったと言うより外はない。(槇 一九六六:三七)

(18) 敵性スポーツであることを理由として文部省による野球弾圧が進められる中、小泉が独りその方針に反対の意を唱えた事実は強調されるべきであろう。『慶應義塾大学野球部百年史』には一九四三年の欄に以下の記載がある。

……各大学総長中、最も野球の理解者である慶應義塾塾長小泉信三氏を煩わして、文部省に善処方を要望することになった。意を諒とせられた小泉塾長は永田町首相官邸の一室で開かれた体育審議会席上、野球弾圧がきわめて無意味にしてしかもその処置が甚だしく偏頗に過ぎることを指摘し文部省の反省を促した。さらにまた真に一億一心の線にそわんとするならば、それが一部にしろ国民を無用に刺戟する言動施策のようなものはさけなければならぬと痛論した。この席には陸軍兵務局長の某少将や文部省の小笠原体育局長以下役人、並に体育審議会委員の多数も列席していたが、小泉塾長の正論に一言もなく、遂に沈黙のまま散会となった。（慶應義塾野球部史編集委員会 一九八九：三一二）

(19) 本書第八章3参照。

(20) 『暗黒日記』の関連部分をそのまま引用しておこう。

小泉信三氏は慶応義塾長で内閣顧問だ。痩せた。五貫目ばかり減ったが、それでも一貫五百目ばかり最近増えたという。驚いたことは、全く右翼的になったことである。「戦争でどうなっても、米国の奴隷になるよりいい」とかれはいう。「奴隷になるということはどういうことでしょうか」というと「講和条件にもよるが」という。「この戦争が今后二年も続いたらどうなるか」というと「生活程度が低くなるだけで、戦争はやれる」と答える。戦争始末の処理というようなことは、以ての外だという態度であり、そういうことは考えても罪悪であるようにいうのである。

僕は淋しくなった。小泉氏の如きは最も強靱《きょうじん》なるリベラリストだと思った。しかるに今、それがまったく反対であることを発見した。杉森氏に帰途「小泉氏は変った」というと「自己の地位のプロテクションもあろうが」といった。それにしても大臣待遇とか塾長になれば、意見が、こうも変るものだろうか。日本人がそうなのか、学者は時の問題に諒解を持たぬのか。

この間、伊藤正徳が松本氏に「小泉君は誰の評判もいい」といった。松本博士は義兄である。「誰にも評判はよくはない、現に家では最右翼みたいなことをいって評判が悪い、清沢さんのようになってくれればいいがといっていますよ」と僕にいうのである。僕はしかし「私は同情します。とにかく、数千人の生命を預っている。愚図愚図していれば踏みつぶされてしまいますから」と弁護した。悪意は持たぬけれども、「この人が」と淋しいことは事実である。（清沢［一九五四］一九九〇：二五一～二五二）

(21) もうひとつ戦時中の文章で見いだされる小泉らしい点は、敵国アメリカを冷静に観察していることである。年代を追って見てみよう。戦争前半においてはこうだ。

一九四二年
今日敵を恐れるな、侮るなということは、誰れでもいう。しかしそれには先ず敵国を正しく学び知らなければならぬ。米英は最後まで討たなければならぬ。しかし、それがためには米英に対する無知を奨励してはならぬ。(㉖:一一四)

一九四三年
先年私が米国に渡航して諸大学を視察し、その長所、短所を考えて、これをわが国の大学の長短と比較したことがあった。しかるにその後幾許もなく、いまや彼我大学の長短優劣は理論によって決せられずして最も的確にして深刻なる戦争の事実によって決せられることになった。米国大学卒業の青年とわが諸大学出身者のいずれが真実の愛国者であり、いずれが真実の国家防衛者であるか、事実は寸毫の違いなくこれを決定するであろう。(㉖:一二〇)

……敵アメリカは既に百万の学徒を戦線に動員しているが、それについてわれわれとしても十分考えねばならぬ点がある。即ちこれらのアメリカの兵隊は数の上から多数というにとどまらず、それが既に相当の教育を受けかなり高い知識と技術を持った兵隊であるということである。(㉖:一二二)

戦局が悪化し、日本各地で空襲の被害が広がり始めると、小泉は強い語調でアメリカの劣悪なる点を難じるようになる。しかし、一々証拠を挙げて論じるところが小泉らしい。

一九四四年

現に最近米国で盛んに行われ、日本でも翻刻によって一部の人に読まれている地政学者スパイクマンの著『アメリカの世界政策戦略』の終りに近く、戦後の東亜政策を論じた一節には、戦後アジヤに国として残る国々を数えてロシヤ、支那そうして多分日本と書いている。スパイクマンは空理に耽らぬ、極めて現実なる著者である。その現実的なる著者がかく一個の疑問として日本の存続を記すこの一事をもって米人一般の意図及び空気を察しなければならぬ。(㉖:九七)

アメリカの男女諸君。

諸君、ちょっと話がある。(中略)

……これだけの戦争を諸君は何のためにやっているのだ。何のために戦うのか。ポオランドの独立を扶けるためか。そのポオランドという国はどこへ行った。大西洋憲章の主義を守るためか。その大西洋憲章はどうなってしまった。

　そんなら支那のためだというか。支那人と諸君と一体どんな間柄だったのだ。支那人の入国を拒絶したのはどこの誰れだったのだ。今、支那の各地で支那住民に爆弾を投じているのは何国の誰れなのだ。諸君はデモクラシイのために戦うという。重慶はデモクラシイか、諸君は人民に選挙された議会が重慶にあるとでも思っているのか。民選議会のないデモクラシイというものがあると思っているのか。(㉖:一〇七~一〇八)

戦争末期になっても小泉はアメリカから学べという。本土が焦土と化しつつある中、アメリカを評価する小泉の筆致には反発もあったろう。しかし「勝つため」の道筋を冷静に論じようとする一貫した姿勢が見て取れる。

一九四五年

敵アメリカでは兵士に非常に豊富に読物を供給しているらしい。

例えば、『リイダアス・ダイジェスト』という新聞雑誌記事の摘録を集めた雑誌などを見ると、盛んに出征将兵からの礼状が掲げられている。戦争が持続して数年に及べば、読物によって絶えず新しい知識とそうして娯楽とを与えられているということが、やはり戦闘力の強化となって現れるに違いない。（㉖：一二六〜一二七）

一方、アメリカの戦争遂行がアメリカ自身にとって割に合わないことを論じるエッセイも残している。本土決戦を前提とした悲痛な文章の中に、小泉らしいクールさが表れている。

一九四五年
ルーズヴェルト……がもし政治家としての責任を知るものならば、日本との開戦については反省せざるを得なかったであろう。米国兵の死傷はアメリカの発表によってもすでに百万に近い。……何のためにかくも多数のアメリカ人を殺さなければならなかったか。日本人が合衆国に侵入することはおろか、合衆国人の国内の生活に寸毫の故障をも与えるものでないことは、ルーズヴェルトと雖も十分以上に承知していたはずである。モンロー主義と称して合衆国はすでに久しく、東半球人の南北アメリカへの容喙《ようかい》を禁じている。かく他人の容喙はこれを禁じながら己れ自らアジヤの事に容喙するのは抑も何の道理に基づくものか。……もし日本本土に近接すれば、硫黄島を幾百千倍したものがアメリカ軍を待っているのである。ルーズヴェルトの心、これを思うて果して楽しんだか否か。（㉖：一三三〜一三四）

いずれの文章も、強烈な表現を用いつつも証拠を以てアメリカを冷静に非難しているところ、そしてアメリカに学ぶ必要性を説いているところが小泉らしい。開戦五年前に民主国家として讃えていたことからすると大きな違いがあるが、実体の伴わない民主主義を大義名分とすることを揶揄するなど、分析は冷静である。知識と娯楽の文章に至っては、終戦末期に至ってもなお「アメリカから学べ」といった趣旨のことをいっている。ただ、圧倒的に不利な戦局の中、日本の「勇ましさ」を強調あるいは鼓舞する小泉の姿は、今から見れば悲痛なものを感じる。おそらく小泉は開戦当時、戦局がどうなるかを理解していただろう。だからこそ、小泉は開戦に反対したのである。しかし開戦後は一貫して祖国死守を唱え続け、外国の占領下に置かれるという最悪の結末を迎えることになってしまった。その後、国際情勢に鑑み、かつての敵国アメリカとの共同歩調を唱える小泉は、この頃の自分を振り返って何を思っただろうか。

なお、戦時中の小泉によるアメリカ評については、加地（一九九四）がある。そこでは、小泉が反米の論調を強めていった過程が描写されている。

(22) 両者共に福澤の国権論に言及し、日本の独立を説いたものだ。

(23) 『小泉信三全集別巻』の年表中、一九四一年九月に次の記述がある。

塾長小泉の執筆指示による昆野和七「近頃の福澤論に就て」が『慶應倶楽部会報』に載り、前年晩秋からこの年春にかけて何処からともなく流布された福澤思想抹殺論の源が「特殊な教科書」にあることが明らかにされる。「特殊な教科書」とは陸軍士官学校の日本史教科書（『昭和十二年編纂　本邦史教程　全』）で、この頃入手……。（㊐：二五〇）

そこでは「福澤の〝楠公権助論〟、功利主義を難じた」（㊐：二五〇）とある。「楠公権助論」とは福澤が『学問のすゝめ』において、湊川で散った大楠公（楠木正成）の死を、主人の金をなくした下男（権助）が困って首くくったのと変わりないと論じた（と理解された）ことを指す。敗戦に至るまで楠木正成は忠君愛国の象徴のような存在であり、このような福澤の言説に対する非難は激しかった。

(24) 「国権論」といっても『通俗国権論』（福澤［一八七八］二〇〇三）を引くのではなく、福澤のいくつかの著作に見られる独立論を論じている。

(25) その記述に至るまでの部分も確認しておこう。

当時の我が思想界の主流……はマルクシズムであった。綜合雑誌の論壇は一時マルクシストに独占せられた形があり、自らマルクシストならざるものもマルクシズムそのものに対して一応の解釈をなし、或いはマルクス的用語に対する理解を論壇市民権の資格とするかの如き有様に見えた。もっと一般的にいえば、権威に対する合理主義的批判または反抗が常識となっていた。従って自国他国の別よりは一国内における抑圧に対してこの人々は遙かに敏感であった。されば先生が自伝の初めに「封建主義は親のかたきでござる」といい、『学問のすゝめ』に、天は人の上に人を造らずといえり云々といわれたのは、彼等の容易く同感するところであるが、一国の内乱に際して、「外人の庇護の下に苟も免れんよりは寧ろ同国人の刃に死せんのみ」……という言葉は恐らく相当に難解であろうし、「偏頗心と報国心とは異名同実」であることを認めつつ敢えてその偏頗を憚らぬというに至っては（『文明論之概略』）一層不可解であり、東洋各地に横行濶歩する英人に取って代り独り支那人、印度人を制御するのみならず、現在の圧制者たる英人そのものに対する一圧制も亦愉快なる哉」というに至っては、甚だ不都合と感ぜられたであろう。（㉖：九四～九五）

(26) その他に例えば、平泉澄による福澤批判がある（平泉 一九四四）。

第四章　戦後三部作における思想形成

1　塾長を辞め自由に語るようになる

戦争末期に大やけどを負った小泉が療養を経て執筆活動を再開するのは、一九四六年も後半になってからである[1]。九月に『増訂マルクス死後五十年』⑦が、一二月に『初学経済原論』⑨がそれぞれ公刊されている。

敗戦後、小泉は一九四七年一月任期満了により慶應義塾塾長を退任し[2]、それ以降堰を切ったように執筆活動を活発化する。小泉自身語るところによれば、「塾長をやめたら馬鹿に気が楽になり、面白い日々を送ってゐます。読書執筆、何をやつても愉快である」（一九四七年一月一五日付、谷村豊太郎宛て書簡。㉕（上巻）：三三六）。

一九四九年までの業績で目立つのは、塾長就任後から第二次世界大戦終結までと同様、福澤諭吉に関わるものである。読書雑記を除けば、「福澤の歴史観」㉑、『福澤諭吉の人と書翰』㉑、「福澤先生と私」㉑、『福沢諭吉（アテネ文庫）』㉑がある。戦時中「青い鳥」福澤と出会ったことを吐露した小泉は、戦後ますます福澤を意識するようになった。

一九四九年は戦後の小泉を象徴する年となった。第一が、東宮職御教育常時参与に就任したことである。その職務は、簡単にいえば皇太子明仁親王の家庭教師だった。これについては章を改めて述べる。もう一つが、小泉の名を一躍有名にしたベストセラーである『共産主義批判の常識』⑩が刊行されたことである。戦後、マルクス主義が日本の論壇を席巻する中、小泉の著作は語る口を持たない多くの読者を代弁したのだろう。最高裁判所長官を務めた田中耕太郎は、『共産主義批判の常識』がベストセラーになったことを、以下の通り論評している。

……学者や文化人が必ずもっていなければならないのに、不幸にして我が国では容易に求め得られない一つの点を強調したい。それは小泉さんが現代インテリゲンチャの『阿世』的沈黙の逆を行き『保守反動』という彼等の最も恐怖する批判を物ともしないで、敢然日本の正しい傳統的な道徳……を高揚していることである。私は常々我が学者や教育者が、カリカチュア的人間のみを視、生きた人間のタイプから遠ざかり、また学生層が去勢されて中性化し、一部の者の暴力の支配に引きずられ、道徳的信念を喪失しているこの憂うべき現状に直面して、絶望の嘆を禁じ得ないが、小泉さんの著述がベスト・セラーの中に数えられている間は、日本の将来についてサジをなげるのは早計だと思うのである。（田中 一九五〇）

以後、『私とマルクシズム』（一九五〇年）⑩、『共産主義と人間尊重』（一九五一年）⑩と続き、小泉のマルクス主義、共産主義批判者の地位は学界のみならず、論壇においても不動のものとなった。戦後の小泉の著作の多くは、このマルクス主義批判、共産主義批判あるいはそこから派生する内容のものが多い。以下、その内容で特徴的な部分を見てみよう。

2　『共産主義批判の常識』

全体の構成

『共産主義批判の常識』は、一九四七年から翌年にかけて公表されたいくつかの論考をまとめたものである。内容は以下の通りである（カッコ内は初出発表年）。

「再建と共産主義」（一九四八年）
「東欧と西欧」（一九四八年）
「エルフルト綱領の教訓」（一九四九年）
「社会主義批判」（一九四九年）
「マルクシズム概観」（一九四九年）
「階級と民族」（一九四七年）

小泉は戦後になって、マルクス主義、共産主義批判のいくつかの論考を論壇誌に掲載した。その多くは既に戦前に書かれたものがベースになっているが、いくつか新しいテーマも盛り込まれている。それらを一冊の本にまとめたものが『共産主義批判の常識』である。小泉の狙いは「社会主義共産主義に対する批判の常識程度のことを記」す（⑩：五）ことにあった。その記述中、以下の二つの点に着目したい。

一つが、「民族」の問題である。ごく簡単にいうならば、階級間の差別を問題にし、その打破を唱えるマルクス主義であるが、そのマルクス本人が民族間の差別には無頓着であったし、マルクス主義が支持された背景には民族的憎悪があったということである。つまり、マルクス主義はその実態において平等主義とはかけ離れたものだという論難である。もう一つが、オーストリア学派のミーゼスらによる社会主義経済計算論争と、同じ学派のハイエクの『隷属への道』（ハイエクI㊿）についての言及である。

実は、この二点が、戦後の小泉思想を切り拓く視点を提供するものとなっている。そこで、『共産主義批判の常識』の説明として、この二点を取り上げることとする。

階級と民族

「階級と民族」は創刊まもない岩波書店の『世界』一九四七年五月号に公表された。これに先立つ同年二月に刊行された小泉の『社会思想史研究』は、マルクスに対抗した社会主義者や無政府主義者について解説した戦前のいくつかの論考をまとめたものであるが、その中で唯一「バクウニン雑感」だけは同著刊行の数カ月前に書かれたものである（⑦：二〇七）。そこでは、バクーニンとマルクスに関わる民主主義と民族主義の問題を扱っている。その内容に関連して書かれたのが「階級と民族」である。「バクウニン雑感」において、小泉は以下の通り述べている。

……固《もと》よりマルクス、エンゲルスは国際主義者であって民族主義者と称せらるべきものではない。しかしスラヴ民族主義に対するとき、彼等はドイツ民族主義者と称せられぬまでも、著しくドイツ民族主義に対して寛容であった。第一インタナショナルにおけるマルクス派とバクウニン派との衝突をパンスラヴィズムとパンゲルマニズムとの衝突であったかの如く描き出すことは、勿論事実と違った曲説である。しかしマルクス、エンゲルスが常にドイツ人に対するスラヴ民族の膨張を喜ばず、その運動を猜疑の目をもって眺めたことは事実であり、同時にバクウニン及びその一派はマルクス派の行動言説をパンゲルマン主義に

発したものと揚言し、多分一部分はまじめにかく信じたことも事実であった。(⑦:三六九)

「階級と民族」の記述は、バクーニンとマルクスとの対立が中心になっており、今見た「バクウニン雑感」とほぼ対象が重なっている。「バクウニン雑感」は、一八四八年のフランス二月革命から一九世紀後半の第一インターナショナルの時代までがその主な射程となっている。ここでまず注目したいのが、小泉の以下の記述である。

二月革命とこれに続く動乱……は結局民主主義革命か、民族主義革命か、或いは民主且つ民族主義革命の動乱であった。フランスの場合は、社会的色調を帯びた民主革命であって、ここでは民族主義は問題にならなかったが、ドイツで求められたものは、自由と統一、即ち専制主義の排除とドイツ民族統一とであり、イタリヤでも同様であった。即ちこの二国では、愛国者は即ち民主主義者であって、国民の統一、独立とその政治の民主化とは、殆ど不可分なるものとして希求された。(⑩:一一〇〜一一一)

しかし、スラヴ民族のバクーニンにとってはそうではなかった。スラヴ民族は当時の多くの国においてはマイノリティであり、抑圧の対象とされていたからである。つまり各国における多数の意思は、スラヴの民族主義と衝突するのである。第一次世界大戦後、オーストリア=ハンガリー二重帝国が解体されいくつかのスラヴ民族の独立国家が誕生したが、「一八四八年当時においては」、スラヴ民族の独立を訴える「バクウニンの主張は殆ど孤独の声であったろう」(⑩:一一九)としている。「多くのスラヴ民族の独立民族たる資格を疑い、同時に、当時スラヴ人が民主主義弾圧者の側に立って、反革命的役割を勤めたことに憤激していた」(以上⑩:一一九)マルクスは、エンゲルスを通じて、バクーニンに対して以下の見解を表明したと小泉はまとめている。

およそ民族の独立生存には、それに必要な歴史的、地理的、政治的、工業的条件というものがあり、これを欠く民族が独立を失うのは当然であり、且つそれが文明の利益である、而してスラヴ民族は、ポオランド人とロシヤ人及び精々トルコのスラヴ人を除けば、他のものはこの条件を欠いている……。（⑩：一一九）

マルクスやエンゲルスの目には、汎スラヴ主義は革命の反対勢力に映った。それはその背後にロシア帝国の影を見たからだという。ロシア人に対する憎悪はドイツにおける第一の革命的激情であった。これらの者に対する断固たる暴力的対応によってのみ革命が可能となるのだとする（⑩：一二三）。そこで小泉は、「革命裏切りのスラヴ主義に対する闘争、生死を賭する仮借なき闘争。絶滅闘争と顧慮することなきテロリズム――ドイツの利益のためでなく、革命の利益のために」（⑩：一二三）とのエンゲルスの言葉を引用する。バクーニンの民族主義に対抗するマルクスやエンゲルスは、却って民族の対立を容認し煽りさえする。小泉は以下の通りいう。

スラヴ人……の問題でも感ぜらるることは、マルクス、エンゲルスが歴史的必然の見地から強大民族を重視し、弱小民族に冷淡であったことである。彼れは資本主義発展の道程上における大小企業と同じく、世界史上における民族と民族との関係においても、謂わば蓄積と集中は避くべからざる必然であり、従って当然の望ましい成行であるとし、この勢に逆らうことは歴史的必然を妨げる所以であるとした観がある。（⑩：一三五）

『共産主義批判の常識』に続く、小泉のマルクス主義、共産主義批判の第二弾である『私とマルクシズム』の巻頭論文が「民族間の平和、階級間の平和」であるのは、小泉がこの問題を重視していたことを窺わせるものである。マルクシズムは階級間の対立を煽ると同時に、民族間の対立をも煽るものである。それは平和とは程遠いものであり、人間尊重、そして民主主義の発想に逆行するものである。ある分野の平等を説く者が他の分野の不平等に無頓着というのはどういうことか。それは人間本性の負の部分が影響しているのではないか。そうであっては本当の平和はおとずれない。『共産主義批判の常識』『私とマルクシズム』『共産主義と人間尊重』はそういった問題意識に導かれている。これらの思索は後の平和論の基礎を与えるものとなった。

東京大学総長だった林健太郎は、ソ連およびその衛星国の歴史において民族間の対立が顕著であったことを指摘して、次の通り述べる。

これらのことは、民族間の対立は資本主義制度の所産であるなどと説いて、共産党が政権をとればそのような対立はなくなり真の国際主義が樹立されるなどと誇称していたマルクス主義の誤りを遺憾なく立証したものに外ならない。しかし戦争直後のマルクス主義が猖獗していた時代において、小泉氏がいち早くマルクス主義のアキレス腱を民族問題に見てそれを説いたことは、今日の事態から見てまことに先見の明に満ちたものであった。（林　一九九五：七五）

社会主義経済計算論争

小泉が『共産主義批判の常識』の中でオーストリア学派経済学を参照するのは、「社会主義批判」という章においてである。社会主義経済計算論争は、社会主義計画経済において合理的な資源配分を行うための経済計算が可能であるかをめぐって争われた。最終消費財だけでなく中間生産物や資本財についての競争市場を持たない社会主義計画経済においては、競争市場で決定される市場価格による合理的な経済計算、資源配分が不可能であると考えられたからである。既に言及したが、社会主義経済計算論争の発端となったミーゼスの一九二〇年の論文（Mises 1920）に小泉はすぐに注目しており（⑩：二七四～二七五）、それはわが国でよく知られるようになる前であった。小泉は一九二八年にこの論争に関連した書評論文を書いている（④：三八三～三八九）。

論争にハイエクが参戦したのは一九三五年のことであり、小泉にとっては塾長という立場や混迷する時局が学究活動を滞らせた時期にあたる。戦前における小泉の著作には、ハイエク参戦後の論争に言及したものはない。

『共産主義批判の常識』においてハイエクが引用されるのは二カ所ある。一つ目は、計算論争におけるハイエクの見解の紹介である。

……ミイゼスの論文が現れて以来、市場における自由競争というもの、また競争によって成立する市場価格というものの社会経済の合理的遂行上如何に重要の意義を有するものであるかが、再び新たに考察されるに至ったことは争い難い。その結果として、中央集権的計画経済に対する信頼が弱められたことは事実であり、ハイエクのいう通り、少壮社会主義者は「私有は廃せられても競争は維持せられ得るとの望み」に安心を求めているかの如くにも見える。果たして然らば、多年社会主義者が攻撃した自由競争の弊害というものは、更に新しい吟味を要することとなろう。（⑩：六四～六五）

ここで小泉によって好意的に取り上げられているのは、ハイエクの一九三五年の論文「社会主義計算――

論争の状況」（ハイエクⅠ③）からの引用である。これはミーゼスの問題提起に対する批判として主張された、社会主義経済学者のテイラー（Fred Manville Taylor）やディキンソン（Henry Douglas Dickinson）による数学的解決に対するハイエクの批判である（Taylor 1929；Dickinson 1933）。テイラー等はワルラス的一般均衡分析の完全競争理論を社会主義計画経済に援用することで、中央計画当局が連立方程式体系を解くことによって経済計算の問題を理論的に解決できるとした。しかしながら、ハイエクはそのためには完全競争の条件である消費者の選好、生産技術、諸資源に関する完全な知識が中央計画当局によって利用可能でなければならず、実現不可能であることを主張する。ハイエクのこの批判に対して、社会主義経済学者のランゲ（Oskar Lange）とテイラーは再反論を行い（Lange and Taylor 1938）、中央計画当局が試行錯誤のプロセスを経て計算に必要な情報を集めワルラス的均衡を実現する競争的解決が可能であるとした。ハイエクはこれに対して「社会主義計算――競争的『解決』」と題された一九四〇年の論文（ハイエクⅠ③）で、試行錯誤の方法で仮想上の均衡価格体系に接近することは可能であるが、与件が絶えず変化する現実の社会においては、競争体制に匹敵するような合理的な経済計算、資源配分は実現できないと主張した。中央計画当局が企業家の機能を全て果たすのでない限り、価格決定の過程は極めて煩雑なものとなるか、あるいはまったく形式だけのものになるだろう。

『隷属への道』

小泉が次にハイエクを引用するのは、『隷属への道』である。

前に挙げたハイエクは先頃（一九四四年）『隷属への道』（*The Road to Serfdom*）と題する書を著し、ファシズム、ナチズムと社会主義、共産主義とが相反するものではなくて、根を同じうするものであること、計画経済とデモクラシイとが相容れないものであること等を、章を分って具さに論述した。その一章に、社会主義が夙《はや》くから議会政治に不満を感じ、有効なる計画を為さんがためにはこれを「政治から離して」事務官僚または独立機関の如き専門家の手に委ねなければならぬと信ずるものが漸く多くなった事実を指示しているのは注目を要する。(3)（⑩：六八）

小泉はその前後で、社会主義が官僚制の拡大を生みだし、それが民主主義を窒息させる脅威となることを強調している。これはまさにハイエクの『隷属への道』第五章の主要なテーマである。小泉は次のように述べ、社会主義と民主主義の相反を説く。

抑も官僚政治が民主政治と相容れないことは誰れも充分承知している筈であるが、進歩的と自ら信ずる人々が資本主義に代るべきものとして社会主義を思うとき、それが当然官僚政治の拡大を伴うことは、意外に考慮に上らぬように見受けられる。生産手段の国有といい、計画経済の統一的立案及び遂行というとき、人は往々抽象的に国家の活動ということを考えるけれども、現実の問題としては、それはいずれも官僚の手によってのほか行われる途はないのである。そうしてもしも官僚政治が民主主義と相反するものであるなら、社会主義的計画経済の拡大は、それだけ民主政治の退縮を意味する。……如何なる優秀の議員をもって構成せらるる議会と雖も、国家が社会主義計画経済の如き、国民生活の全体に亙る広汎なる任務を担当して、一定の目的に向って一国の全経済資源を組織する場合、繁多にしてしかも極めて重要なる百般の事項を、一々人民代表者の意思に従って処理するが如きは到底不可能であり、必ずそこに人民から遊離した執行権力というものが成長せざるを得ないと思う。この権力者が充分善意にして有能であった場合にも、なお且つそれは非民主的権力である。いわんやそれが腐敗し非能率化したる場合においてをや。

（⑩：六七〜六八）

小泉はマルクス主義、共産主義批判において、ハイエクを自らの側の意見として引用している。『共産主義批判の常識』所収の一章がハイエクに触発されて書かれたことを自ら語っている。『私とマルクシズム』所収の「私と社会主義」の中で、戦時中の統制経済を振り返り、官僚政治の不能率、不清廉、産業に対する抑圧によって人々が卑屈、不正直となり、面従腹誹の風潮が蔓延したことを指摘しつつ、小泉は次の通り述べる。

痛切にかく感じているときに、私は友人から借りて、経済学者ハイエクの著『隷属への道』……を読んだ。……彼れは個人の創意と自由競争の価値を強調し……ファシズム、ナチズムと社会主義共産主義とは決して相反するものでなく、ともに同根の全体主義であること、延いてまた、計画経済とデモクラシイとが相容れ難いものであること等を、章を分って論述した。私はこの書からも刺戟を受けて『朝日評論』昨年二月号に「社会主義批判」の一文を寄せた。（⑩：二七七〜二七八）

これは後に見るように、福澤思想を正面から受けた『共産主義と人間尊重』（所収の各論文）執筆の重要な動機を提供するものでもある。その「序」において小泉は次のようにいう。

共産主義者は全体主義者と並べられることを嫌う。勿論嫌うべき正当の理由があれば、それを言うのに遠慮は入らないが、しかし人間尊重の精神から見て、全体主義に存する厭うべきものが、即ち共産主義に存する厭うべきものと正しく同じであることは、記憶しなければならぬ。……人命の破壊、人格人身の凌虐

そのことにおいて、コンミュニズムが寧ろナチズム、ファシズムを凌ぐことは、今、争い難い事実である。(⑩：二八七〜二八八)

小泉が民主主義を正面から考えるようになったきっかけの一つは、ハイエクの『隷属への道』に見いだすことができる。しかし、既にこの時点でハイエクとの乖離が見られることもまた事実である。ハイエクとの比較についての考察は、後に第七章で論じることとする。

3 『私とマルクシズム』

全体の構成

一九五〇年に刊行された『私とマルクシズム』は、一九四九年六月から翌年三月までに公表されたいくつかの論考を取りまとめたものである。具体的には以下の内容となっている(カッコ内は掲載年)。

「民族間の平和、階級間の平和」(一九五〇年)
「暴力と民主主義」(一九四九年)
「共産主義について知るべきこと」(一九四九年)
「ブランキ、マルクス、レエニン論考」(一九四九年)
「搾取論」(一九五〇年)
「私と社会主義」(一九五〇年)

この著は、『共産主義批判の常識』から福澤色が前面に出る『共産主義と人間尊重』に至るまでの「中継ぎ的」なものである。すなわち文明論、独立論が全面展開する『共産主義と人間尊重』の前段階として、福澤に拠らないでマルクス主義、共産主義の非文明を説くものであり、それは前作の『共産主義批判の常識』の記述内容から導かれる帰結を示したものである。以下、同著における文明論、独立論に関連する注目すべき特徴をとりあげよう。

民族と階級をめぐる平和

「民族間の平和、階級間の平和」は、『共産主義批判の常識』の最後の論考である「階級と民族」の続編としての性格を持つものである。続く「暴力と民主主義」もほぼ同趣旨の内容となっている。歴史を闘争の過程として見るマルクス主義は、平和とは対極の立場にある。そこで「平和を齎すための闘争、自由のための抑圧、愛のための憎みというけれども、もしも闘争と抑圧と憎みとだけが確実であって、平和と自由と愛とは不確実であるか、或いは遙かに遠いとしたならば、いやしくも一片民衆の幸福を思うの心あるものは、彼等を駆ってこの闘争上の冒険に突入せしむるにどこまでも慎重でなければならぬ筈である」(⑩:一五二)と述べる小泉は、ここで「人間尊重」の言葉を用いるに至る。翌年の『共産主義と人間尊重』、そして後の『秩序ある進歩』への展開の重要なステップである。チャーチル(Winston Churchill)の「民主主義は最悪の統治方法である。但し、これまで何度となく試みられてきた他のやり方を除けばであるが」(House of Commons, 11 November 1947)との言葉を彷彿とさせる以下の小泉の言葉は、戦後小泉思想の出発点ともいえる。

人をして自由に語らしめ、聴かしめ、自ら信ずるところに従って投票せしめ、種族と階級の別なく人間を人間として平等に尊重し、従って投票の多少によって問題を決するという西欧デモクラシイの方法は、屢々腹立たしくも非能率的であり、また屢々見られる通り、訓練の足りない国民においては、容易く政治的腐敗を招く。それは重々分かっている。しかもすべてそれ等を承知の上で、吾々は人間尊重の原則の上に立つこのデモクラシイの道を進まなければならぬと確信するものである。それは忍耐を要する。しかしながら、民衆のために最も犠牲少なき道である。このことを忘れたものはその当然の応報を受けるであろう。（⑩：一五三）

民主主義と人間尊重。後に続く『共産主義と人間尊重』の主要なテーマがここで提示されている。続く「暴力と民主主義」は、暴力革命の肯定、レーニン（Vladimir Lenin）以後のソ連の一党独裁、人民抑圧がヒトラー（Adolf Hitler）率いたナチス・ドイツと重なり合うことを指摘した。階級闘争、共産党の独裁が人々の批判精神を封じ込め、やがて政治の横暴と人権の蹂躙が罷り通る状況を招くことを述べ、同時に民主主義がそのような独裁を招き入れてしまう危険性を指摘した。

「私と社会主義」

「私と社会主義」は、小泉の思想形成に関連した自伝であり、福田徳三に始まり、ハイエク『隷属への道』への言及、既に触れた階級と民族、さらには人間尊重と民主主義へと連なる、一連の軌跡が描かれている。そこでは、小泉が何と出会って何と戦ってきたかの鳥瞰が示されている。大方の内容を箇条書きで列挙すると、以下のようになろう。

出発点としての福田徳三

堺利彦との出会い
留学時代の回顧
帰国後の社会思想史講義
マルクシストとの戦い（価値論論争等）
野呂榮太郎との関わり
マルクシズムと国家をめぐる考察
レーニン批評
ベルンシュタインの修正主義への関心
ファビアン社会主義への関心
唯物史観批判
マルクシストの事大主義
社会主義経済計算論争
官僚勢力の拡大と民主主義の危機
平和をめぐる階級と民族

この中で、最後から四番目以降が戦後における小泉思想の展開であり、それまでは戦前に記述されたものの再述である。最後の四つの内、「マルクシストの事大主義」は、後の『共産主義と人間尊重』の主要なテーマとなるので、そちらに委ねるとする。階級と民族の問題については簡単ながら既に触れた。ここでは社会主義経済計算論争から官僚勢力の拡大、そして民主主義の危機についての小泉の主張を確認することにしよう。

思想史的にみると、社会主義経済計算論争は、ハイエクにとって景気循環論を中心とした理論経済学研究から知識論を基礎とした自生的秩序論の社会哲学研究へと転換した重要な契機であり（楠・楠 二〇一三：第一章〜第三章）[4]、『隷属への道』は個人を全体に従属させ、その自由を奪うことの危険性を説いた全体主義批判の代表格として知られている。両者における自生的秩序論の萌芽は、後の大作『自由の条件』（ハイエクⅠ⑤〜⑦）や『法と立法と自由』（ハイエクⅠ⑧〜⑩）へと展開し体系化された。『隷属への道』においては、ハイエクは批判の対象としての全体主義を自らの自生的秩序論と不整合なものとして把握する。だからこそ、ハイエクの警戒はむしろ外の敵である中央集権的社会主義のみならず、むしろそれ以上に内なる敵であるケインズ主義的福祉国家論や修正資本主義に向かっていくことになる。いずれも自生的秩序を徐々に侵食し、やがて乗っ取ってしまうからである（楠・楠 二〇一三：第七章及び第九章）。

しかし、同時代の小泉はそういった流れでハイエクを読み解くことはなかった。ハイエク自身、この段階での自生的秩序論は萌芽に過ぎなかったし、全体主義批判もその体系は未完成なものではあった。小泉はハイエクの共感できる部分に共感したに過ぎず、そのすべてにコミットした訳ではない。

「私と社会主義」の中に「経済計算と経済的官僚政治の問題」という小見出しがあり、そこでは、『共産主義批判の常識』で描写されたミーゼスの社会主義経済計算論争への関わりと、ハイエクの『隷属への道』についての再述がある。ここでは以下の点について着目しておく必要がある。

それは、社会主義経済計算論争におけるハイエクの議論についての記述が抜け落ちていることである。小泉はミーゼスの議論を簡単に紹介した後、『共産主義批判の常識』とは異なり、ハイエクのそれには言及していない。しかし、それに続いて『共産主義批判の常識』においてと同様、ハイエクの『隷属への道』を引き合いに出しつつ、日本の戦時中の統制経済における官僚化の弊害に言及したのと同じ展開に持ち込んでいる。

抜け落ちたハイエク

抜け落ちている部分をもう一度引用しよう。

……ミイゼスの論文が現れて以来、市場における自由競争というもの、また競争によって成立する市場価格というものの社会経済の合理的遂行上如何に重要の意義を有するものであるかが、再び新たに考察されるに至ったことは争い難い。その結果として、中央集権的計画経済に対する信頼が弱められたことは事実であり、ハイエクのいう通り、少壮社会主義者は「私有は廃せられても競争は維持せられ得るとの望み」に安心を求めているかの如くにも見える。果たして然らば、多年社会主義者が攻撃した自由競争の弊害というものは、更に新しい吟味を要することになろう。（⑩：六四〜六五）

『私とマルクシズム』において小泉は以下の通り、ミーゼスの社会主義経済計算論争の議論からハイエクの『隷属への道』に一足飛びに議論を展開している。

ミイゼスの論の要旨は、そもそも生産手段の私有が廃せられて、市場におけるその売買が行われない社会主義社会においては、生産手段の価格というものが分らないから、生産費の計算のしようがなく、合理的な経済運営は不可能である、というに帰する。（中略）

……私がこの論議を有用とするのは、これによって明日の社会機構如何の問題が、歴史的必然という如き、実証の彼岸から連れ戻されて、吾々がその利弊と長短とを秤量し、吾々自身が決定し得るものとして提出されることになるからである。（中略）

私は明日の社会が個人人格の尊貴第一を主義とし、個人の創意と責任とを重んずるものであることを願う。しかしながらそれは直ちに無制限なる財産の私有と、同じく無制限なる営利活動の自由とを要求するものと解せらるべきではない。かかる私有と自由とが人格の尊貴そのものと相容れないことが確実である場合、具体的なる必要に応じて、或いはこれを制限し、或いは社会自ら経済活動の当事者となることに、些かの躊躇もあるべきでないことは、充分私の承認するところである。但しその場合、問題はどこまでも形而上学的でなく、具体的実証的に取り扱われることを期待する。一の産業を国有国営に移すべきや否やは、何処までもまずそれによって消費者たる公衆の必要がよりよく満たされるか、生産者の待遇水準が高められるかによって決せらるべきもので、抽象的なるイデオロギイによって決せらるべきものではない。この場合特に考慮に置かるべきは、官吏の活動範囲の拡大と民主政治との問題である。(⑩：二七五～二七六)

これに続く文章が、一九三〇年代から敗戦に至るまでの日本における統制経済の経験とハイエクの『隷属への道』への言及である。『共産主義批判の常識』において言及のあったハイエクの計算論争における議論は、ここでは触れられていない。少なくとも、小泉の主張したいこととの関係では、ハイエクの論文は重要な意味を持たなかったということだろう。小泉はハイエクの経済観、市場観に向かうことはなかった。この点についての考察は、小泉とハイエクを比較する第七章で改めて行う。

4　『共産主義と人間尊重』

全体の構成

共産主義批判の三部作の第一である『共産主義批判の常識』においては福澤諭吉の名前は一度も出てこな

い。『私とマルクシズム』においては一カ所だけで、それは堺利彦が福澤諭吉を褒めたという話であった（⑩：二一五）。

三部作の三番目、すなわち一九五一年に出版された『共産主義と人間尊重』においてはそれが一変し、福澤諭吉の思想が中心に据えられているといっても過言ではない。[5] 一方、ハイエクへの言及は一度もない。『共産主義と人間尊重』は、主として一九五一年に発表した一〇本の論考、エッセイを一冊にまとめたものである。具体的には次の通りである。

「共産主義と人間尊重」（一九五一年）
「福澤の杞憂」（一九五一年）
「共産主義の隷従精神」（一九五一年）
「階級的憎悪と民族的憎悪」（一九五一年）
「共産党宣言の今昔」（一九五一年）
「消費と貯蓄と有効需要」（一九四九年）
「学問芸術の自由とその限界」（一九五一年）
「理解ある叔父」（一九五一年）
「福澤の歴史観と愛国論」（一九五一年）
「平和の名と平和の実」（一九五〇年）

最初の四編は、共産主義が人間尊重の精神に反し、民主主義を基礎とした文明国家に逆行する思想であることを、福澤の『学問のすゝめ』『文明論之概略』といった著作を引きながら説くものである。「階級的憎悪と民族的憎悪」の中で小泉は次のように述べている。『共産主義と人間尊重』の内容を象徴する文章である。

私は年来共産主義の反対者とされている。私はこの点特に福澤の訓えを奉じているとは自覚しないけれども、私の共産主義反対が、究局人間を尊重し、個人の権威品位を敬う精神に発するものであることを省みれば、やはり知らず識らずの間、福澤によって導かれていたと謂い得るであろう。（⑩：三一三）

これに続く「共産党宣言の今昔」は直前の「階級的憎悪と民族的憎悪」を受けている。『共産党宣言』が出版されてから一〇〇年間の世界情勢に鑑み、再考するものである。資本主義の最も遅れたロシアで社会主義国家が登場し、最も進んだ西欧、アメリカと対立していることがマルクスの想定外だったとし、戦後におけるナショナリズムの問題はマルクスの理論ではもはや説明困難という小泉の理解が示されている。(6)

関連する論点

「消費と貯蓄と有効需要」は小泉の著作の中では珍しく、ケインズの『雇用・利子および貨幣の一般理論』（Keynes 1936）に言及していて、資本主義経済を前提としつつも総需要管理政策によって有効需要を高めようとするケインズの試みについて批判的に検討するものである。戦後日本の経済復興を考えるにあたって社会主義以外の処方箋を検討しているものであり、オーストリア学派経済学のベーム＝バヴェルクの資本理論を用いてケインズ理論を批判している。この論考は公表が一九四九年であるが、前作の『私とマルクシズム』ではなく、この『共産主義と人間尊重』に収録されている。この論考は「直接共産主義の問題を取り扱ってはいない」が、「資本形成の理論を把握することは、共産主義批判の出発に際し、まず求められる要件である」という理由で収録した（⑩：二八八）、とされる。

「学問芸術の自由とその限界」と「理解ある叔父」は、敗戦によって権利としての自由と法の秩序が乱れていた当時の日本の状況を批判するものである。前者は、若き小泉が留学直後に執筆した「学問芸術と社会主義」(一九一九年)(①)と題する論考の内容を一部引きつつ、学問や芸術における自由とその制約について戦後日本の現状を批判的に考察したものである。一九一九年の論考では、社会主義計画経済が個人の行動を束縛し学問芸術の自由を奪うことを批判する一方で、利益追求を前提とする資本主義もまた学問芸術には馴染まないことを述べ、これらの分野における個々人の創意工夫を促進する新たなタイプの社会主義、すなわちギルド社会主義の構築を模索する議論を、ラッセル(Bertrand Arthur William Russell)の説を引きながら展開している。戦後の論考においては、敗戦によるショックが学問、芸術の放肆と頽廃とを生み出し、貴重な自由の価値を却って貶めることになるという危惧を吐露している。後者は、『夕刊中外』という新聞に載せたコラムであり、『共産主義と人間尊重』掲載のものの中では最も短文のものである。戦後大学において騒擾問題を起こした学生に対し、大学教授がこれに対して一定の理解を示して、法と秩序の厳格な適用と保持を蔑ろにする態度を難じたものである。当然そこで意識されているものは、共産主義を支持する学生による暴力的な言動であることは明らかである。それを、もののわかりのいい叔父さんの例えを出して警告している。同内容のエッセイは小泉の教育論として戦後頻繁に登場する。こうした自由と法秩序の危うさに対する小泉の姿勢は、次章で考察する「秩序ある進歩」に色濃く反映されることになる。

「福澤の歴史観と愛国論」はマルクスの唯物史観と福澤の考えを比較し、その共通点と相違点とを論じるものである。共産主義批判に福澤思想を絡める小泉の論法の一側面である。愛国については既に触れた通りである(前章参照)。最後に「平和の名と平和の実」であるが、これは講和条約をめぐる全面講和論者に対する批判文である。これが『共産主義と人間尊重』に収められている理由を、「福澤の歴史観と愛国論」と併せ、以下の通り述べている。

「福澤の歴史観と愛国論」は、直接共産主義には触れていない。しかし福澤の思想と主張には、今日において、共産主義の問題と相対比し、また併せ考うべきものがある。「平和の名と平和の実」は、その自然の続編とも見られるだろう。(⑩:二八八〜二八九)

愛国と平和。一見、水と油のような関係に見える両者を「続編」として結び付ける小泉の真意はどこにあるのか。

共産主義反対の理由

『共産主義と人間尊重』の冒頭、小泉は自らが共産主義に反対する所以について次のように述べている。

第一に、私は生産手段(或いは一切財)の私有を廃止することを、一切の社会悪に対する万能薬(panacea)と認めない。また生産手段の公有は歴史的必然の約束だという、形而上学的断定を信じない。

第二に、生産手段の公有が仮りに望ましいものであるとしても、その目標に到達するため、階級的憎悪と争闘とを煽るという方法の利害について、甚だしく懐疑的である。否な、憎悪と争闘の煽動が人類に齎す恵福は遠くその禍殃《かおう》に及ばないと、私は思う。元来猜疑と憎嫉は人間の弱点である。その弱点に乗じ、これを煽揚助長して人を動かすマルクシズムを、病人の弱点に乗じて万能薬を売るシャルラタンに比較するのは、失当であるとしても、それによって齎さるる幸福と、そのために忍ばなければならない犠牲との比較は、充分慎重でなければなるまい。(⑩:二九三〜二九四)

小泉は、第二の理由について、「この革命の犠牲の軽視は、結局西洋文明の成果である人格、人権、人命の尊重ということを未だ知らぬ、晩開民族の思想に根ざしている」（⑩：二九六）と断ずる。日本国が文明国と称し、少なくともそうであることを目指すのであれば、このような非文明的な共産主義の教義は受け付けられないという。

こういった点について、小泉は「特に福澤から学んだとは自覚しない」（⑩：三〇三）としつつも、次のように述べる。

> ……私は屢々自ら福澤の弟子だと感ずることがある。それは共産主義者特有の事大主義または隷従主義に対するときである。（⑩：三〇三）

小泉曰く、共産主義者に見られる著しい特色は、「権威に対する彼等の過度の畏怖」（⑩：三〇三）であるという。これは、ソ連の学者がその学説の当否をスターリン（Joseph Stalin）に伺ったという話に対して向けられたものである。小泉は、その原因が学者の無能にあるのではなく、「権威に対する過度の畏怖が人心を支配する結果、科学者もまた或いは欣然、或いは心ならずも、スタアリンの裁決に服するというのが実情であると思われる」（⑩：三〇四）と述べ[7]、次のように福澤の言を引き合いに出してこうした状況を難じている。

> 学者の不羈独立を唱え、その政治家の下風に立つことを厳しく戒めた福澤をして、この現状を見せしめたなら、彼れは如何なる言葉をもってこれを評したであろうか。明治の始め福澤は、多分一部の柔順なる洋学者等を念頭に置きつつ、『学問のすゝめ』第五編の端し書に「世の学者は大概皆腰ぬけにて其気力は不慥《ふたしか》なれども、文字を見る眼は中々慥にして云々」と言い放った。これは正しく暴言であって、私はその用語そのものには賛成しないけれども、しかし今日もし福澤がいて、ロシヤ内外における共産主義者及

びこれに気がねをする一部の進歩主義者の言説を見たら、或いは、再び同じ評語をくり返すのではなかろうかと案じられる。(⑩:三〇四)

畏怖、気兼ね

小泉が内外の「内」として挙げる例は、ソ連の日ソ中立条約違反とシベリア抑留問題である。スターリンは対日開戦は「日露戦争敗北の復讐である」といい放ったが、人道上認められるはずのない拉致、抑留に対して当時の共産主義者や進歩主義者と呼ばれる戦後知識人は批判らしい批判をしなかった。小泉がこの話をすると、「彼等はさながら主人に対する誹謗をでも聞かされたるかの如く、勿体ない、恐れ多い、と言わぬばかりの面持ちをもって、口をつぐむのが何時もの例である」(⑩:三一〇)とする。小泉は、こうした思考停止について、儒学者山崎闇齋が「孔子孟子が兵を率いて日本を攻めたとき、孔孟の道を学ぶものとしていかに対処するか」を弟子に尋ね、弟子が皆返答に窮した話や、ファシズムを敵とするソ連の指導者であったスターリンがナチス・ドイツと手を組んだことに対する共産主義者の惑乱ぶりに触れながら(⑩:三〇八〜三一二)、以下の記述によってこれを難じている。

それは自ら思考し、自ら見るところによって判断する代りに、偏えに権威の縄墨に随い、これに隷従して安んずる事大精神から起る。小さい心に、無理に他人の学説をつめ込んだ結果、寛《ゆた》かに胸を開いて、人命と人格とを重んじ、同胞民衆の疾苦と艱難とを、自由なるわが真情をもって察することを忘れるところから起る。(⑩:三一一)

あるいは福澤諭吉の『学問のすゝめ』を引用しつつ次のようにもいう。

人々が、一たび政治上に失脚した者に対し、宛かも池中に泳ぐ小魚の群が、ものに驚いて一斉に回頭する如く、忽ちこれを離れて顧みないその冷却の速かさも、また諸国共産主義者の一特色のようである。（⑩：三〇五）

結局、共産主義批判を文明論に結び付ける小泉は、自然な流れとして福澤の文明論、言い換えれば一身独立一国独立の精神に行き着くことになる。

「独立の気力なき者は国を思うこと深切ならず」『学問のすゝめ』第三編に、福澤は説いてこういった。まことに然り。……卑屈の民は愛国者たるものではない。それはただ非理に屈せず、信ずるところを言い、わが言うところに責任を負う、独立の気力ある者に始めて期せらるるところであり、かかる国民によって始めて、国は己れの物として愛護される。

この独立の精神は、人格人権の尊重と不可分である。而してこの人間尊重は、西洋文明が数百年の苦闘をもって購い得た、人類貴重の資産であることを思わなければならぬ。（⑩：三〇六）

そして最後は、「私の共産主義反対が、究局人間を尊重し、個人の権威品位を敬う精神に発するものであることを省みれば、やはり知らず識らずの間、福澤によって導かれていたと謂い得るであろう」（⑩：三一三）と、自らの共産主義批判の精神が福澤の哲学によって導かれたことを吐露している。

『共産主義と人間尊重』においては、ハイエクの引用は『隷属への道』も含め一切存在しない。

5　福澤主義者、小泉へ

『共産主義批判の常識』では、小泉がこれまで展開してきたマルクス、マルクス主義批判をベースに論じられていた。戦後、小泉はハイエクの『隷属への道』で論じられた社会主義が民主主義の危機を招くということと、マルクス主義に見る階級的憎悪が民族的憎悪に結び付くとの考察を加えた。『私とマルクシズム』では、マルクス主義が階級間の対立を煽り、それは平和に逆行し、個人の尊厳を冒すものであり、このことが戦中の日本、そしてその当時のソ連にも見られたことをより明確に指摘した。そして『共産主義と人間尊重』では、戦後日本を憂いた小泉がそれを明治時代の福澤の憂いと重ね合わせ、福澤の独立論と同じ観点から共産主義批判のみならず戦後日本の学問、芸術、そして平和論における非文明的な歪みを指摘した。段階を経るにつれ、経済理論、経済思想における議論から、民主主義、個人の尊厳、そして福澤の独立論、文明論の観点からの議論へと移行した。したがって戦後の小泉にとってマルクス主義、共産主義批判は独立論であり、文明論なのである。

この独立の精神は、人格人権の尊重と不可分である。而してこの人間尊重は、西洋文明が数百年の苦闘をもって購い得た、人類貴重の資産であることを思わなければならぬ。（⑩：三〇六）

小泉は、「日本の真実の独立は、この精神を滅却することでなく、更にこれを一層強めることによって期せられると、私は信じる」（⑩：三〇七）と結論付ける。戦後知識人の問題は、まさにこのことなのだと小泉はいっているのである。『共産主義と人間尊重』の中に福澤の『文明論之概略』を引き、その独立論と愛国論を説く論考を収めたのは、このことをいわんがためであることは明白である。

個人の尊重と文明化という視角によってマルクス主義批判を展開する小泉は、行き着く先を、あるいはその源泉を福澤諭吉に見いだした。『共産主義批判の常識』『私とマルクシズム』では顔を出さなかった福澤が、それらに続く『共産主義と人間尊重』では中心に据えられているといっても過言ではないほど、福澤哲学が意識されている。社会主義とナチズムの同質性を指摘し、社会主義に民主主義の危機を見いだしたハイエクの『隷属への道』が、こういった思想形成の一つの契機となったということがいえるのではないだろうか。とはいえ、その福澤哲学が全面に出る『共産主義と人間尊重』においては、ハイエクの社会主義経済計算論争における議論のみならず、『隷属への道』すら引用されなくなっている。

『共産主義と人間尊重』におけるマルクス主義批判を出発点にしてその後組み立てられた小泉の「秩序ある進歩」の思想は、その契機の一つを提供したハイエクの思想とは実は決定的に相容れない性質を持っている。この対照、相違を明らかにすることが、多方面に展開する小泉思想の特徴を明らかにする視点となる。それは第七章の課題である。

（1）　公表を前提にしていない、私家版の『海軍主計大尉小泉信吉』⑪はこの年の春に作成された。

（2）　敗戦後、慶應義塾内部で小泉信三の戦争協力的な姿勢が問題視された。小泉の次女、小泉妙のエッセイによれば、米軍の士官が小泉のところにヒアリングに来たとき、小泉は「自分は戦争に反対だったが、戦争が始まってからは熱心に協力した。どこの国でも愛国者ならそうするだろう」と答えたという。これに対する士官の反応は「Oh. fine.」だったそうだ（小泉 二〇〇八：一六四）。

（3）　小泉は戦時中の日本に、人々の隷従主義、事大主義の萌芽を見いだしていた。言い換えれば、戦時中の経済統制による「卑屈不正直」「面従腹誹」の蔓延と戦後のマルクス主義の流行とを、独立を脅かすという意味において同根と見た、ということである。そういった意識を先鋭化させたのはやはり福澤なのであろう。

（4）このことはしばしばハイエク転換問題と呼ばれ、その転換の時期やその背景等について議論がなされている。楠・楠（二〇一三：第三章）参照。

（5）主として福澤を扱っているものは「共産主義と人間尊重」「福澤の先憂」「共産主義の隷従精神」「福澤の歴史観と愛国論」である。

（6）「……マルクスの予想に遠かったと思われるのは、資本主義の最も後れた、スラヴ人のロシヤに却って社会主義が実現されて、先進資本主義国たる西欧諸国及びアメリカと相対立していることであろう。そうしてその間におけるコンミュニズムとナショナリズムとの交錯もまた、マルクスの当時の理論をもって説明するにはあまりに複雑なる様相を呈している。ロシヤでは、階級敵を憎むを名とするナショナリズムが唱えられている。そうして、西欧に反抗するアジヤ諸民族のナショナリズムは、加勢または声援せられ、東欧諸国におけるそれは、民族主義的偏向として圧制されている。固よりそれには根拠がある。『註文をつけずに、ためらうことなく、無条件にソ聯を護ろうとするもののみが国際主義者である』とスタアリンは言うのである」（⑩：二五六）。

（7）「共産主義者……が今日、一事の真否或いは是非を定める場合、その事の事実または道理に適うか否かを問わずして、それがマルクス、レエニンに続いてスタアリンの文言に合うか合わぬかをもってする事実は、局外者には最も異様に感ぜらるところである。伝えきくところによれば、先頃はロシヤの生物学者、近ごろは言語学者が、その学説の当否の判定をスタアリンに仰いだということである」（⑩：三〇三～三〇四）。

第五章　「秩序ある進歩」に見る思想の構造

1　平和における進歩

『秩序ある進歩』

「秩序ある進歩」は小泉思想の一つの到達点であると同時に、小泉によるさまざまな社会評論の基盤でもある。このタイトルが用いられた『秩序ある進歩』⑰は一九六一年にダイヤモンド社から刊行された。これも前述の三部作と同様、いくつかのエッセイを再収録したものである。

「秩序ある進歩」（一九六一年）
「ロシアと西欧」（一九六〇年）
「ふたたびロシアと西欧」（一九六〇年）
「インテリとプロレタリア」（一九六〇年）
「主人を出せ」（一九六〇年）
「マルクスとマルクシスト」（一九六〇年）

「トロツキスト」(一九六〇年)
「理論経済学におけるリカアドオとマルクス」(一九五九年)
「日本と日本人」(一九六一年)
「進歩主義への気がね」(一九六〇年)
「言論の自由とその自制」(一九六〇年)
「重ねて言論の自由とその自制」(一九六一年)
「独立の気力」(一九六一年)
「バスの乗りいそぎ」(一九六一年)
「五月二十七日」(一九六一年)

狙い

同著のはしがきで、小泉は次の通り述べている。

「秩序ある進歩」は、年来私の持論である。別の言葉でいえば、それは平和の中における進歩である。いうまでもなく、私のいう平和は、国と国との平和、及び国の内、この二つの平和を、不可分のものとして含む。人間の尊厳とその幸福のため、私は切にかかる進歩を願うものである。(中略)……諸篇、いずれもみな「秩序ある進歩」を願う立場から書かれたものである。ただ現在日本の言論界において、一般に知的評論ともいうべきものには、往々、何か進歩主義に対する気がねともいうべきものが見えるように思う。私は常々それを無用の気がねと思っているので、本書で少しそのこともいった。その点に対しても同感という読者のあることを願っている。(⑰:四七一~四七二)

「秩序ある進歩」の狙いは、このテーマのエッセンスを「平易に説く」(⑰：四七一)ことにある。「ロシアと西欧」から「トロツキスト」までは、いずれもマルクス主義を扱うものである。小泉は、「今日普通に進歩的といわれている人々の言論は、陰に陽にこの私の立場と相容れないものがあるように感じられる。進歩主義者は、多かれ少なかれマルクシズムに倚存《いそん》し、或いはマルクシストを憚《はばか》っているように見受けられる。よって……私はやや系統的にマルクシズムの全体に亙る批判を試みた」(⑰：四七一)と述べている。「理論経済学におけるリカアドオとマルクス」は経済理論面でマルクス、マルクス主義を批判するものである。「日本と日本人」以降の諸篇は平和的な手続による進歩を妨げる諸勢力への批判的考察である。

「秩序ある進歩」は、このはしがき及び収録されたエッセイのタイトルからも分かる通り、小泉のマルクス、マルクス主義批判、平和論、日本及び日本人論、そして言論の自由論を扱っている。これらは皆、小泉が「進歩主義(者)」と呼んだ、戦後日本における知識人及びその主義主張に対する批判として展開されたものばかりである。既に見た共産主義批判の三部作を通じて、戦後日本の危うさを福澤思想のレンズを通して見た小泉は、その後、堰を切ったようにさまざまな分野の社会評論へと乗り出した。その結果、行き着いた先がこの「秩序ある進歩」の思想であった。

以下、『秩序ある進歩』所収の各論考を中心として、関連する論考にも言及しつつ、小泉の「秩序ある進歩」の思想を概観することにしよう。

2 「秩序」と「進歩」

進歩とは

進歩というと、既存の秩序に何らかの変革をもたらすものであり、進歩を秩序で形容するのは撞着語法ではないか、といわれるかもしれない。では、この二つの言葉を結び付ける小泉の真意はどこにあるのか。『秩序ある進歩』の中の同名の講演録において、小泉は以下のように述べる。

「進歩」とは「静止の反対」すなわち「運動」であるが、運動が直ちに進歩となる訳ではない。「その運動が、よりよきもの、或いはより高きものへ向かっての運動であるときに、始めて進歩ということがいえる」（⑰：四七五）。小泉は、その改善された状態についてカント（Immanuel Kant）の有名な「個人を手段として見るな」との言葉を引きつつ、「人間が人間として尊重される状態、或いはよりよく尊重される状態」と「常識的」に理解する（⑰：四七六）。

このような状態に向かう「進歩」を、小泉は次の二つに分類する（⑰：四七六〜四八〇）。

第一が、人間の自然の抑圧からの解放であり、それはまさに科学と技術の発展を意味する。

そして第二が、人間の抑圧からの解放である。小泉は、奴隷、農奴、女子への過酷な労働強制からの解放を例にとり、民主主義の仕組みの導入と定着を、そういった人間による抑圧からの解放を実現する人間社会の進歩として捉える。そして第一の進歩が第二の進歩に密接に関連することを指摘する。

では小泉がこういった進歩を「秩序」に結び付けるのはなぜか。それは、「進歩は秩序の破壊、即ちいわゆる破局なしにはあり得ない、即ち混乱と生命財産の侵害破壊なしにはあり得ない、と説くものがあるから」である（⑰：四八〇）と回答している。

もちろんここで小泉が指し示すのはマルクス主義に他ならない。小泉は「不死鳥は御免」として、古代エジプト伝説の鳥、不死鳥（フェニックス）が火に焼けて死に、その灰の中から新たに生き返って飛び立つというストーリーを、資本主義の爛熟、頽廃、崩壊と新たな社会の誕生というマルクス主義のストーリーに重ね合わせて、そんなことは「真平御免」と難じるのである。

いわゆる資本主義社会の頽廃や崩壊、即ち破局とは一体何を指すのか、といえば、それは結局資本主義の進むとともに、いよいよ労働大衆の状態がひどいものになって、堪え難くなるとともに、生産物が過剰となって、救い難い需要と供給の混乱が来る。そうして、そこに爆発が起って、新しい社会が生まれるというのでありました。そんなら、この勤労大衆の貧困窮迫と需要供給の混乱とは社会の生まれ替りのため、進歩のため、望ましいこととして歓迎すべきであるのか。真平御免だ、と私はいうのであります。（⑰：四八一）

小泉はそれとは逆に、「勤労大衆の状態も生産物需要供給の状態も、私はだんだん悪くなって、終《つい》に破局に陥るのではなく、反対に、昨日より今日、今日よりは明日と、それがよりよくなり得ることを認め、そのために努力したいと思うものであります」（⑰：四八一）と述べている。現状を前提としながらも日々改善、進歩すること、そのために努力することこそが進歩という訳である。

日本の状況にかんがみて

小泉は、当時（一九六一年）の日本の経済状況にかんがみて、「速やかな経済成長が続き、社会保障が進んで行けば、それはいわゆる破局への突進とは違った状態を造り出すことになる訳であるが、それは進歩のためには困まることなのか」と疑問を呈し、「それが結構なのだ」と断じる（⑰：四八二）。エンゲルスの、晩年の、「革命家であり、顚覆家である吾々は、非合法手段及び顚覆よりも、合法手段によってよりよく栄える」との言葉を引き合いに出しながら、小泉は次のようにいう。

もしも社会の進歩というものが、破局なしには行われないというのであれば、民衆の爆発を促すような、破局をもたらすような情勢が造り出されることが願わしいといえるのかも知れません。私の所見は、それとは違うのでありまして、私は前世紀以来、先進資本主義諸国において勤労大衆の状態が兎も角も改善せられた事実を認め、また生産消費の混乱も、段々に緩和せられていく事実を認め、それを歓迎し、そうして、そこに明日への希望をかけるのであります。(⑰：四八三)

小泉は、ゆっくりではあるが着実な進歩を願っている。それはわれわれがすべきであり、できることのすべてである、と考えている。今ある秩序の破滅は考えずに、その改善を試みる弛まない努力こそが人間社会に真に求められるものだという確信がそこにはある。それは人間がその能力に決して奢るべきではないという警告を発するとともに、弛まない努力によって不可能と思われたことすらいつか可能になるだろうという励ましを同時に含んでいる。そのために必要なのは忍耐強さであって、マルクス主義のような直線的な革命思想ではない。小泉は、「秩序ある進歩」の意味について次のようにまとめている。

世界史の最終段階はどのようなものであるか、それは今知ることは出来ませんが、しかし、それがたとえどのようなものであろうとも、今日の吾々に与えられた課題は、今日につづくよりよき明日を築くにある。そうして、それを取り戻すことの出来ない人間の生命と人格とを犠牲にすることの最も少ない方法で果すことにあります。別の言葉でいえば、それは「秩序ある進歩」を願うということであります。今日の次ぎに来る明日がたとえどんなに結構なものであっても、それは世界史の最終段階から見れば、ほとんど無限に手前の一小段階に過ぎないのであります。その僅かに一段階を進むために暴力をもって人を殺し、傷つけ、辱めるということは許さるべきではありません。もしも世界史の最終段階というものが、すぐ吾々の隣りまで来ておって、その段階における永遠の潤沢と調和と、現在の窮乏と混乱とをへだてるものが、ただ一重の壁であるというようなことであるなら、或いは一挙にその壁を突破するという考え方も成り立ちましょう。実情はそれと全く違ったものなのであって、今日の次ぎの段階の次ぎ次ぎには、次ぎ次ぎの段階が際限なくつづくのである。（⑰：四九五〜四九六）

3 平和と法

平和の内外

「秩序ある進歩」を願う小泉にとって、何よりも重要なのは進歩が平和裡に行われることである。平和が害されてしまえば積み重ねてきた改善の努力が水泡に帰してしまう。

小泉は平和を「国の間の平和」と「国の中の平和」に分け、両者が同時に成り立たなければならないと論じる。「その一つが危うくされることは、同時に他の一つをも危うくし、その一つがよく衛られることは、他の一つをも安全にするのである」（⑰：四八五〜四八六）という。ここで、小泉は「国と国との関係についてしきりに平和を口にする人々が、国内の問題については一向無関心に見えるばかりでなく、屢々戦闘的な言葉と態度を示して憚らぬ」と、当時の知識人の風潮を指摘し、このことを「不可解に思われる」とした（⑰：四八六）。国際的には平和という美名のための平和を唱えつつ、国内ではマルクス主義に気兼ねし、「解放」「自由」「権利」といった言葉に酔いしれて、権力、すなわち国との戦いを自己目的化する傾向を、少なくない知識人に見てとったのだろう。また、そういった人々の国際的平和主義はただの借り物で、こういった人々は時局が変われば容易に転向する第一候補だといいたいのだろう[1]。

では、国内で蔑ろにされつつあった平和とはどのようなものか。もちろん、意見の相違や利害の衝突がないことを平和というのではなく、平和というものはその相違や衝突を解決する手続にあるという。それはすなわち、極力武力に訴えないということ、言い換えれば法の手続によって解決することである。

……国内において、意見や利害の衝突のあることは、それは現在の実情としては避けられないが、ただ各自の主張を何処までも合法的に行う、即ち現在の法秩序の枠の内で行うということによって平和は衛られる。別の言葉でいえば、いかなる場合にも、違法の暴力を許さないということであります。（⑰：四八六〜四八七）

もちろん、現在ある法律が完全無欠である保証はないし、ある者にとっては有利であり、ある者にとっては不利という場合もある。しかし、問題があるから、気に食わないからという理由で法を無視すれば、法を守る者は誰もいなくなる。法というものは日々進歩し、改良されるべきものであり、それは法の手続によってのみ可能とされるべきものである。法の否定は無法であり、「無法は万人の災である」と小泉はいう（⑰：四八七）。

警察と裁判

小泉がここで取り上げるのは、警察と裁判の重要性である。暴力を合理的に抑制する手段に欠け、法執行を担保することができなくなるならば、それは無法と同じことになる。一たび合法的に成り立った法律と判例の下、人々はそれに服する義務があり、それに反せば相応の罰を受けるというのは当然だという常識を小泉はいう。しかし、当時、すなわち敗戦後暫くの間は、そういった常識が通用しなかった時代であったということに注意しなければならない。とりわけ裁判をめぐる法の軽視の風潮に対して小泉は警鐘を鳴らした。

殊に現在進行中の裁判の被告の有罪無罪を法廷外の公衆に訴えることは、裁判官に対する圧迫となり易いものであって、避けなければならない。この点新聞雑誌の記事報道も、特に気をつけてもらいたいものと思います。……裁判官はただ法の定めるところと、自己の良心の命ずるところに従って判決を下すべきものであって、有罪にせよ、無罪にせよ、法廷外の運動に動かされてはならぬ。日本の憲法の定める通り、裁判は法廷で行うものであり、法廷で十分の論告弁論を戦わせた上で、裁判官が恐れず激せぬ良心をもって判決すべきものである。官にもせよ民にもせよ、法廷外の力が裁判を左右しようとすることは、極力警戒して斥けなければならぬと信じます。(⑰:四八八)

小泉は一つの例えとして、野球の審判の「アウト・セーフ」の判定について納得のいかない観客が、スタンドからグランドになだれ込み審判に抗議するという、自身が直接目の当たりにしたシーンを紹介し、こういった抗議の仕方を批判した。「判定を下すべき正当の権能を与えられた審判の判定が、常に最終のものでなくてはなら」(⑰:二四六)ないからである。小泉は、この例を出しつつ裁判に対する批評のあり方を論じている。『秩序ある進歩』に直接収められていない論考であるが、「秩序ある進歩」の思想に密接に関わるものなので参照しておこう。

さきごろ、最高裁判所長官の田中耕太郎氏は、判事に対する訓示中に、判決を下すにあたり、世間の雑音に耳をかさぬようにと、注意したとのことである。……この訓示は新聞雑誌の紙上では不評だったように記憶するが、私はかえってその批評のほうを不可解に思う。競技の審判がそうであるように、およそ裁判官たるものはただ一に法と良心とに従って判決すべきで、左右のスタンドのそれにも比せらるべき雑音には耳をかすべきでないと、私も思う。(⑰:二四七)

もちろん小泉は、裁判官は独善的であってよいといっている訳ではない。「厳正なれ、無私なれ、誠実なれ、勤勉なれ」との警告には「裁判官はいくたびでも新たに耳を傾けなければならぬ」(⑰：二四七)。しかし、「特定事件の判決、すなわち罪の有無、軽重は、これは法廷外の世論が決すべきものではなくて、法廷に提出された証拠に基いて、裁判官が決すべきもの、そうして裁判官のみが決すべきものである」(⑰：二四七)。小泉はそれこそが民主主義の根幹だという。

「法廷外の評論や運動が裁判を動かすことは民主主義でもなんでもない。否、全く民主主義の根幹を損うものである」(⑰：二四八)と小泉は述べる。そこで批判の対象として、いわゆる「松川事件」(2)における廣津和郎の裁判批判を取り上げるが、その廣津本人から小泉に批判がなされた。その内容は、野球の審判と裁判とではその重みが違い、野球ならば審判に任せてもよいが裁判ではそうはいかないというものであった。小泉はこれを一蹴する。「結果が重大であればあるほど、それはいよいよ公平厳正なものでなくてはならぬ。そうして、その公平厳正を守る第一の要義は、前にいった裁判の独立、すなわち裁判官が法廷外の力のいかなる圧迫からも、牽制からも自由であるということでなければならぬ」(⑰：二五四)ということである。

小泉の警告は明快である。裁判官の独立は民主主義の根幹である。それは裁判官が法律と証拠のみに基づいて特定事件の解決を行い、その公正な実現のためにはその地位と判断とが外部から歪められないことが必須の条件である。民主主義の基礎は法による社会の規律にあり、長い間かけて人類が見いだした方法が独立した裁判官による裁判だったのである(3)。

真の民主主義と偽の民主主義

小泉は、戦後日本の知識人の多くに民主主義の理解の致命的な欠如を見た。つまり、小泉は法に則った適正な手続、それに基づく国家権力の行使を民主主義の根幹と見ているのに対し、知識人の多くは人々の欲求、不満、あるいはそれらを受けた世論なるもので民主主義を捉え、それで完結してしまっていたということである。往々にしてメディアや論壇等によって煽られた世論が、民主の名の下に、何よりも崇高なものとして取り扱われ、法の手続が軽視される風潮を小泉は危険視した。

　国法が励行され、裁判が厳正に、法により、法の定める手続きによって行われることは、人権保障の第一要件であり、それなくしては民主政治はありえない。この点、今日なお多くの観念の混乱と弛緩とがあり、自分に不利益な法規や判決に違反することを、民主的とするかのような言論が往々にして行われる。（⑰：二四五）

　小泉自身、「日本の裁判がどうあるべきか、どうあって欲しいかを、法学の専門家でない、一常識人として論じた」（⑰：二五二）ようだが、民主主義と法の関係の本質的性格を誰よりも十分理解していた。早くから欧州、とりわけイギリスの歴史と社会に通じた小泉の教養がその背景にあったことは、容易に推測がつく。

　法の尊重と道徳の尊重、法遵守と道徳励行は「秩序ある進歩」の最も重要な条件である。「秩序ある進歩」とは進歩が平和的手段によってなされることをいい、その平和的手段とは、言い換えれば民主主義に他ならない。

　小泉は戦後の日本人にその発想が根付かないことを憂慮した。彼は「イギリス人はなぜ法律をよく守るか」という自問に対して、次のように答える。

　それは彼等が法律は守るもの、約束は破ってはならぬものと、子供のときから教えられて育っているからである。その教育の源は何処にあるか。恐らくそれは英国人の不羈独立の精神にあるであろう。彼らは柔弱怯懦の民でなくて、歴史上稀れに見る剛強不屈の国民であり、その歴史は、専制者に対する抗争に終始する。このことが彼等に自治自律を教え、自分の法律は自分が守るという精神を植えつけたものと、私は思う。（⑰：一〇一）

コモン・ロー

小泉は、イギリス人法学者グッドハート（Arthur Lehman Goodhart）の『法哲学に対するイギリス人の貢献』（Goodhart 1949）にも同様の記述があるとして、これを紹介する。グッドハートは、小泉が皇太子明仁親王のイギリス訪問に同行した際に面会した、オックスフォード大学ユニバーシティ・カレッジ長であった人物である。

もしも常人が法というものを、主権者によって彼れに向けられた一連の命令と見るなら、彼れは或る不承不承さをもってこれに遵《したが》うであろう。けれども、もしも彼れが法というものを、彼れ自身の意思並びに彼れの同胞市民のそれの表現と見るなら、彼れはそれを、己れの最も貴重な所有物と見るであろう。（⑰：一〇二）

「英人の、国王もまた慣習法（コムモン・ロオ）以上に立つものではないという思想が、英人をして法を重んぜしめる」（⑰：一〇二）というのだ。王までもが法に服する。そういった法をイギリス国民とその歴史が支えている。支えているからこそこれを尊重するのである。小泉はこれらを受けて「卑屈の民は面従し、腹背する。罰さえ受けなければ、何処でも法を犯すであろう。いわゆる免レテ恥ナシとは即ちこれをいうのである。それは独立不羈の精神とは正反対のものである」（⑰：一〇二）という。もちろん、このことは日本がそのような状況に陥りかけている現状を憂いての指摘に他ならない。

グッドハートについての考察は、小泉の一九五三年の長期欧米旅行を記した『外遊日記』（㉒）にやや詳しく紹介されているので、これを引用しておこう。一九五三年六月一〇日と記された日記には、「予は……グッドハアト学長から贈られた、『法哲学に対するイギリス人の貢献』……を取り出して開く」（㉒：二二二）と記した後に、以下の要約を記す。

要するに、イギリス法学は、大陸のそれとちがい、抽象的演理に耽らず、どこまでも具体的現実的構想の上に立論するというもので、かく抽象的でないことが哲学的でないということにはならぬことを、説かんとしたものである。二三の引例に興味あるものがあった。

例えば、罪と刑罰という問題についても、大陸の哲学者、例えばカントは、贖罪ということに重点を置いて、こんな風にいう。よしや世界の終りの明日来ることが、確実であっても、最後の殺人者は、今日処刑せられねばならぬ、云々。またヘエゲルは、こんな風にいう。邪は正の否定であり、刑罰はこの邪の否定であると。

ところが、イギリスの法哲学者は、そんなことは言わぬ。彼等は、刑罰の目的は社会《コミュニティ》の保護であると考える。例えば、ベンタムは、刑罰を、贖罪とか否定の否定などとは考えず、凡べての刑はそれ自体一個の悪（イヴル）であり、それは或る、より大なる悪を除く見込みのある限りにおいて、許さるべきものだ、と教えるのであるという。（㉒：二二三〜二二四）

小泉はこういう所感を示している。「右のカントやヘエゲル的の言葉で説くのは、自分の趣味でない。

……カント、ヘエゲルの口真似をするものには、或る場合多少コケオドシ的心理も働いているように邪推される」（㉒：二三四）。そして、「英国人……は、近世諸国民の間にあって、一方では、その哲学者の優れたることにより、他方では、彼等の哲学に対する軽蔑により、卓越する。この両点において、彼等はその智（wisdom）を示す」とのグッドハートによるラッセルの引用を受けて、「イギリスに来て、滞在していると、一寸同感したくなる言葉である」と述べている（㉒：二三四）。

王に対する不屈の精神

『外遊日記』では、これに続いて、王も法の下に在るとの記述、そして先ほどの「もしも常人が法というものを……」から始まるグッドハートの同じ引用があり、そこでは、以下のような結論を導いている。

これをもって観れば、英人遵法の精神は、英人の王に対する不屈の精神に発するというべきか。（㉒：二三四）

法は必要に応じてその形を変え、法の存在それ自体で完結することは決してない。つまり、法は市民の意思の表現という意味において権威となるものであって、そこを離れて権威となることはない。文明国家を支える市民は、自らのものとして自らの手で法を護り、王ですらその法を超えることはない。その思考ができない人々は、王のような権威に盲従する一方で、不利益がなければ平気で法を破る。まさにそれは明治維新時の日本人であり、敗戦後の日本人であると、小泉は痛感したことだろう。

ここに小泉の立憲君主に対する一つの見方が示されているといえよう。法の尊重と王の尊重は両立する。市民にとって法は自らの所有物であり、王は自らの共同体の象徴である。王が法の下にあるのであれば、王は市民と敵対することはなく、むしろ国民に歓迎される存在として受け入れられる。そこに王の意味が見いだされる。

4　個人主義の基礎としての道徳と教育

戦後の放肆と頽廃

『秩序ある進歩』に収められている「秩序ある進歩」という同名の講演録の中に、道徳教育に触れている部分がある。「秩序ある進歩」における道徳教育の意義とは何か。以下ではその記述を中心に、さらには関連するその他の文献も参照しながら解説しよう。

敗戦後の日本において、道徳教育の重要性を説くことはある種のタブーであるとされた。もちろん、戦前、戦中の軍国教育への反省があったことはいうまでもない。道徳教育＝保守反動というレッテルが貼られ、多くの知識人はそういった風潮に乗じ、あるいは気兼ねした。

そういった中、戦後の、権利としての自由は、戦前からの反動もあってか大いに弛緩した。小泉は次のようにいう。

戦後、殊に敗戦国の、気に張りを失った国民が、ただ官能の慰楽を悦び、放肆と頽廃にくずれて行くのは、多くの前例の示すところであるが、我々の記憶する前大戦後のドイツも、それがひどかった。（中略）戦後の日本、殊に戦後日本の出版界に、当時のドイツを憶い出さしめるものの多いことは、残念ながら事実である。そのこと自体が醜いばかりでなく、やがてこれ等の実情が喚び起こすかも知れない反動には、更に恐るべきものがないとはいえぬ。与えられたる自由を賢く守らなければ、それは容易く奪い返されるであろう。すでに、日本人はまだ出版の自由を至当に享受し得るまでには成長していないのではないかとの疑問は、屢々人の口に上っている。自由の濫用が自由そのものを破戒するには、格別の手間はかからないのである。（⑩：三九八）

こういった弛緩を前にして、小泉はどのような道徳のビジョンを持っていたのだろうか。

小泉の道徳論

戦後、小泉は当時の世間の風潮に抗うかのように、道徳教育の必要性を強調する。当時の少なくない知識人たちが道徳教育に反対するその精神構造を次のように描写する。

体操は好い身体の形成のため必要であり、また有効である。しかし、虚弱児童の中にはこれを好まないものもある。道徳教育の反対者がみな道徳上の虚弱児童だなどとはいえませんが、或る面において幾分その趣きがあることは認めてよいと思います。今日の知識人は、多かれ少なかれ唯物史観の影響を受けていますが、唯物史観は、見ようによっては、人の行為をその生活環境によって説明して、その道徳的責任を解除するもののように解されます。ところが、もともと責任を問われることは誰れしも好まないところであるから、一般に責任を恐れるもの、即ち道徳上の虚弱児ともいうべきタイプのものが、唯物史観に隠れ家を求める傾きのある事実は、十分認められると思います。すべては社会が悪いのだという考え方、言い方には、この心理によって説明されるものが多いと思われる。（⑰：四九一）

小泉らしい舌鋒の鋭さが映える文章である。小泉は、駄目を押すようにこう続ける。

さらに道徳を説くことは、当然それを実践する責任が伴う。この責任を恐れる心も、また人を道徳教育論に消極的ならしめると思います。道徳教育の必要を説くよりも、その無用を嘲ける方が、多くの場合はるかに楽である。この安易をよろこぶ心が、知らず識らず道徳教育反対論の一つの支柱となっていることは否定し難いと、私は見ています。（⑰：四九一）

小泉の道徳教育論は、ある価値観を押し付けようとするものではなく、むしろ誰もが持っている価値観をいかに実践するか、ということに焦点を当てたものであった。「偽りをいうな、常に真実を語れ」「イエス、ノーを明らかにせよ」「義ヲ見テセザルは勇ナキナリ」「己れにせられんと欲するごとく人にもせよ」「過マッテハ改ムルニ憚ルコト、ナカレ」といった例を挙げ、その実践がいかに難しいかを説き、だからこそ実践のための道徳教育を唱える（⑰：四九二〜四九三）。このような道徳観は、慶應義塾長の時代から変わっていない。

なぜ、「秩序ある進歩」というテーマの中で道徳教育を語ったのか。小泉は「日本の強健な次の世代の成長のため」（⑰：四九三）というが、裏を返せば、現状においてはそれが危ういことを認識していたからに他ならない。つまり、「道徳上の虚弱児」といわれる知識人の多くが「すべては社会が悪い」といった責任逃れの思考に毒され、マルクス主義にその隠れ家を求めている状況を憂慮していたのである。そうした人々によって道徳教育が軽視され、それによって当たり前の価値観が実践されなくなる、言い換えれば、「真実に背く」「態度を曖昧にする」「義に反する」「自分の望まないことを人には平気でする」「過ちを認めず、ごまかす」といった堕落した社会がやがて到来することを危惧し、そういった危機が知識人によって導かれつつあることを憂慮したのである。『論語』の「夫子の道は忠恕のみ」（⑰：二七一）という言葉を前に小泉は、そういった当然の道徳が当然に実践されていない世の中の風潮を嘆き、故に反動的と難じられても徳育の重要性を改めて説くのである。

こういった堕落した社会は、小泉が力説してきた確りとした個人に支えられた民主主義過程を通じた着実な進歩とは相容れないものである。すなわちそれは、「気に食わなければルールに背く」「自らの欲望を満たすために暴力的手段に訴える」「合理的な根拠なく相手を難ずる」といった蛮的なものであり、どこにも民主という言葉を見いだすことはできない。「無法は民主主義ではない」(⑰:二二二)。その無法の状態を招かないためには、家庭、学校、社会におけるしつけが重要である。(4)

道徳意識の欠如は、「真実に背く」「態度を曖昧にする」「義に反する」「自分の望まないことを人には平気でする」人々を放置させることになる。自ら律することができない者は、社会の規律にも甘くなる。面倒くさいものを嫌い、対立を恐れ、できれば自分が矢面に立ちたくないという無責任の風潮を助長する。こういった無責任の風潮が学校教育に散見されることを小泉は嘆いた。小泉は「機嫌とり教育」と題してこの風潮を難じている。


……道徳を教えることは、教えず放って置くよりは骨の折れることである。少なくもそれは道徳を説くものに自ら実践する責任を負わせる。それ故に、小利巧で、責任を恐れるものは、道徳を説くよりもそれを嘲ける方に廻りたがる。その実例は無数である。ぶしつけながら新聞の記事論説の音調にもしばしばそれが感じられる。機嫌とり教師にも同じ心理に動かされているものは、多分少なくないと考えられる。(⑰:二六七)

賞　罰

賞罰に対する小泉の態度は明確である。

賞罰は慎まなければならぬ。罰において殊に然り。処罰は常に十分の人間的洞察と雅量をもって行われなければならぬ。疑わしきを軽くせよ、とは古今の金言である。しかも、なおそれにも拘らず、賞罰は明らかでなければならぬ。当然罰せられるべき行為の処置は決してこれを曖昧にしてはならぬ。機嫌とり教師や道徳的嘲笑者の懦弱或いは横着の言は、その際取り合うべき限りではない。(⑰:二六八)

漱石の『坊ちゃん』に登場する教頭の「赤シャツ」、画家教師の「野だいこ」、その他諸々の教師陣が、主人公の新人教師「坊ちゃん」への学生たちの侮辱的悪戯に対する制裁を躊躇するシーンに、小泉は戦後知識人の懦弱、横着を重ね合わせた。漱石の意見は、「教育の精神は単に学問を授ける許りではない、高尚な、正直な、武士的な元気を鼓吹すると同時に、野卑な、軽躁な、暴慢な悪風を掃蕩するにある」「反動が恐ろしいの、騒動が大きくなるのと姑息な事を云つた日には此弊風はいつ矯正出来るか知れ(ない)」(⑰:二七〇)という、数学教師「山嵐」の意見と同じに違いないとする。維新を経た明治の世も同様に、敗戦後の昭和のように、そういった懦弱、横着の風潮が蔓延していたのだろうし、そういった風潮を漱石自身嘆いていたのだろう。

小泉は戦後、戦前にもまして道徳教育を強調した。道徳教育の主張者が保守反動と批判されるその風潮に敢えて反抗した。自由の濫用が自由そのものを破壊する危機を目の当たりにして、道徳教育こそが喫緊の課題だとそれまで以上に強く認識したのだろう。小泉は戦前、既に触れたように、塾長講話である「塾の徽章」(⑬)そして「塾長訓示」(㉖)によって慶應義塾の学生に厳しく道徳を説いた。繰り返すと、小泉が塾生に道徳による自己規律を求めた趣旨は以下のものであった。

慶應義塾八十余年の歴史と光栄とは、福澤先生在世の時に定められた、諸君のあの徽章に象徴せられている筈である。もし万一にもこの徽章に対して敬意を失するものがあったなら、諸君としては必ずその者にその非を悔いて改めさせるだけの処置を取る用意があるであろう。しかし、敬意の不充分であった場合に適当の処置を取るのは当たり前であるが、実はそれより先きに、諸君としては諸君の徽章と制服とをして自らにして人々の最高の畏敬と信頼との的とならしめるに遺憾なきことを期せねばならぬ。それは極めて簡単なことである。それはただ諸君の日常の行動によって、容易に且つ自然に行われることである。諸君の日常の行動が人の尊敬と信頼とを促すものでありさえすれば、諸君の国旗に比すべき塾の徽章と制服とは、これを尊敬するなといっても尊敬を受けるであろう。私は濫りに道徳を説教することを好まない。しかし、学生として、私共とともに、諸君の塾であり、我々の塾である慶應義塾の徽章の光りを、諸君自らの力によって輝かすということは、愉快な仕事ではないか。(⑬：五一四～五一五)

小泉の思想における道徳の位置付けは、個人の自由の外在的規律原理としての道徳ではなく、むしろ個人及び個人が属する集団の自尊の前提としての性格を持っている。福澤の言葉でいうならば、「一国独立」のための「一身独立」、すなわち個人の自立の前提としての道徳である。

自己本位としての個人主義

個人主義という観点から少し掘り下げよう。

小泉の漱石好きは有名であるが、戦後、漱石の作品あるいは評論を何度となく取り上げているのは、漱石の視点や意見が戦後日本の問題状況によく当てはまり、大きな示唆を与えるからである。小泉は、漱石の「個人主義」の精神を注目すべきものとして引用する。

鷗外は『月草』序の中に、今日新しい自家の哲学体系を立てるという如き仕事は「脳髄の器械が別誂《べつあつらえ》に出来て居て、生涯をそれに委ねる人物に任せて置いて好い事」だと諦めている。漱石はそれに甘んずることが出来ず、文学について、その「別誂」の頭脳を要するといわれた事業を敢えて企てた。『文学論』や『文学評論』の出来栄に対する批評は今も今後も様々であろうが、兎も角も、客観的に妥当する根拠に立った上で、吾れはわが舌をもって味わうという主義を漱石が実践によって示したことは、後進学者のためによき前例を与えたものである。国民的悲運のために全国民何事についても自信を失いがちである今日、『文学論』や『文学評論』、また漱石自ら己れの心事を告白した講演筆記録「私の個人主義」は、ことに吾々を励ます力を持っている。(⑭：一四二)

ではその漱石の個人主義とは何か。それは「自己本位」ということである。

彼れのいう「自己本位」とは、利己主義ということではない。漱石のいうことは、己れに対して正直であれ、自分の心に忠実であれ、自分の食べるものの味は自分の舌で味わえ、どんなえらい人のいうことでも、その口真似をするな、ということに帰着する。(⑰：九六)

漱石は英文学の専攻であったが、西洋の大家のいうことが腑に落ちず苦悩した。腑に落ちたふりをすることができない漱石は、ロンドン留学中、悩みぬいた末、他人のものの見方に盲従するのではなく自力で文学の本質を見極めることこそが自分の生き方であるという境地に至った。それが漱石の文学論であり、小泉にいわせれば、それは「難解でもあり、未完成品でもあり、決して漱石の作品として最上等のものではないけれども、彼れの悪戦苦闘の産物として、それは特別の尊重を受けて好いもの」(⑰：九七)である。

漱石は、「自分の酒を人に飲んで貰って、後から其品評を聴いて、それを是が非でもさうだとして仕舞う所謂人真似」（⑰：九七）を、でたらめに漂う萍《うきくさ》に喩え、これを他人本位の生き方とした。漱石は次のようにいう。

たとへば西洋人は是は立派な詩だとか、口調が大変好いとか云つても、それは其西洋人の見る所で、私の参考にならん事はないにしても、私にさう思へなければ、到底受売をすべき筈のものではないのです。私が独立した一個の日本人であつて、決して英国人の奴婢でない以上はこれ位の見識は国民の一員として具へてゐなければならない上に、世界に共通な正直という徳義を重んずる点から見ても、私は私の意見を曲げてはならないのです。（⑰：九七）

自己本位の危機

小泉は、これは漱石が念頭に置いた文学だけではなく、政治経済の文脈にも当てはまるとする。小泉は、「各人がみずから見るところに従って判断し、みずから信ずるところをいうに憚からぬということがあって、はじめて健全な輿論というものは形成される」（⑰：九七〜九八）といい、「各人が己れに対して正直で、忠実である」という自己本位は、民主政治の存立に不可欠であるとする（⑰：九八）。

小泉がナチズムやソ連のような全体主義国家を受け入れられないのはなぜか。「吾々がどうしても全体主義政治体制というものを認めることが出来ないのは、全体主義が政府に対する反対党の存在を許さず、人々の自分に対する正直という大切な徳義と相容れないからである」（⑰：九八）。つまり、民主主義に不可欠な自己本位が存在しないからだ。

ただ、それは全体主義国家の問題だけではない。民主主義の体裁が整っている日本のような国においてさえ、自己本位が確立していない場合があるという。小泉が心配しているのは、当時の論壇の状況であり、日本国民への悪影響である。小泉は、船と乗客の例えを引き合いに出して、戦後論壇においてこの自己本位としての個人主義が危機に瀕していることを憂慮する。

……船が動揺しても、足元のたしかなものはよろけない。脚が弱いと、動揺のたび毎に右舷左舷へとよろけなければならぬ。もしも船が右に傾いたとき乗客がみなよろけて右舷になだれ寄り、左に傾いたとき左舷に寄るということであったなら、船の動揺は必ず加大されて、或いは船を危うくする……。(中略)戦争中必要以上に軍人に迎合したものに限って、敗戦後、また必要以上に軍人を罵倒する……。今日一部の進歩的……論者が……漱石のいう「自己本位」の心がまえを欠き、その時、勢いのあるものに対してあまりにも虚弱である……。(⑰:九八〜九九)

自己本位とは言い換えれば主体性である。主体性をもつということは個人が全体に埋没しないことを意味する。それこそが民主主義の基礎となるものである。しかし、主体性をもつことは自分勝手になるということではない。自らの言動を自分の責任で行うということを意味する。自分の言動に責任をとれない人々は、すなわち主体性のない人々であり、こういった人々に言論が支配される状況を、小泉は民主主義の危機として憂いたのである。(5)

5　日本と日本人

現代版「瘠我慢の説」

最後に、愛国論の言い換えでもある日本論と日本人論について見てみよう。

戦後、小泉は日本と日本人をテーマとしたエッセイを多く著し、多くの講演を行った。そのほとんどが国への想いと建国、立国の精神に関わるものだった。このことが小泉は保守派だというイメージを人々に植え付けたことは否めない。

これを象徴するものが、「遺児の皆さんへ」⑯と題する講演記録である。『秩序ある進歩』の中にも「日本と日本人」という論考があるが、伝えたいことは一緒である。文字通り、戦争の遺児に向けて書かれたものである。その狙いは、「日本のために平和な、よりよき明日を開くことに励み働らくについても、国民が国に尽すということが、どんな大切な、貴といことであるかを、知ってもらいたい」（⑯：九）ことにあった。

この講演は、戦争の遺児に対し、戦死した父親が国のためにどのように尽くしたかを説くものであった。その主眼は小泉自身が端的に述べているように、「国民が国のために死ぬということ」（⑯：二一）の意味を問うことであった。小泉はその前提として「吾々の住むこの世界は、多くの国に分れています。国々には国境があり、国境の内に住む人民は国民と呼ばれ、一の政府をいただき多くの場合、一の国語を話し、風俗習慣を同じくし、共同の歴史を背後に持ち、譬《たと》えば、同じ船に乗り組んだものが、一緒に波や風を凌いで来たように、長い間、苦楽安危を共にして今日に至ったものであります」（⑯：一〇～一一）と述べたうえで、以下の通り続ける。

この点について、吾々日本国民は一の幸福に恵まれているといえます。それは、この日本の島々には日本人だけが住んでいるということです。これは一見ごく当り前のことのようですが、広い世界を見れば、言語も皮膚の色も違う幾つかの人種が寄り合って、一の国をなし、互いの間の利害も感情も同じでないため、一の国民が完全な一体を成していない例は、沢山あります。……四方海に囲まれているために、隣国と境を接する面倒がなく、また国の内には異民族というものがなくて、日本人が日本人とのみ共に住み得るということがいかに大きい幸いであるかが分ると思います。勿論、日本のこの島々の上に八千数百万人の同胞が住むことは、随分窮屈で、決して楽なことではありませんけれども、しかし、この日本の国土は、日本人のものであり、日本人のみのものであるということは、吾々にとって真に張り合いのあることであります。吾々はこの国土を祖先から受け継いで、これを子孫に伝えるのでありますが、その吾々にこの国土を伝えるものも、吾々からそれを受け継ぐものも、共に皆な同じ日本語を語り、同じ心で国旗を仰ぐ日本人であるのは、仕合せなことではありませんか。(⑯：一一～一二)

小泉は別著で、ある国では地域によって言語が異なる例を挙げつつ次のようにいう。

……私たちがこの日本の国土に日本人と共に住み、例えば、同じ船に乗り組んだものが共に風浪を凌いで来たように、共に長い歴史の海を航海して来たのは仕合せなことであったと私は思います。同国人が同国に住むということは、われわれとしてはごく当然のことと思われますが、決してそうではない。(中略)

……日本国民というものが幸いにもこれとはちがってかく単一同質であることは、やはり大きい力になっていると私は思います。(⑰：五四〇)

見方はさまざまであろう。しかしここで重要なことは以下のことである。これは紛れもない、福澤諭吉の「瘠我慢の説」にいう「開闢以来今日に至るまで世界中の事相を観るに、各種の人民相分れて一群を成し、その一群中に言語文字を共にし、歴史口碑を共にし、婚姻相通じ、交際相親しみ、飲食衣服の物、都てその趣を同うして、自から苦楽を共にする時は、復た離散すること能わず」（福澤［一九〇二］二〇〇二b：一一〇）の記述をそのまま現代語風に言い換えているということだ。

既に触れたように、「瘠我慢の説」は出自に忠実であることを説くものであり、小泉にいわせればそれは合理性で説明できる範疇を超えるものであり、福澤によって何よりも高いプライオリティを持つと位置付けられた「独立自尊」そのものだ。再び、小泉の「福澤先生の国家及社会観」を引こう。

……一国の人民が自国の独立を尊重し、他国の支配を受けない。或いは他国人の保護の下に生活を全うするということを潔しとしないということ、この間の消息は、合理主義をもっては説明することが出来ないのであります。国民主義、或いは国民的意識というようなものを説明する場合に、学者が屢々持って来るのは、人種を同じうし、言語を同じうし、宗教風俗習慣を同じうするものが一国を成し、或いは口碑伝説を同じうするものが一国を成し、或いは過去において安危休戚の運命を共にして来たということによって一国を成すということを挙げる。ドイツの学者はこれ等の問題を論じます場合に、能くSchicksalsgemeinschaftという言葉を用いますが、このシックザールというのは運命でありまして、安危休戚の運命を共にして来た人のコミュニティということであります。福澤先生もそれについて同様に、一国民を結合せしむる上において「就中有力なるは懐旧の口碑を共にして其喜憂栄辱を共にするもの即ち是なり」と言われている。即ちドイツ人の言うシックザールスゲマインシャフトでありましょう。しかしかくの如く喜憂栄辱を共にしたものが、何故に特にその集団の独立を尊重するか。何故に他に侵されることを肯んじないか。この間の消息を説明するには、人間と人間との関係を手段と目的の関係として見るところの合理主義では足りないのであります。（21：三六三〜三六四）

この講演録は一九三四年のものである。日本は日本人の手によって治められなければならない。国民がそのために命を懸けるのは、もはや理屈の問題ではなく、その国に属していること自体がそうさせるというのである。そのようなものである以上、日本人にはこれまで以上に日本をよりよいものにする責任があるという。このものの考えは戦前から抱いていたものだった。

リンカーンと鷗外

「遺児の皆さんへ」において、小泉はリンカーン（Abraham Lincoln）と鷗外に言及する。

アメリカ人の尊敬するエブラハム・リンカンが或る時、人間四十以上になれば、自分の顔に責任があるといったことがあります。それは、四十以上の人間の顔は、父母に与えられたままのものではなく、内に磨かれ、或いは鍛えられた心を外に現すものである、そういう意味で、顔は自分で造るものだ、だから自分に責任がある、というのです。これは味わうべき言葉で、英雄偉人といわないまでも、一芸に達した人、一事業を成し遂げた人の顔というものは、気品とか、威厳とか、力とか、魅力とか、内の何物かを現していることは、皆さんも御気づきのことと思います。（16：一二）

……鷗外は、人間生れたままの顔で死ぬのは恥ずべきことだといいましたが、同じような意味において、吾々は祖先から受け継いだ日本の国土を、ただそのまま次ぎの世代に引き渡すのを、恥ずべきだと思います。吾々は必ず吾々の受け継いだよりも、それをよきものとして、子孫にのこすことを期すべきだと思います。国土は自然によって与えられたままのものでなく、長い年月の間に吾々の祖先が手を加えて造って吾々に伝えたものです。勿論、日本の島々というものは、自然によって造られたものですが、それを今あるような国土としたのは、人間の力です。土地の開墾改良や、道路運河の開通、港湾の設備、河川の改修、ダムの築造等々の、ごく手近の例を見ても、今吾々が住み、その上に吾々が生きている日本の国土というものは、決して与えられたままのものではなくて、日本人によって造られたものだといわなければなりません。（中略）

……無形の文化についても同様です。宗教道徳学問芸術の凡べてを包む日本の文化というものは、吾々はそれを祖先から受けて子孫に伝えるのでありますが、受けたそのままを伝えるのでなく、常に何物かを――望むらくは多くのものを――それに附け加え、よりよいもの、より高い、大きいものにして、次ぎの時代に伝えることを期すべきであります。それが出来ないということは、やはり生れたままの顔で死ぬのと同じだといえましょう。（⑯：一三～一四）

小泉は前記の記述を受けて、「吾々の祖先も日本人であり、吾々の子孫も日本人である。……この国土という空間に、過去現在未来という時間を通じて生きているものだということが出来（る）。……吾々は、国民として現在（同胞）と過去（祖先）と未来（子孫）に対する義務を感ずることになる」（⑯：一四）というのである。

日本と日本人を語るとき、小泉は戦前からぶれていない。一九二〇年代後半から福澤への言及を始めた小泉はその当初から「瘠我慢の説」を何度となく引き、これを自らの思想の基礎に据えていた。むしろ敗戦による反動で日本人が祖国を顧みなくなった風潮を目の当たりにして、その語気を強めた感さえある。「遺児

の皆さんへ」の書き出しが次のものになっていることはそれをよく示しているだろう。(6)

先き頃の戦争で父を失った遺児の数は、日本全国で百万人にも上るということです。その人々の日日の苦労と寂しさは、推察に堪えませんが、殊に敗戦のため、心の張りを失った一部の国民が否定的、自棄的となり、どうかすると、国民が国のために尽し、そのために犠牲となることの貴とさを忘れる嫌いがあることは、遺児の人々の心事を思い、まことに忍びないことです。戦争を厭い、平和を願う心は、われ人ともに変りませんが、国のために、同胞のために、身を捨てて尽した人々のことは、国民として忘れてはならぬと思います。(⑯:九)

6　心身の鍛錬の重要性

防衛大学校

日本と日本人に関連して追加しなければならない点は、防衛大学校への関わりである。小泉にとって防衛大学校を語ることは、国の将来を担う人材をどう養成すべきかを語ることを意味する。それは日本、日本人を語ることであり、教育と道徳を語ることでもあるから、『秩序ある進歩』に収められていないテーマではあるが、ここで触れることにする。祖国と啓蒙。防衛大学校は、福澤を受け継いだ小泉のエッセンスを知る重要な窓口となる。

小泉信三は防衛大学校創設の三恩人の一人といわれる。他の二人は、防衛大学校創設時の首相吉田茂と防衛大学校初代校長の槇智雄である。防衛大学校の指導者として吉田に槇を推薦したのは小泉であり、小泉は槇を全面的に信頼していたし、槇は小泉の思想と自らの思想の区別が付かなくなるほど、小泉に入れ込んでいたという。(7) 小泉自身、槇校長のいる防衛大学校に何度も足を運び、講演を行っている。学校長の槇から「招かれて……話に来た」のではなく「私の方から売りこん」で話に行ったと自身が語るほどの熱の入れようであった（小泉 一九六七：九四）。(8) そのため、防衛大学校を通じた小泉の防衛論と教育論は、槇智雄の思想を通じて知ることができる。また、小泉は槇の言葉を自分の言葉として引用する。両者は常に循環し合う関係にあった。槇自身、次の通り述べている。

防衛大学校はその教育の目的の性質上、どうしても道義心と勇気、規律としつけこれらを民主主義の旗の下に身につけさせねばならなかった。想を練れば、その背後に先生あるを拒めなかったし、ものを言えば、その語った後に、これは小泉調であったと気付いてハッともし、その影響の強さに、みずから感心せずにはいられなかった。（槇 一九六六：三六）

日本と日本人について小泉が槇の文献を参照するのは、『防衛の務め』（槇 一九七八）の中の「守るのは何か」の章である。

槇も小泉も、次の根本的な問いを出発点とした。防衛とは何を守ることなのか。その答えはもちろん、守るべきはわれわれのこの国である、ということになる。では、この国とはどのように規定されるか。ここでは小泉の言葉を借りよう。槇のいわんとすることを実に要領よくまとめている。

そもそも国民と国民性をなすものとして、人は当然まず民族、人種、領域、風土、人口、産業などを思うけれども、真に国民の画像を成すためには、その精神的要因を描かなければならぬという。歴史、信仰、文芸、思想、習慣、法典、制度や、或いは政府、教育などがそれである。これらのものは、みな、もと人の心がつくったものであるけれども、ひとたびそれがつくられると、やがてこれらの心の住居は、そこに住む心そのものに影響を与える。心のつくったそれらのものが、時代から時代へ、心から心へと受け継がれ、継がれるたびにその深さを増して行く。（⑳：三八七）

「すなわち、それは過去の人の持った心であり、また未来の人の持つ心でもある」（⑳：三八七）。過去からの蓄積、伝統、共同の相続財産であり、その心を統合したものが国民であるという。

この共同の相続財産は、国民にとっては過去現在のみならず、その将来に託する希望の一切を含むのであって、われわれは切にその安泰と繁栄を願い、独立と平和のうちに恒久の生命の続くことを祈らずにはいられないのであるが、さて現実の世界において、この貴重なるものの保障は、十分与えられて心配ないのであるかといえば、何人もしかりということはできぬ。しからばどうするか。自分でそれを護るより外はない。（⑳：三八七）

「そこに防大学生の将来の任務がある」（⑳：三八七）という。小泉は槇の引くパスカル（Blaise Pascal）の言葉を再び引く。それは「正義は力なくしては空虚のものであり、力も正義なくしては暴力に過ぎない」（槇 一九七八：一二四）というものだ。だからこそ、防衛のための力が必要であるという。ではそこでいう正義とは何か。

……国民自衛の権利と義務とは、独立国民なる観念と不可分である。それは独立国において、いかなる法典の条文にも優先すべき根本の大義であって、自衛を放棄した独立国というものは、あたかも生命なき生

物、氷冷なる熱湯、空を飛ばぬ飛行機というにひとしい、概念をなさぬ概念というのほかはない。(⑳:三八八)

もしも自ら独立の国民にして、しかして国民自衛の権利と義務を疑うごとき言説を敢えてするものがあったとすれば、それは思考の混迷か、さもなければ、気がねの必要のないところに気がねをする心志の虚弱を示す以外の何ものでもない、といってよいであろう。槇氏の論述は、この自明の理を、青年学生のため、とくに懇切丁寧に解説したものに外ならぬとして、私は読んだ。(⑳:三八八)

もはや明らかなように、槇の防衛論は小泉の日本論、日本人論と見事に一致する。小泉は、戦後の日本を支える人材の養成の理想を防衛大学校に見たといっても過言ではあるまい。

教育と訓練

槇の『防衛の務め』に収められている「防衛大学校の毎日」という論考には、彼の教育論が示されている。小泉は自らの言葉であるかのように槇の言葉を引用している。それは防衛にあたる者にのみ当てはまるものではなく、教育一般に通じるものである。小泉自身、この一篇は「軍人学生の義務と個人の威信との調和を説いた幾節の如きは、教育者必読の文字と称して差支えない」(⑯:五〇一)とまで述べている。

教育において重要なのは日々の鍛練、訓練である。では、訓練とはどうあるべきか。その訓練のよい例を、槇はスコットランドのパブリック・スクールに求める。その創立者の教育方針は、生徒に、①自分を見いだす機会を与え、②勝ち負け双方の経験をなめさせ、③共通の目的により自我を忘れさせ、④沈黙の時間を設け、⑤想像力を練り、⑥運動競技は重んずるが過度に熱するのを避け、⑦富裕権門の特権意識からくる人間の弱体化を救うということにある（槇　一九七八：二四六）。槇は以下のように述べる。

四百名の少年たちは、海や山の危険をおかし、これを利用して訓練される。沿岸警備の小艇で実習し、山火事を監視発見し、岩石の多い山を登りあるき、あるいは学校の雑役に服するのである。創立者の目標は「戦時と同様の気風を平時にあっても忘れない」ことにあるといわれている。教育のやり方は生徒に訓練計画を与えて、その名誉にかけてやり遂げさせるにある。日常生活は早朝空腹時の駈け足に始まり、一日二回の冷水シャワー、一切の間食を絶ち、部屋の掃除、日記の記入、沈黙の自由時間となっている。学業成績も大切である。しかし、「不愉快、困難、危険、嘲弄、退屈、迷いや瞬間的の衝動行為に対する抵抗力」は更にいっそう高く評価されるのである。貴族富豪の子息も、付近の猟師、漁夫の子弟も、渾然一体となって、清楚な学寮生活を送っているのである。（槇　一九七八：二四六〜二四七）

槇はこの例を受けて、「素朴で基本的である故に、訓練の本質について多くを示唆し」、「防大の学生に対しても同じことがいえ」（槇　一九七八：二四七）ると指摘する。

形式主義の弊害の回避

訓練の最も重要な手段は運動競技である。

運動競技は激動への適応性、敏活、耐久力を向上させ、身体に均整と柔軟性を与える。精神力の鍛錬にもなる。競技によって人は個人主義から解き放たれ、客観的環境に馴化する。思慮的な行動、勇敢な行動を導く。槇は、競技を通じた訓練を概括的に特徴付け、ルールにしたがうフェアプレイ、他人のための戦い、そして感情を押し殺して行動することの三点を示し、これを「正しく、強く、生き抜け。持ち場を捨てるな」

という言葉に収斂させる（以上、槇 一九七八：二四八〜二四九）。このことは「練習は不可能を可能とする」で有名な、小泉のスポーツ論に通ずるものがある。[9]

ただそこには落とし穴もある。槇が危惧するのは、以下の点である。

すなわち、「団結の強化は強い忠誠心を育てる」が、「このために個人の自主性や、反省力が後方に押しやられてはならない」。また、強力な団結、団体精神という「美名にかくれて、低俗な形式主義や、安易な一致態制の影がしのびよってはならぬ」（槇 一九七八：二四九〜二五〇）。ここが槇の教育論の核心部分である。

人当然の修業として、学生の学習、生活、起居についても厳守する規則と慣習がある。行為行動にも命令によることがある。気儘放縦や、安易な幸福が人間の自由ではないという固い信条もある。また維持される名誉と規律もある。しかし、すべては理性をもって納得もゆくし、服従もできるのである。ただこれらのことは厳重に、また正確に励行させなければならないのである。訓練課程にガイダンスと呼ぶ討論学級がある。これは規律のこと、生活起居のこと、名誉や任務のこと、思想の問題に至るまで、課題を選定しあえて結論を急がず、学生が互いに自由に討論するのである。知見を広め、事柄の正邪得失を判断し、構想を練って、表現の方法と、討論のエティケットを学ぶのである。（槇 一九七八：二五二）

知識の探求が進めば進むほど、また、論議を重ねれば重ねるほど、知識意見の一致は促がされ、その隔たりは縮小する。その知見が、その行為行動が一様性を発揮しても、これをもって個性の欠如といい、形式主義の教育ということはできないであろう。これは訓練練習の結果である。個性は単に各人の孤立独走によってのみ収穫されるものではない。むしろ個性は規律ある集団生活中に養われる。場合によっては、孤立孤高も高く評価する。主観の世界に自由に大悟することも、人の当然の道である。しかし、同時に客観の世界に責任を自覚して、生き抜き戦い抜く個性と集団のあることを忘れてはならない。これはまた、人生のきびしい容貌であり実際でもある。個性の尊重と教育の形式主義は、対立して相容れない二つの存在ではなく、常に提携して初めてその成果を挙げるものと信じている。（槇 一九七八：二五二～二五三）

そして槇はこう締めくくっている。

われわれは常に自律といい、自主というている。……ただ、単に口先だけのものでないためには、ここに述べたようなところにまで行かねばならぬ。（槇 一九七八：二五五）

「自由と規律」

『自由と規律』（池田 一九六三）は文学者池田潔[10]の岩波新書の著書の題名である。イギリスのパブリック・スクールであるリース校出身で戦前にケンブリッジ大学を卒業した池田が、戦後にイギリスの中等・高等教育の実際を紹介したこの本は、小泉信三が序文を書いたことからも分かる通り、小泉の教育論の一部でもあった。教育のあり方については槇のそれと軌を一にする。

小泉は、序文で以下の通り述べる。

特に知らねばならぬことは、世界の健強なる国民が、大学以前の青少年に、人間の尊貴とその義務の重きこととをいかに教へ、彼等の道義心の涵養と道徳的勇気の鍛錬とをいかに行いつつあるかということである。附け焼刃でない民主主義の確立は、ここから出発しなければならぬ。池田教授のこの本は、イギリスに関する限り、充分に此の問に答えている。（⑮：五二八）

一方、池田は『自由と規律』の中で、パブリック・スクールでは学生がさまざまな制約下での生活を余儀なくされることを述べたところで、小泉の「自由と訓練」と題するエッセイ⒂を引用しつつ以下のように述べる。

……何事も少年等のほしいままにはさせぬことは、自由を尊ぶイギリスの学校としてわれわれの意外とすべきものが多い。しかし、ここに長い年月の経験と考慮とが費やされてゐることを思はねばなるまい。(池田 一九六三：八八～八九)

斯く厳格なる教育が、それによつて期するところは何であるか。それは正邪の観念を明にし、正を正として邪を邪としてはばからぬ道徳的勇気を養ひ、各人がかかる勇気を持つところにそこに始めて真の自由の保障がある所以を教へることに在ると思ふ。(池田 一九六三：八九)

パブリック・スクールからイギリスで学んだケンブリッジ大学出身の池田、慶應義塾を経て渡英しオックスフォード大学を卒業した槇、イギリス通の二人は小泉の思想に強く影響された。小泉は二人の智慧を高く評価し、彼等に導かれるように自らの教育についての意見を固めた。槇の場合は、防衛という特殊なミッションとの関わりで教育を論じたが、本質的な部分は共通している。それは自由と規律は相互に作用しあって、民主主義の担い手である教養人を育て上げるということである。小泉はこの二人に自らの教育論を見いだした。

防衛大学校に結び付ける形で訓練、教育のあり方を論じた小泉であるが、このことは彼の思想の描写においては重要な事実である。というのは、国を守る気持ちは国を想う国民の素直なものであり、国民が国を支えるためには国民は隷属ではなく自主自立の精神を身に付けるべきこと、そのためには道徳心の涵養とも言い換えられる精神面での鍛練が求められること、それは民主主義の不可欠の要素であることが説かれているからである。もはや明らかなように、それは福澤のいう一身独立、一国独立の精神と合致するものなのである。

夫子の道は忠恕のみ

ここで、小泉が防衛大学校生に対して贈った二つの『論語』の言葉に触れることとしよう。

一つが「忠恕」である。「子曰。参乎。吾道一以貫之。曾子曰。唯。子出。門人問曰。何謂也。曾子曰。夫子之道。忠恕而已矣。」つまり、孔子の道を貫くものは「忠恕」に他ならない。おのれを尽くすこと、おのれをおして人に及ぼすこと、小泉はこれを敷衍して、以下の四つのメッセージにまとめている（小泉 一九六七：一一五〜一一八）。

常に真実を語れ
物事を他人の身になって考え得る人になれ
感謝を知る人になれ
己の非を認める勇気を持て

これは、防衛大学校の学生綱領である「廉恥・真勇・礼節」という簡潔にして力強い三つの言葉に表れている。そしてこの理念は、先に触れた「塾長訓示」を想起させるものでもある。

そしてもう一つが、「任重而道遠」である。「士不可以不弘毅。任重而道遠。仁以為己任。不亦重乎。死而後已。不亦遠乎。」仁を貫き通すのは重い任務にして道のりの長い任務である。小泉はこの仁を祖国の防衛に置き換えて、学生に与えた。防衛大学校の教育課程を乗り越えた学生が、他では得られない貴重な経験を獲得したことについて次の通り述べた。

……貴いものを得たものには、それに伴う責任があ……ります。
その責任とは何か。国民に奉仕して平和を護ることとこれであります。（中略）
然らばその平和はいかにして衛られるか。
一には、人間尊重の精神に本づき、世界各国民の相互理解のいよいよ進められることによって、
一には、賢き警戒と適切なる防備の用意を怠らないことによって、
である。世界の平和はただ力のみによって衛られるものではありません。また、力のみによって衛られて好いものでもありません。これは吾々の常に心しなければならぬところであります。（⑱：二三二～二三三）

任重く道遠し

これに続けて、小泉は、「今日世界の現状において、平和は、何の防備も警戒もなく、ただ各国民の好意と理解によって十分衛られて心配がないというならば、それは事実に反し」、「今日、世界の国々の国民はみな自ら国を護るけれども、ひとり日本についてはその必要がないというようなことを説くものがあれば、それは人を欺くものであ」ると強い語調で述べている（⑱：二三三）。日本人が今まで受け継いできたものをさらによりよきものにする義務が日本人自身にあり、その前提として「日本の独立そのものが安全でなければ、他のすべては空しきものとなる」という（⑱：二三四）。小泉は続けていう。

然らば、その独立を衛るものは誰れか。日本人自身がこれを衛らないで誰れが衛ることが出来よう。勿論、他国の協力を求めることも出来、時としてそれも必要であるが、日本人自身がその決意をし、またそのために犠牲を払うことなしに、どうしてこれを他人にゆだねることが出来ましょう。（⑱：二三四）

そこで小泉は、『論語』を引いて次のようにいう。

任重く道遠し。私は諸君が十分の用意を持っていることを信じます。諸君が常に心に世界の平和と国民に対する奉仕を忘れず、いよいよ心身を鍛錬してよく任務に堪える人となることを期待します。（⑱：二三四）

小泉は将来国防を担う若者にこの『論語』の言葉を贈った。戦後の日本で自衛隊に否定的な知識人も多く、その強い逆風の中で愛国を貫き通す小泉は、国防のリーダーにこそこの言葉が相応しいと考えたことだろう。敗戦国という歴史を十字架として背負った学生を少しでも励まそうという、小泉の配慮だったのかもしれない。あるいは真のリーダーはこうした苦境を乗り越えた者のみにその資格があると考えたのかもしれない。小泉が最も大事にした言葉を、愛国と教育という彼の人生におけるメインテーマが重なり合った場面に限定して用いたのは、それだけ防衛大学校に思い入れがあったことを示している。終戦詔書の、「總力ヲ將來ノ建設ニ傾ケ道義ヲ篤クシ志操ヲ鞏クシ誓テ國體ノ精華ヲ發揚シ世界ノ進運ニ後レサラム」という、日本国民が背負った宿命は「任重クシテ道遠キ」ものであり、その任務を防衛大学校生にこそ期待したのではないだろうか。

7　独立を妨げるもの

戦後の小泉思想を一言でいうならば、まさに「秩序ある進歩」に他ならない。その出発点は暴力的な革命を支持するマルクス主義批判にあるが、その思想は、独立を失った日本が再び独立し、復興を遂げるための条件を探り、それを妨害するものを明らかにする目的に導かれている。人権、正義、平和、民主、平等といった言葉に満足するのではなく、これらの言葉がどれだけの覚悟と苦難とを伴うかを篤と説いたところにその啓蒙活動の本質がある。

注目すべきは、平和とは法を尊重することであり、その法は道徳的な責任ある自立した個人として国民自らの力で獲得し、自らのものとして尊重するところに民主主義の条件があるということである。順法精神の尊重も道徳心の涵養も個人の自主の属性として語られるところに、小泉の自由主義、個人主義の本質がある。それはまさに福澤と同じ問題意識に導かれた、福澤と同じものの見方といえよう。いかにして日本が独立国家として国際社会に復帰し、尊敬される国になるかという課題に向け、小泉の出した解答が「秩序ある進歩」だったのである。

小泉にとって道徳は自由の調整原理、すなわちルールではなく、自己本位すなわち個人の自立のための条件であり、個人の自立と責任ある行動は民主主義の条件となり、文明国家の条件となる。一国の独立はこれによって確立される。愛国と道徳は自主（独立）で結び付き、自主（独立）は民主主義に支えられる文明国家の前提となる。法の支配は民主主義の必須の条件だ。

おそらく小泉はこう考えただろう。戦後知識人が権力に対する抵抗としてしか議論を形作れないのは、平和の条件としての法について、それは押し付けられるものではなく、国民自らの責任でその条件充足を実現しなければならない、という発想が持てないからである。それが押し付けられたものとしてしか理解できないから、立法や司法、あるいは行政に対する抵抗という形でしか意見が形成されない。民主主義とは国民に重い責任を課すものなのに、それが理解されていない。一人一人が責任ある主体として活動することが求められ、そうであるが故に個人の自主自立は尊重されなければならない。そのためにはその責任を果たせるだけの道徳心がなければならない。だからこそ小泉は教育の重要性を説いたのである。小泉は法の支配同様、教育についてもイギリスにその模範を見た。

小泉の思索と啓蒙の狙いは日本の独立と復興にあった。自らの国を自らが支えるという意識、国をよりよいものにする意識は、人間の自然な感情であり打算に依拠するものではない。他人の不幸を顧みない自分勝手な者、権力の前に思考停止する隷従主義の者にはそのような発想は生まれない。自主自立、不羈独立の個人は、自らと家族、学校、郷土、そして国といった自らの所属に誇りを持ち（自尊し）これを守ろうとする。権力から自由であるが故の振る舞いである。国民が国の独立を求めるのもそういった自然な感情から導かれるものである。そういった非打算的な動機は民主主義の根幹を支える。自分勝手な者と権力に盲従する者には民主主義は支えられない。そういった前提が小泉にはあった。

全体と個人は対立しない。徳育と自由は対立しない。愛国と民主は、互いに支え合うものだ。隷従主義者、事大主義者が愛国を唱えるとき、それは権力への盲従に過ぎない。それは民主主義を破壊し、国の針路を誤らせる。不羈独立の個人によって支えられて初めて愛国は真の姿となる。そのような自然な感情は、外国勢力からの国の危機に対しては祖国の防衛という行動を自然にとらせる。それは隷従主義者、事大主義者の個人の自由を侵害するだろうが、不羈独立の個人の自由を侵害しない。小泉は個人主義者、自由主義者であるが、同時に共同体主義者であり、愛国的な要素もある。しかし、隷従主義者、事大主義ではない。小泉が著したものを全体としてみるならば、そういえるだろう。一見するとばらばらに見えるさまざまな小泉の言説は、「秩序ある進歩」という哲学によって首尾一貫したものとして整理できる。

「秩序ある進歩」に至り、四〇年も前の「予の奉ずる主義」から追い求めてきたものが、ようやく一つの結論を得たといってもよいだろう。それを覚醒させたのは、福田徳三門下として小泉が社会政策に関心を持ったことであり、新古典派や古典派の経済学に精通したことであり、ミルの共同体主義等さまざまな社会改良の可能性を学んだ社会思想史研究であり、価値論論争から始まるマルクス主義者との戦いであり、社会主義批判についてのハイエクからの示唆であり、福澤諭吉との改めての邂逅であった。小泉をそのように駆り立てたのは、明治末期の貧困問題や社会主義の勃興であり、欧州、特にイギリスにおける経験であり、マルクス主義の諸問題であり、戦時中の国家統制と国民に蔓延した隷従の態度であり、戦後マルクス主義に阿りあるいは気兼ねする戦後知識人の言説の危うさであった。小泉は、敗戦で荒廃した日本が再び復活し、文明国として国際的な信用を回復するためには何が必要かを考えた。自由の価値を尊重し、責任ある個人による民主主義の構築を説き、強い愛国心を吐露し、徳育の必要性を説いたことも、この一連の流れの中で説明することができる。戦後の小泉の役割は、二〇世紀の国際社会の中で日本が文明国としてその存在を再び認められ、そういった国を支えるに相応しい国民となるための条件を模索し、これを妨げる敵の存在を明らかにし、これと戦うことであったといえるであろう。

(1) 小泉は野呂榮太郎のような戦前のマルクス主義者に好意を抱いていたが戦後のマルクス主義者、あるいはこれに迎合し気兼ねする学者、知識人を徹底的に難じた。自らの保身のため勢いのあるものに迎合しつつ、常に美名を我が物としようとする戦後の論壇に小泉は失望したに違いない。

(2) 一九四九年八月一七日未明、東北本線で旅客列車が脱線転覆し、機関士ら三名が死亡。当時、下山事件、三鷹事件の記憶が新しく、この事件も当初から左翼勢力の犯行とみる向きが強かった。容疑者として国鉄、東芝松川工場の関係者らが逮捕され、一審、二審ともに主犯格とされた人物数人に死刑が言い渡された。しかし、共同謀議を否定する証拠が見つかったことで最高裁は原判決を破棄し、差戻審で被告全員に無罪が言い渡された。

(3) もちろん、冤罪の可能性、信憑性のある推論、新しい証拠の存在を当事者以外の第三者が主張してはならないということまで小泉が主張していたと考えるのは妥当ではない。野球の例に引き付けるならば、アウト・セーフを外野で騒ぎ立てるのではなく節度のある論評として冷静に行うのであれば、これを批判することはなかっただろう。小泉が指摘したかったのは、国家権力に抗う運動として裁判批判を行うことは民主主義の根幹を揺るがすものであり、裁判の当事者に有益な材料を提供するという補助的な役割を果たすに止まるのであれば、それはむしろ望ましいものだということである。

(4) ただ、小泉に道徳教育の弊害を指摘することも忘れない。

ただ、道徳教育が、どうかすると、面従腹誹の偽善者を造ることは警戒しなければならぬとともに、下手なお説教がいかに人を退屈させて、かえって目的に反する結果を招くかは、十分用心しなければならぬところであると思います。……古来の聖賢と呼ばれる偉大なる人類の教師たちは、みなよく人の心理に通じた、巧みなる説教者でありました。(⑰：四九〇～四九一)

(5) 小泉の文芸評論集ともいえる『読書雑記』の中の「夏目漱石」の項目に、以下の記述がある。

……彼れは学習院生徒に向ってした講演(「私の個人主義」)の中でも、文学作品の鑑賞について西洋の学者がどういおうとも、それは参考にならないことはないが、自分にそう思えなければ、到底受売りをすべきものではない。「世界に共通な正直といふ徳義を重んずる点から見ても、」自分は自分の意見を曲げてはならぬ、といった。ここに漱石の面目がある。(⑭：一五〇)

漱石は、瀬戸内海での演習中の事故によって沈没する潜航艇の中で最後まで任務を遂行し、有毒ガスの充満する中状況報告を遺書として記した佐久間艦長以下乗組員を讃える一方で、日露戦争の旅順港閉塞作戦で戦死した広瀬海軍中佐の詩を俗悪陳腐、無用なる文字と扱き下ろした。世間においては、広瀬中佐は軍神として世の崇敬を受けていた人物である。小泉はここに漱石のモラル・バックボーンを見て、漱石の態度に賛同した。小泉は次の通りいう。

その文面語気によってひそかに察すれば、漱石は当時、その周囲の者の生意気、不勉強、道徳的軟骨に対し心中憤るところがあって、頻りに筆を執ったものかと感ぜらるる節がある。もし今日の日本が漱石に求めるものがあるとすれば、私としてはこの種の時事評論をその第一としたい。(⑭:一五三)

(6)『秩序ある進歩』の次の一節の記述は、愛国者小泉の共同体的価値観をよく表すものといえよう。

われわれが国を思う心、即ちわれわれが自分も祖先も子孫もそこに生まれて死ぬ、その国の安全と隆盛と光栄とを願う心は、人間の感情の最も純粋なるものでありまして、人はみな、自然にこれを抱くといってよろしいと思います。ただ、道徳的勇気を欠くものの中には、この人間の最も自然なる感情を尊ぶことを、何かためらって、左右を顧みるような態度を示すものがないのではありませんが、それはただ自分の心に誠実である勇気を欠く所業と評するの外ないもののように思われます。(⑰:五三七)

(7)防衛大学校の『槇記念室図録』(二〇〇八年一〇月二八日発行)には、「小泉の謦咳に親しく接した槇は、小泉の言葉と自分のそれとの区別ができなくなるほど心酔した」とある。

(8)防衛大学校における講演録は小泉の死後刊行されている(小泉 一九六七)。

(9)スポーツ論は本書では扱っていないが、小泉のスポーツ論もその教育論と密接な関係にあるということが窺える。

小泉（二〇〇四）所収の各エッセイ参照。
（10）池田潔は日銀総裁を務めた池田成彬の二男であり、小泉の父、信吉の盟友であった中上川彦次郎の孫でもある。

第六章　「保守」派の様相

1　「保守」派小泉の争点

小泉信三は、戦後を代表する保守派の論客と思われている。

第一に、国防に対する積極姿勢である。いわゆる単独講和論から安保条約への賛同に連なる親米姿勢は、確かに戦後保守の典型的特徴である。防衛大学校への貢献もまた小泉の保守的な印象を作り上げている。第二に、言語を始めとする文化、伝統、歴史に対する強い愛着と、これらに対する安易な否定、見直しに対する徹底した反対である。戦後の小泉は日本と日本人のあり方を常に意識していた。確かにこうした要素も、保守派のイメージを小泉に与えるのに十分なものかもしれない。そして第三に、戦後皇室への深い関わりと多大なる貢献である。三島由紀夫のような保守的な人物から攻撃されたりしたが、小泉の保守的なイメージを作り上げる一因になったことは確かである。

しかし、小泉がどういった意味で保守なのかを探るには、防衛と平和、伝統や歴史、そして天皇や皇室をどのように捉えているかを具体的に把握することが必要であり、そういった作業抜きに、小泉の保守性を論じてもそれは生産的ではないし、保守を理由とした批判あるいは賛意に説得力はない。

以下、第二節では小泉の講和論と平和論を見る。言い換えれば、それは国防論である。いわゆる単独講和論に立つ小泉は、全面講和の論法をどのように批判したか。「単独」「全面」という意見の相違を超えた、日本と日本人の運命を左右する問題についての責任ある言論を問うた小泉の言説を見る。

第三節では、戦後早急に進められた現代仮名遣いの問題を扱う。連合国軍最高司令官総司令部（ＧＨＱ／ＳＣＡＰ）の意向もあり、国民教育に支障となっているとされた難解な国語の見直しについて、小泉は強い疑義を呈した。それは何故か。名文家といわれ外国語の知識も豊富だが、決して国語学者ではない小泉が、専門外の問題を何故熱く論じたのか。歴史や伝統に対する小泉の思考のスタンスを探り、その保守的要素を考察する。

そして第四節では、小泉の天皇論をテーマとする。一九四九年に東宮職御教育常時参与に就任し皇太子明仁親王の実質的な家庭教師となった小泉は、天皇と皇室のあり方について時間をかけて講じている。小泉は戦後の天皇像、皇室像をどう描いていたのか。保守派小泉の一側面がそこに映し出される[1]。

第五節では、それまでの記述を踏まえて小泉の保守的性格の再検討を行う。

2　講和論と平和論

急がれる独立

「平和」は、戦後小泉思想における最重要テーマの一つである。経済学、経済学史等の研究者として大きな業績を打ち立て、慶應義塾長という要職を十数年務め上げてきた小泉に、敗戦と占領という現実は新たな課題を突き付けた。それは「独立と平和をどう実現するか」というものだった。連合国軍による占領から日本を独立させつつ、再び日本を戦争の惨禍に巻き込まないようにするにはどうすればよいか。前者の問題は、すなわちソ連をはじめ東側諸国を含めた全面講和か、それらを除いた西側陣営のみとのいわゆる単独講和かの問題に関わるものであり、後者が主権回復後のアメリカとの安全保障条約に関わる問題である。全面講和論者は当然の帰結として安保条約には批判的であった。一方、単独講和論者は西側陣営、特にアメリカとの関係を重視し、安保条約に積極的であった。単独講和、安保条約を支持する者は一般的に保守的といわれ、その逆だと進歩的といわれた。サンフランシスコ講和条約に至る過程で声が大きかったのは全面講和論であり、反安保の論調が大きな勢力となった。しかし、日本政府は同条約によって東側諸国を除いた国々との講和を実現し、同時に日米安全保障条約を締結し、独立国における外国部隊の駐留を認めた。その後、自衛隊が創設された。創設された自衛隊については平和憲法との抵触が指摘され、戦前の軍国主義への逆戻りだと難じられた。保守的な人々は同時に「反動」ともいわれた。戦後何度も改憲論議が起こり、その度に挫折してきた歴史は周知の通りである。

小泉は単独講和論に立ち、日米間の安全保障に肯定的だった。小泉はしばしば「現実主義者」といわれる。小泉自身、文章の端々で「現実」という言葉を用いる。もちろん、見方次第では、しばしば日本人に見られる「やむを得ない」と安易に諦めてしまう性向であると、批判することも可能だろう。それは勢いに流され、既成事実を受容し易い気質である。「必要悪」といった言葉に依存し易いのも日本人の傾向といえるだろうか。では、はたして小泉は、そういったタイプの現実主義者なのだろうか。あるいは自身の確固たる平和論に基づいた根の張った選択であったのか。平和と防衛の哲学的基礎はいかなるものなのだろうか。

平和問題懇談会——全面講和論、中立・非武装論

早期の占領終結を実現したい吉田茂首相率いる日本政府は一九五〇年、日本の独立に難色を示すソ連ほか少数の国々を除外し、アメリカその他大多数の国々との講和条約締結の準備を本格化させた。その前年の一

九四九年は、ソ連が原爆実験に成功し、中華人民共和国が建国された年である。単独講和は日本が西側陣営、すなわち資本主義陣営に組み込まれることを意味し、共産党や社会党、そしてこれらを支持する人々を中心として反発を招いた(2)。これに平和問題が絡むことになる。単独講和がなされれば日本は既に対立状態にあった米ソの内、米側に味方することを意味し、それはソ連との対立を意味した。つまり安全保障上アメリカとの軍事同盟に参加することになり、敗戦を受けて日本が目指した恒久的平和の理念に反するという意見が、沸き起こったのである。その象徴的な存在は、南原繁、末川博、大内兵衛、丸山眞男、清水幾太郎、都留重人らが結成した平和問題懇談会であり、その平和論は岩波の雑誌『世界』が発信媒体となった。一九五〇年一月の声明において全面講和論が唱えられた(3)。

この全面講和論にはいくつかの側面がある。第一に、日本が平和を追求するためには戦争のきっかけとなるあらゆる対立関係に巻き込まれてはならないこと、第二に、そうすることが日本の経済的自立と発展の基礎となること(4)、第三に、講和後は中立不可侵を貫くこと、第四に、日米軍事協定（安保条約）は日本の平和の破壊への加担を意味し許されないこと。

懇談会立ち上げに至る準備段階で、小泉はメンバーの一候補だった。小泉自身、次のように回顧している。

> ……一九四八年……の暮に第一回の大会ともいうべき集りが東京で開かれた。この時私は発起者側の人から鄭重な案内を受けた。即ち当時二人の世話役は、芝三田の拙宅に来訪し、縷々《るる》会合の主旨を説いて私の出席を求めた。私は平和を願うものとして、直ちに賛成の意を表し、若干の激励の言葉を附け加えて、出席を約束した。……しかるに、会の当日微恙《びよう》のために外出が出来なくなった。私はそれを遺憾に思い、使いを会場（憲法記念館）に出して事情を説明し、違約を諒とせられんことを乞う旨をいい送った。

後で、この会合の記録を見て、席上の空気が動《やや》もすれば、親ソ的平和主義に傾く惧れがあるような印象を受けた。私はこの傾向に対して何も批評を加えなかったが、次ぎの会合からは、私は案内を受けなくなった。当時、私は全然これを意に介さなかったというのが事実であるから、些かもここに不平がましくいうのではないが、後になって、第二回以後の会合に、求めても出席して、自分の所見を述べて置いた方が、自他の利益ではなかったかと、時々思うようになった。（⑩：四六三〜四六四）

小泉はこの懇談会の見解にどう向き合ったか。

二つの平和論

小泉の平和論は空想的なそれではなく、現実を踏まえたうえでの合理的なものである。それは戦争を回避するという目的のために最も効果的な方法は何かを探り、これを可能な限り実現しようという意味で合理的であった。少なくとも合理的なそれを目指していた。この視点を貫く意味において、彼は徹底的な平和主義者であった。小泉は、非現実的な平和論をもって唯一の平和論と称することを強く批判している。

私は当初から全面講和論、中立論に反対であった。反対というのは、それが出来ても望まないというのではない。できない相談だと思ったのである。その出来ない相談をしきりに唱え、また合唱することが、如何なる結果を齎すか。それを私は、日本のために望ましいとは考えなかった。中立論者は平和を唱える。私は中立論者が平和を重んずるから反対するのではない。平和を願い、これを重んずることにおいて、私は人後に落ちないつもりである。ただ中立論で平和を護ることは出来ないと謂うのである。人々の見解が異うのは已《や》むを得ないが、ただ中立論者、全面講和論者が平和の名を独占することを、私は肯《がえ》んじない。上記の通り、私は中立論、全面講和論に反対であるけれども、私が切に平和を願うものであることを、争うことは許さない。私と同様のものは、必ず多いに違いないと思う。平和のために中立論全面講和論を唱えるというのは自由であるが、反対説を懐だくものが、その動機において平和を欲しないものであるかの如く言い、もしくは仄めかすことは許されない。もし真にそう信じていうなら幼稚であるし、知りつつうなら fair でない。(⑮：三八五〜三八六)

小泉の平和論は、いかにして戦争を回避するか、いかにして日本が戦禍を免れることができるかに向けられる。全面講和をし中立を維持することができるならば、そして日本が他国を信用し無防備であっても、日本が戦禍を免れることができるならば、それに越したことはない。問題はそれが可能かであり、そうでない場合に何をもって次善の策とするかである。小泉は、理想的だが空想的な平和論を唱えつつ、それと乖離する選択を提示する論者に「反平和」のレッテルを貼る人々を、幼稚あるいは不公正と難じるのである。

それはあたかも、マルクスが最終到達段階とした共産主義社会を理想とし、そこからの乖離をすべて悪と決め付けるようなものである。人間も社会も政治も不完全である。しかし、その中でできる限りよい状態を目指すことが責任ある言論というものだと小泉は考えていた。全面講和論、中立論は、テストで一〇〇点を取れなければ〇点と同じだといい、一〇〇点の解答が書けるまで解答用紙を白紙のままにするようなものに彼の目には映ったことだろう。ただのテストならば学生は落第するだけだが、安全保障となるとそれは国民の命を危機に晒すことになる。講和は現実の世界情勢を見て論じられるべきであり、小泉は以下のように、中立論云々は米ソの対立関係を抜きにしては語れないとする。

中立は中立の意思だけで守れるものではない。そこで考えなければならぬ。中立は、進んでこれを放棄すれば無論失われるが、他国の強迫によって侵害されても、また失われるのである。(⑮：三八六)

中立の守り方

他国の侵害を受けた場合、中立をどう守るか。何もせず他国の欲しいままになれば、既に中立ではない。何かをするにも現状では強制力のある手立てがない。第三国に助けを求めれば、それもまた中立ではない。当時は米ソに対抗できる中立的な国際機関は存在しなかった。どうやって日本は中立を守るのか。小泉はこうした点を考慮しない中立論を「極めて呑気」(⑮：三八七)と難じた。

日米間のみならず日ソ間においても中立条約を結べばよいという主張に対して小泉は敗戦時の経験に基づけと反論する。すなわち一九四五年八月のソ連の対日宣戦布告がそれである。その段階で日ソ中立条約は存在していた。条約を破ったソ連に対して何故信用できるのかと問い、次のようにいう。

それは日本としては不明を暴露した、赤面すべき経験であって、それについて語ることは決して愉快ではない。けれども、日本人が経験によって賢くなる国民であるべきなら、やはり、それを忘れてはならぬ。他の保障の途も講ずることなく、ソ連との間に条約がありさえすれば、日本の中立は安全だとは、今日誰れも言えない筈である。(⑮：三八八)

小泉は、「個人の場合にも国の場合にも、他人の誠実を信ずることは楽しく、これを疑うのは不愉快な、したくないことである。けれども国の安危に関する事柄においては、感傷に溺れてはいられない」(⑮：三八八)とし、中立論の事実認識の合理性を問い詰め、知る範囲ではという限定付きであるが、「中立論者は中立維持に自信を持っていないように見える」と述べる(⑮：三八八)。中立論者がソ連の条約違反の過去をどう考えているのかという点について、小泉は以下の通りいう。

ただ、ソ連違約の事をいうのは、進歩主義者の間では一種のタブウの観があり、それに近づくことを極度に嫌うために、何時も論議が中心から外れてしまって、意を尽さぬ憾みが多いのである。（⑮：三八八）

小泉は親ソ知識人の難点を指摘した。マルクス主義者がソ連のシベリア抑留に耳を塞ぐように、全面講和論者がソ連の条約違反に耳を塞ぐ。都合の悪いものを無視するこのような姿勢が、正面から議論を挑む小泉を不満にさせた。

講和と独立

小泉の講和論は現実的な講和論である。それは与えられた選択肢を冷静に見つめ、設定された目標の最大限の実現を目指すという意味で合理的な選択である。既に日本は実質アメリカの影響下にあり、アメリカとの同盟を前提にしたうえでの平和をソ連及び衛星国が承認することは期待できず、その逆もまた然りであった。米ソ両者を満足させる対日講和条件は誰からも提示されていない状況下で最も合理的な選択をするとするならばそれは何か。設定された目標は、日本の独立を実現し、日本を可能な限り戦禍に巻き込まれないようにするというものである。小泉の結論は、東側を除く多数国との講和とアメリカとの安全保障関係の構築であった。

全面講和論者はアメリカさえ譲歩すれば問題が解決すると主張するが、こういった論者は、ソ連が満足する条件をアメリカがのむとは考えていないと小泉はいう。これはまさに批判のための批判であって、現実の問題を解決するための責任ある発言とはいえない。

……譲歩の不可能を知りつつ譲歩を求めるということになる。その結果は、日本人の対米不満を煽ることになる。事実また或る人々の覗《ねら》いは、そこにあるであろう。また、或る者はそこにレジスタンスの真似事の快感を得るであろう。けれども、それはいずれも全面講和実現への実効はない。(⑮：三八九)

現実的に考えれば、単独講和に反対となるとすると、米軍を中心とした連合国軍による占領の継続を求めるということになる。しかしそれは日本の選択として妥当か。小泉の独立に対する認識は次の通りである。

占領の永続が占領軍及び被占領国民の精神の上に如何なる影響を与えるかについて、吾々は篤と考えねばならぬ。吾々の明日に予期するものは、完全無欠なる独立ではない。それは認めなければならぬ。しかし吾々日本人は、それでもなお常により多くの自主と独立とを願うべきものではないか。残念ながら、日本人が今日選択し得るのは、完全なる全面的自由独立か、不完全なるそれか、ではなくて、不完全なるそれか、或いは占領継続の下における隷属か、のいずれかである。……被占領の不面目、国家及び自治体の行政上及び私人の日常百般の経済活動上に蒙る無数の拘束制約等々の不利を思えば、私はよし不完全なものであっても、日本人として兎も角もより多くの自主と独立とを求むべきが至当であると思う。(⑮：三八九〜三九〇)

小泉は占領のいち早い終了を望む理由として、次のようにもいう。

……占領下においては、憲法政治は真似事に過ぎない……憲法は最高の国憲ではない。憲法はそれに優越する或る意思に従属しなければならぬ。そうしてそれに甘んずることを、日本国民は承諾したのである。……それでもなお「むしろ占領の継続を択ぶ」というなら、それは固より自由である。ただ、私はそれを

取らない。（⑩：四七七）

小泉にいわせれば、全面講和論者が中立云々をいうのであれば、非現実的な全面講和の実現を待つ間の占領を認めることになるが、それは中立から最も遠ざかったものである。全面講和論者はこの点で自家撞着であるという（⑮：三八九〜三九〇）。小泉は、このような自家撞着に陥る全面講和支持の知識人を以下のように評している。

それを主張する人々自身においても、多くの場合確たる自信があるようには見受けられない。そのためか否かは知らず、その人々の議論は兎角抽象的に流れ、論理よりもむしろ修辞《レトリック》に頼る傾きがあるといえると思う。また、今日知識人の間において全面講和と中立とは、果たして美名か悪名かといえば、美名とされているであろう。従って美名を欲するもの、少なくも悪名を恐れる一部の知識人が、知らず識らず、全面講和論に愛想のよい顔を示す傾きもあるかのように察しられる。これは私の僻目《ひがめ》であるか。（⑮：三九一）

安全保障

小泉の安全保障論は明確である。日本の平和を脅かすのはどこか。当時の現状を考えれば、それはソ連、中国（当時は台湾（中華民国）と区別するために「中共」と呼ばれた）、北朝鮮といった日本を取り巻く東側陣営であった。中ソ友好同盟条約や北朝鮮軍の南進を受けてその危険は高まった。安全保障が必要であるとするならば、当時兵力を有さない日本を守るのはどこか。それはアメリカ以外には見当たらない。だからこそ講和と日米安保はセットで導かれる、というものである（⑮：三九二〜三九三）。それは当時の吉田茂首相率いる日本政府が目指すところと一致した。

もちろん、小泉は自国の防衛を他国に委ねることを善しとは思っていない。むしろ「実に言うに忍びぬ恥しい次第」（⑮：三九三）とまでいっている。しかしそれが現状で考え得る選択肢の中では最上のものであることは認めなければならない、とする。

小泉は一歩進めて、自国の軍事力が敵国の侵攻を防ぎ、結果、両者の犠牲が最小化されるという抑止論を示す。敵国が開戦を躊躇うように自国の軍事力を強化すれば、自国のみならず敵国の犠牲も生じないという常識的な論法だ（⑮：三九三）。この点についても小泉は手放しに善しとは考えない。しかし次のようにいう。

兵備によって始めて平和が守られるとは、決して誇るべきことではない。だからといって、防備するよりも寧ろ侵略されて、国土が戦場となった方が平和のために願わしいとの結論は生じない。（⑮：三九四）

一国の国防が他国を挑発し、その発火を導くかもしれないという主張に対しては、小泉はどう答えるか。小泉は、ソ連の行動原理を「合理的計算に基づく」として、日本の国防はソ連に対する挑発にはならず、開戦の引き金にはならないと結論付ける。安全保障条約の下、日本に対する攻撃はアメリカに対するそれとなり、米軍による反撃を受けることになる。ソ連はその予測の下、そのような賭けに出るかというと、小泉はそうはならないという。それは、ソ連は好機会があれば理由の如何を問わず攻めに出る打算的な国であると小泉は考えたからである。小泉はスターリンの「一九四五年八月の対日宣戦布告は日露戦争敗北の復讐である」旨述べたことを引き、これが宣戦の理由になるならば「天下如何なることが開戦の理由とならぬであろう」と問う（⑮：三九七）。それは日ソ中立条約の違約や北朝鮮の南進を経験しているからこそ、そういうのであって、日本人はこうした経験から学ばなければならないという（⑮：三九五〜三九六）。

教訓の第一は、対共産国との関係上、常に警めて、彼等に好機会到来と感じせしめるような不用意を犯さぬということである。それはソ連及びその衛星諸国を挑発しても差し支えないということではない。いずれの国たるとを問わず、これを挑発し刺衝することは、徳義上からも利害上からも、ともに厳しく警めなければならぬこと勿論である。ただここに是非とも警戒しなければならないのは、挑発さえしなければ安心だという油断が何よりも禁物であること、これである。世の平和論者が、動もすればこの消息の認識に迂遠であり、平和を願うといいつつ、実は却って平和を失う結果を招くのではないかを、私は常に恐れる。(⑮：三九六)

兵力は確かに人を殺傷し、物を破壊する。用いられればそれは平和ではない。ある国が軍備を欠けば、確かにその国による殺傷や破壊はない。しかしその国が平和になるとは限らない。その保証がない中で、何を選択するかが問われた時、小泉は前記の選択を提示したのである。小泉は冷静な観察と合理的な考察の結果に基づいて彼なりの結論に達した。しかし彼と対立する論者の多くに対しては冷静さも合理性も見いだせなかった。

論　争

全面講和論のポイントは以下の諸点である。

日本が平和を追求するために戦争のきっかけとなるあらゆる対立関係に巻き込まれてはならないということ。

そうすることが日本の経済的自立と発展の基礎となること。

講和後は中立不可侵を貫くこと。言い換えれば、特定の国と安全保障条約を締結しないこと。
日米軍事協定（安保条約）は日本の平和の破壊への加担を意味し、許されないこと。

第二の点については、小泉は論評を行っていない。第四の点について、小泉の著作には憲法解釈を行うものがないので不明である。ただ、小泉は「憲法のツマミ喰い」[20]と題するエッセイを著しており、そこで憲法の議論のされ方について少しだけ論評している。これは後に触れよう。

小泉の懇談会声明に対する批判の対象は、主として第一の点、第三の点についてである。

小泉にとって、平和の追求とは戦争の回避であり、戦争の回避は常に現実的な課題として捉えられなければならず、現実を直視したときに何を選択すべきかの問題である。したがって、日本が仮に何らかの対立構造の中に位置付けられるとしても、戦争回避の手段として有効ならば、それはそれで一つの平和主義であると考えている。政治や外交は流動的なものであり、対立と融和を繰り返すものであるので、対立イコール戦争とは必ずしもならない。要はその国として与えられた知識の下で何を取捨選択するか（何を犠牲にしてでも何を得るのか）を冷静に計算することである[5]。

論壇においては、小泉は少数派のように扱われた。講和や安保を題材として企画する雑誌の編集によって意図的にそういう印象が作られた感もある[6]。小泉が前記のように全面講和論に対して正面切って反論しているのにもかかわらず、小泉を名指しして、あるいは明確に意識して、これに正面から応答する議論が僅かだったのは、意図的に無視したか、反論できなかったのかと考えるのが自然であろう。あるいは勉強家の小泉の目に留まらぬような、目立たない媒体での批評か、平和問題懇談会の声明の繰り返しに過ぎないものばかりだったということなのだろう。小泉の言説に対する署名入りの批判が、小泉が容易に目にすることができる知られた媒体で当時なされておきながら、小泉自身がこれに応えていないという指摘は、筆者は見たことがない。

その僅かな小泉批判の中で、小泉が有署名のものとして反論の対象としたものは、都留重人、杉捷夫、中野好夫の三名である。都留は経済学者、杉、中野は文学者である。当時、そしてその後も『世界』のスター的な扱いだった丸山眞男が名指しで小泉を批判することは、なぜかなかった。

信ソとソ連警戒

まず都留の批判について。都留の批判の要点は、米ソ対立の原因を大国間の政治上の対立と、資本主義対共産主義という経済体制間の対立の二つに分け、アメリカが両者を一緒に扱っているから緊張緩和に至らず、アメリカが政治上の対立に着目してソ連と歩み寄れば事態は改善に向かうと主張し、そうであれば全面講和は可能であるとした。小泉は、階級闘争が民族闘争に結び付いていた歴史的事実をどう説明するか、といった反問と共に、より重要なこととして、そのような期待が将来持てるとしても、その願望のような見込みの下、現在の、そして近い将来の日本の平和を危機に陥れる選択肢に合理性を見いだすことはできないと、都留の主張に十分な配慮を示しつつこれを退けた（⑩：四五〇〜四五二）。小泉はソ連に警戒的であった。「私に比すれば、都留氏は著しく親ソ的、もしくは信ソ的であり、都留氏に比すれば、私は遥かにソ連批判的もしくは警戒的である」(7)（⑩：四五六）。

杉の批判は、簡単にいえば、全面講和を求める主張はすなわち占領の継続を受け入れることを意味しない、その点でそう決め付ける小泉は失当だというものだった（確かに、単独講和よりも占領の継続の方がよいと正面から主張する全面講和論者は例外的なものだった）。小泉は、杉の反論を一蹴する。

全面講和論者が、その当初からの動機において、占領の継続を欲するものだとは考えないけれども、全面講和でない講和には反対であるといい、しかも、全面講和を可能ならしめる具体的の提案を示さぬとすれば、それは当然、占領の継続を求める結果となり、当然この結果に対する責任を負わなければならぬ筈である。（中略）

……時の事情において『意図せざる、しかしながら、当然予見し得べかりし』結果に対しては責任を感じなければなるまい。もし、それは知らなかった、意外であった、といえば、それは精神的未成年者のいうことである。（⑩：四五三～四五四）

局部照射の論

中野の批判点は、まず、小泉のソ連に対する見方と扱いに問題があるというものと、真空状態（日本がどことも同盟を組まない状態、すなわち中立）に対する事実認識に対する問題とがある。

第一点については、小泉がソ連を毛嫌いして永久に歩み寄る可能性を放棄しているのではないかといった疑念と、ソ連の中立条約違背には日本側にもその動きがあったのだからソ連のせいだけではないが、小泉はこれを無視しているという点に分かれる。前者についてはこれを「可能性を放棄せよというのではなく警戒せよといっている」と一蹴し、後者については、松岡洋右外務大臣が中立を破る動きを見せたが（これを中野は例に挙げる）、これを当時の首相近衛文麿が総辞職、大命再降下の形で松岡を内閣から除外した話を挙げ、こういった対応をすること自体が条約の尊重といえるだろうと反論している（⑩：四七一～四七二）。

第二点については、真空状態こそが平和の維持になるという事実認識自体を小泉は厳しく問う。朝鮮動乱は北朝鮮が南方の真空状態に乗じて起こしたものであり、それが真空でなかったなら、すなわち然るべき軍備とアナウンスがあったならば両陣営の惨禍は防げたはずであり、これは真空状態が安全ではないことをよく示している、という（⑩：四七四）。中野は小泉の主張を、「真空論の裏づけに、朝鮮動乱を援用することが、悪意をもった一種のトリックでなければ、事実の一面に対して、故意に眼を閉じることから来るものである」（中野 一九五二：四一）と批判するがこれに対して小泉は、「早まった言い過ぎ」とこの言い回しを諫める（⑩：四七五）。小泉は松岡の話の中でこうやり返す。

事実を語るならその全貌を語るべきであろう。中野氏が、日本のために故《ことさ》らに不利益な印象を与えるように思われる、局部照射に類する記述をして避けないのは、どういう積りであろう。その真意如何。（⑩：四七二）

小泉は単独講和よりは占領の継続を望むという言説に対して、かつて「一つには騎虎の勢いに駆られての揚言と見るべき節もあり、私はそれが充分の思慮の上の決断であるか否かに、なお惑う」（⑩：四七八）と述べたことについて、名指しをされていない中野が「心配無用」と答えたことについて、小泉は次のようにいう。

すでにこの言明がある以上、無論これに従わなければならぬ。私はこの説が「充分の思慮の上の決断」であったことを認める。が、それを認めるとともに、それならば愈々解し難いと思うことを、附記しなければならぬ。（⑩：四七八）

言論と責任

当時の日本の置かれた状況を考えるならば、小泉の主張には異論はあっただろうが、冷静な観察と合理的な考察に基づいた意見の一つであったことには疑いない。講和論にせよ安全保障論にせよ、小泉に対する批判はいくつもあろう。しかし、小泉に対抗する議論の多くがそもそも彼の土俵自体に乗らず、いわば自己完結的なものになってしまったという小泉の評価は、おそらく多くの者が同意するであろう。

小泉は『共産主義と人間尊重』の最後に「平和の名と平和の実」という論考を収めた。そこで次のようにいう。

時の事情において何人も予想せず、また予想すべからざる結果に対しては、人はその行為の責任を問わるべきでない。この点については、誰れにも異論はあり得ない。しかし平和論議とその結果については、事情は違う。日本における平和論が、用心しないと、意外の結果を招くであろうということは、当然予め心配しなければならぬことであり、また現に人々の心配したところであった。誰れも平和を願わぬものはない。その誰れもが願うものを願うというのが何故悪いというのは、精神的未成年者のいうことである。吾々がもしも真に平和の維持せらるることを願うのなら、現実にその平和を維持すべき、最も見込み多き実行策について考えなければならぬ。(⑩：四三九)

限られた情報を基に不確実な将来を見越して、あり得る選択肢の中から最善の策を講じる。これが講和と安保を語るうえでの条件だ。もちろん意見の相違はある。しかし、この手続を経た議論である以上、小泉は対立する意見に対して端から否定的な態度はとらなかったであろう。しかし、小泉の目にはそうでない議論が目立ったのである。もちろん単独講和論にも一方的な議論がなかった訳ではないだろうが、単独講和論に立つ小泉にとっては全面講和論が論難の対象になった。

今後益々、わが国民の国際関係に対する常識水準が向上して、例えばたやすく平和の美名に欺かれる等のことがないだけの判断力を持つに至ることは、何よりも願わしく、識者教育者の責任も一にここにあることが痛感される。また今日日本の知識人の間には、平和または中立の名を唱えることを進歩的なりとする風潮に逆うことを好まず、必ずしも心ならずも名目上の平和論者に媚態を呈するものがないとは謂われぬ。かかる心弱さが、結局において人を利せず、また己れを利せざることは、もうそろそろ認識せられても好い頃であると思う。(⑩:四四〇～四四一)

同著に平和論を追加した理由は何か。自然に考えるならば、全面講和中立論以外は反平和だとする論者の発想が、人間の尊厳を問題にしながら却ってその精神に反すると批判するマルクス主義者と同じ性格を持つものだと、小泉は伝えたかったのだろう。それは事大主義、隷従主義の危険を伴う無責任の精神である。だから、国際においては平和を唱えつつ国内においては闘争を煽る、そういった自己矛盾の態度が生じる。すべての論者がそうである訳ではないが、戦後暫くの間の言論の風潮がそういうものであったことは事実である。小泉はそういった風潮をその場の体裁を繕う場当たり的なものであり、信用に値しないと考えるのである。「法と秩序と信義」と題された論考で、小泉は次のようにいう。

私は実に平和を願う。その平和はひとり国際間の平和のみでなくて、また国内の平和もである。今日頻に国際間の平和を唱えるものが屢々国内の平和に冷淡であり、往々却って治安の維持を軽視する風があるのは不当であり、不可解である。それは為にするところがあって故らにかくするのでなければ、恐らくは思慮の不足か進歩主義的虚栄を示すに外ならぬものであろう。果たしてしからば、いずれも人として誇るべきことではない。(⑮:四八五)

小泉はこういった論者に「法と秩序と信義」を尊ぶ精神の欠如を見た。それはすなわち、日本が国際社会における責任ある独立国として存在するための、必須の要素を欠くことを意味している。「秩序ある進歩」を思想の柱とする小泉の哲学は、その平和論をも支えている。

特殊の意図

小泉の不満は、全面講和論を支える言論のあり方に向けられた。象徴的なものは、岩波の『世界』であった。岩波茂雄と小泉は親しい仲で、小泉は岩波書店の著作を多く手がけてきた。しかし、岩波の死後、岩波書店と小泉との間に距離が生じた。[8] その大きなきっかけとなったのが、『世界』第七〇号における講和問題特集だった（一九五一年一〇月号）。小泉は講和論についてどのような立場をとるかを問われ、サンフランシスコ講和条約、すなわち単独講和を是としたコメントを寄せた。しかし、百余りの意見のうち大多数が全面講和を是とするもので、同条約に反対だった。小泉は、「『世界』が、全面講和論者または中立論者の同人雑誌の如き特別号を出そうとするなら、それは固《もと》より自由であって、何人もこれを妨ぐべきではない」が、『世界』はその発行部数からしても「同人雑誌と称するのは、数字的には不似合である」（⑮：四〇〇）としつつ、次の通り述べる。

講和問題特輯号というから、私は公平にこの問題に対する各派の人々に、忌憚なき意見を吐露せしめ、これを集めて世間に示すというのであろうと思い、それなら有意義な企てだと考えて、自分も編輯部の設問に答えたのである。然るに、出来たものを見ると、そういう方針で編輯せられたものではなく、甚だしく偏った意見を集める特輯になっている。あの号を見ると、私などの講和に対する意見は、非常に小さい少数者の意見のように見えるけれども、事実、日本の知識あり教育ある階級全体の意見が、彼処に表明された通りであるとは考えられない。もしまた『世界』の編輯者が、日本の真に良心ある知識人は、あの号に執筆した人々のみであり、誰れがそういう人々であるか、誰れがそうでないかを知るものは『世界』の編輯者のみであるというなら、それは僭越であり、私自身もその人選に与《あず》かることを潔しとしない。しかし、私のよくその人柄を知っている編輯者は、無論そんなことを考える筈はない。然らば、あの執筆依頼の人選は何を標準にしてなされたものであるか。私はそれを知りたいと思う。もしも、サンフランシスコ講和条約反対者のみを集める主旨ならば、私などを参加させるべきではないし、またもし広く講和条約に対する知識人一般の世論を集めるというのであるなら、その説を聴かねばならぬ識者は、もっと他にある筈である。もしもあの号が、故《ことさ》らに講和条約反対者を多く、その賛成者を少なく集めて、条約賛成者は知識ある日本国民中の少数者であるかの如き印象を与えるという、特殊の意図をもって企画されたというなら格別、そうでないとすれば、もっと編輯の仕様はあったと思う。(⑮:四〇〇~四〇一)

小泉は、平和の希求の観点から敢えて国防を論じた。国防を論じないことで、あるいは放棄することで平和が実現できるという議論を無責任と断じて、これを難じた。

多言であることと熱心であること

小泉はこうも述べている。

先き頃の選挙に際し、『戦争か平和か』という標語を掲げたものがあるが、もしその意味するところが『自分たちだけが平和を願うものだ』というに在るならば、それは事実でないし、また『自分たちだけが平和への道を知っている』というに在るならば、それは僭越である。いずれにしてもかかる標語は独断的

もしくは売薬屋的であるとの非難を免れぬと思う。（⑮：四九五）

「平和について最も多く語るものが必ずしも最も平和に熱心なものとは限らぬ」。小泉はこれを「甚だ味わうべき言葉」という（⑱：二三二）。小泉は言論のあり方に注文を付けている。簡単にいえば、言論には責任があり、責任のない言論は、その媒体が公器の性格を持つならば、それは無意味どころか害でさえある。責任のある言論とは、自らの意見について説得力のある論理と証拠を提示することだ。平和を希求するという目標を掲げ、日本という一国の選択を問うのであれば、どうすれば最も戦争が回避できるのかについて、一国の選択として実現可能な範囲から最も効果的で副作用の少ない提案を示すべきだ。しかし、小泉は全面講和論の支持者とそれを推進する媒体にそういった言論の真摯さを見いだすことはできなかった。都留重人のように小泉と正面から向き合った論者は確かにいたが、全体として、小泉は言論のあり方に不満を抱いていた。

安保と憲法

小泉自身が安保と憲法を結び付けて論じている部分は少ない。例外は、いずれも一九六五年発表の、「憲法のツマミ喰い」（⑳）、続編として「『ツマミ喰い』再説」（⑳）、「『憲法のツマミ喰い』別説」（⑳）である。「ツマミ喰い」というやや挑発的な題名が付けられたエッセイで小泉がいいたかったことは何か。

進歩的と見られている人々の間で憲法改悪反対ということが唱えられている。改悪は勿論悪いにきまっているが、何が悪で、何が善であるかは、独善的に断定すべきことではない。しかし、それは今姑《しば》らく措《お》くとして、私は憲法尊重が部分的にのみ行われていること、憲法各章のある部分は尊重するが、他のものは無視するという、いわば憲法のツマミ喰いともいうべき論法が一部に行われていることを遺憾に思う。一例は、条約の厳守である。

日本の進歩主義者は大体において反米論者であるように見える。反米論者は無論現行の安保条約に反対し、或いは無視し、中には安保条約破棄などを口にするものもある。しかし、その人々は日本の政府が締結し、日本の国会が批准した条約をどう考えているのであろうか。条約破棄などということが、抑も何を意味するかを考えたことがあるのであろうか。⒇：三二六〜三二七）

ここで、憲法改悪という言葉は、内容からも分かる通り安全保障に関連してのものである。当時、自衛隊違憲論が盛んに説かれ、安全保障問題について憲法上の制約が問われる中、政府与党は自主憲法制定を模索していた。

小泉は憲法の最高法規性を規定する条文を引き、条約の「誠実な遵守」の憲法上の要請を説いた。つまり、一方で現行憲法を絶対視しておきながら、現行憲法が要請する条約の遵守については無視するという矛盾した態度を小泉は論難しているのである。[9]

小泉が憲法問題について進歩的知識人に不満なもう一点は、彼等が頻りに「革命」「革命的」という言葉を用いることについてである。今ではそのような言葉は日本では使われなくなってしまったが、マルクス主義が尚も盛んだった半世紀前は、これ等の言葉は一部知識人の合言葉のようなものだった。しかし、小泉はこの言葉を用いる人々を以下の通り難じている。

その革命とはそもそもどういうことか。それは暴力をもって政府を転覆し、かつ社会秩序を変改するということか。もしそうならば、それは明らかに憲法違反である。（中略）

それほどの意味ではなく、ただ現行憲法の定めた手続きにより、またそれによって可能なる限りの変改を指していう修飾的形容詞にすぎないのかも知れぬ。（中略）……それは単に、改良は低俗なもの、革命は高尚なもの、とする用語のマンネリズムに阿《おも》ねる以外、他に意味のないことと思われる……。（⑳：四〇一〜四〇二）

そこで小泉は憲法九六条の改憲手続に触れ、以下の通りいう。

この要件が備われば、どんなに反対者が声を揚げても改憲は行われる。また、この条件が整わなければ、改憲論者がどんなに声を揚げても憲法は改正されない。憲法の正条は厳として存する。事態はきわめて平明で、そこになんの奇術を施す余地もないのである。（⑳：四〇二）

これ等の記述を受けて、小泉は以下のような疑問を呈する。

……今日日本の進歩主義者と称せられるものは、民主憲法を擁護すると称して改憲に反対している他面、私の見るところ、進歩主義者は改良主義と見られてはならぬと、ひたすらそれを恐れ、とかく革命または革命的という言葉に阿ねる傾きがある（ように見える）。かく一方において革命主義に媚び、他方において現行憲法を擁護するという。そんなら一体どうしたらいいというのであるか。考えて見たが、どうもよくわからない。当のその人々はわかっているのか、否か。（⑳：四〇二〜四〇三）

憲法を真に国民のものとして国際社会に誇れるものとするためには、一人一人の国民が民主主義の担い手たる責任ある個人として自主独立し、憲法の役割をよく理解し、何にも阿ねず、歴史を直視しつつ、先人に学びかつ将来を見据え、自らの知識と経験によって判断し、熟議を経て決めていくものではないか。小泉の憲法への思いは、おそらくこのようなものだっただろう。

3 日本語──新仮名遣いの問題

保守派を印象付けた国語論

現代的仮名遣いの問題については金田一京助と福田恆存の論争が有名であるが、終戦直後の国語改革に最も早い段階で批判的であったのは小泉信三であった。国語「改革」に批判的であった小泉は、そうであるが故に「保守」的という印象を強く抱かれることとなった。

一九四六年三月、GHQが招いた第一次アメリカ教育使節団が報告書を提出し、学校教育における漢字の弊害とローマ字の便益を指摘した。その後日本語の簡略化を目指した日本政府は国語審議会の答申により現代仮名遣い、当用漢字表を告示した。小泉信三はこういった動きに対し、『文藝春秋』にいくつかの日本語に関するコラムを執筆（それらを含めて一九五三年『平生の心がけ』⑮として刊行）し、現代仮名遣いへの移行に慎重になるべき旨を主張した。これに対して、金田一京助が『中央公論』に「現代假名遣論──小泉信三先生にたてまつる」（金田一 一九五三）を発表し、同時期に桑原武夫も『文藝春秋』に「みんなの日本語──小泉博士の所説について」（桑原 一九五三）を発表し、二人は現代仮名遣いを擁護した。

小泉はどのような理由で国語改革に反対だったのか[10]。結論からいうと、小泉の主張のポイントは国語「改革」自体を否定することではなく、改革の「手続」についての懸念だったのである。国語という歴史的に受け継いできた一国の文化を、賛否両論あるのにもかかわらず、そして熟議の時間的余裕があるのにもかかわらず、なぜに結論を急ぐのか、といった点が小泉のいいたかったことなのである。

進歩の帰結としての言語

小泉の議論には常に、社会の諸制度について可能な限り改善を目指そうという意識がある。しかし一方、歴史的に生き残ってきたものに対する尊重がある。言語はそうである。小泉は鷗外を引き合いに出して次のように述べる。

> 日本語の純正を守り、その品位を高め、その内容を豊富にすることに、最も意識的に苦心した第一人は、森鷗外であろう。彼が、一方では文法と正字法（orthography）を厳守し、他方では、常に注意して、内外を問わずあらゆる適切の新語を採り容れ、或いは自ら鋳造したことは、人々の知る通りである。鷗外は固《もと》より国語の凝固を願うものではなく、それが時とともに変遷し、或る意味においては頽れて行き、また、それを承認することが必要でも、至当でもあることを、知っていた。しかし、この事は言語に対する不勉強と放縦とを弁護する口実にせらるべきではない。鷗外は言語の変遷を認めたが、これを承認する上において、いやしくも軽率、雷同、無見識に陥ってはならぬと警めたのである。私は国語に対する鷗外の態度が、時には潔癖と拘泥に過ぎることもあったのを認めるが、彼れの根本原理は動かし難く、その警告は、いつの時においても、常に憶い起こさなければならないものであると思う。（⑮：九一）

小泉はこの問題を「道」に喩えつつ、鷗外の話を続ける。

鷗外が明治四十一年、臨時仮名遣調査委員会の会合において「仮名遣に関する意見」を演述し、遂に仮名遣改正案を撤回させたことは、そのひそかに誇る手柄であったが、今この「意見」を読めば、言語の上で、群衆が道のないところを歩いてそれがやがて道となることを、彼が一概に否認していないことは明らかである。ただ、何の必要も便宜もないのに、ただ文盲と不注意とのため、道があるのに態々《わざわざ》道のないところを歩くものの出た場合、急いでそれを承認する代りに、本当の道はここにある、と教えることは、何の造作もない筈だということを説いたのである。（⑮：九一～九二）

小泉のいいたいことは、社会の諸制度は一夜にして設計されたものではなく長い歴史の過程を経て成り立ったものであり、まずはこれを出発点として考えよということである。

しかし、もちろん、過去の制度の誤りや不都合を反省し、新たな制度が提案されることもある。もちろん、小泉はこういった改革それ自体を否定しない。とはいえ、問題となった国語改革についていうならば、その正当性は疑わしいというのである。小泉が強調したい点はまさにここである。小泉の出した結論は、「政府当局者がこの当然の順序を履まず、未だ仮名遣に対する学界の定論の承認に至るを待たずに、匆々教科書の改訂を行わせたのは……順序を誤ったもの」（⑮：九六～九七）であり、「歴史的仮名遣改正の問題は、すべて速かに白紙に返し、わが国文化の大問題として、これを世間の前で、三年五年を費して充分に論議し、自ら議論の帰着するのを待って、それに従って改正するのが好いし、また一致した改正意見が得られなかったら、それを思い止まるべき」（⑮：九六）というものであった。

なぜ、熟議ができないのか。過去のさまざまな文献を読むことが困難になるという短所が明らかでありながら、なぜに結論を急ぐのか[11]、小泉には理解不能であった。

改革の進め方

小泉は「仮名遣の問題」と題したエッセイにおいて、仮名遣いの現代化について以下のような感想を述べている。

仮名遣の問題については、私は多くの疑問を持っており、広く専門学者、文学者の説を聴きたいと思っている。私と同感のものは多いと思う。今、私がそれをいうほど、それほどこの問題は、一般の世間と離れたところで論議せられ、決定せられた観を与えているのである。(⑮:九六)

これがまさに小泉の批判の中心点だった。議論はさまざまなものがあってもよい。小泉自身の意見が常に正しいとは限らず、それが広く民主的に支持されるとは限らない[12]。それは小泉自身が認識している[13]。しかし、疑義が生じているものに対して結論ありきの前提で決断すべきではない。

新仮名遣制度の時期も、よくなかった。あれは終戦直後、占領下のことで、当時、人は敗戦の後悔と占領軍に対する畏怖とから、今まで日本にあったものや日本人のして来たことは、すべて皆な間違いであったという気分に捉われがちであった。従って、一切自国の文化財の価値に対し、必要以上の自卑に陥り、何でも、ただすべて在来のものを廃棄することが、即ち民主的もしくは進歩的であるとする風があり、またこの風を憚かり、国語の問題の如きについても、言いたいことも言わないという傾きが見えた。(⑮:九八)

現代かなづかいは果たして進駐軍当局者の意を迎えて定められたものか、また、自説に利するために進駐軍の勢いを借るものがあったのか、否なか。凡べてそれは今取り上げる必要のないことである。いずれにしても、兎も角も進駐が終って、国民の自信が徐々にでも恢復せられつつある今日、吾吾はこの大きな問題を、将来のためにもっと冷静に且つ忌憚なく論議することが出来るであろう。それをし直すべきである。(⑮:九八)

小泉は現代仮名遣いの問題をあれこれ挙げる(⑮:九九～一〇三)が、実はこれが彼の主張の本質ではない。彼の主張の本質は、歴史的に生き残ってきたものを、あるいは疑義が生じているのにもかかわらず、(何かに憚って)結論を急いで捨て去ることの愚かさを説くことにあった。(14)

結論ありきの改革の横暴──平和論との連続性

繰り返すが、小泉は自らの主張のみが正しい解答であるとは決していわない。意見は自由である。むしろ問題なのは対立する意見を無視することだという。

私は現代かなづかいを是とする意見を抱く人を、少しも非難しない。……新仮名遣を主張すること、またそれを自分で実行することは、誰れも妨げらるべきではない。ただそれはどこまでも文字に関する一の学説として取り扱わるべきものであって、まだ学界の議論も定まらぬ中、多くの学説の中の一つであるこれだけを、政府の権力またはそれに類似した力をもって強制すべきものではないというのである。(⑮:一〇四)

ここまでくれば小泉が問うたことが、平和論における批判の対象と同様のものであることが分かる。つまり、反対派の意見を殊更に小さいものに見せようとする、あるいは意図的に無視する、情報の発信者の恣意的な姿勢についてである。平和論については岩波書店の『世界』に対して疑念が示されたが、国語問題については政府とマスコミに対してそれが向けられた。「或る委員会が、国字に関する研究をして、その多数決または全会一致をもって、或る結論を得たとする。それを発表して、世間の批判の前に置くのは結構なことである」(⑮:一〇四)と理解を示しつつ、次の通り述べる。

ただそれは差し当り、どこまでも一の意見として取り扱わるべきものであって、それに対する世間の批判が言い尽されぬどころか、まだ出始めもせぬ中に、内閣がその使用を訓令して一切の公文をそれに拠らしめ、延《ひ》いて否応なしに世間一般をそれに従わしめるようなことをするのは、間違っているというのである。(それが間違いであることについては、当時すでに文藝春秋の誌上に、憲法学者たる故美濃部達吉博士の明快なる批判があった。)また大新聞が一斉にその採用を決して、社外の人の寄稿まで、一切それに従わしめ、有名な文学者の寄稿をも、この新しい仮名遣に従わぬからとて謝絶したものがあると伝えられる如きは、もし事実ならば、法外の所為である。新聞の如きは、自らこの新しい国字学説の可否を論評するとともに、賛否両論を充分相戦わしめる演壇を供することをこそ任務とすべきであるのに、倉皇として両説の一方に加担し、反対の立場を守るものの寄稿を閉め出すというようなことをまでしたのは、少なくも軽率または不見識の譏りを免れぬ。(⑮:一〇四)

小泉は自身の意見が絶対に正しいとはいわない。「私は仮名遣に関して前年来多くの人と個人的に意見を交換して見たが、新法に賛成するという人々も、私が上に述べて来たような疑問に対して、存外確たる解答を持っていない。また、これに反対するものも、宛かも災難だから諦めようとでもいったように黙して已《や》むという風のものが多い」(⑮：一〇五)。強引な改革には疑義があるというのである。疑義が提示されながらも、強引にことを進めることの不適正な手続を論難しているのである。「要するに、これほど重要の国字問題に対し、人々は賛否ともに充分意見を吐露せぬままに過ぎているというのが実情であると思う」(⑮：一〇五)。

小泉の懸念するもの

繰り返すと、小泉の主張の要点は、熟議の必要性と性急な結論への懸念である。多様な意見があるならばなおさらである。

……私はこの問題について多くの疑問を抱いているが、敢えて我見を固執しようとするものではない。ただ私と同様の疑問を抱いている人は無数であろう。真に仮名遣を改正すべき理由と必要があるなら、固より憚るべきではないが、それは充分の論議の上の定説を待って始めてすべきことであり、決して三五年の遅速を争うべき問題ではない。殊にいわんや外国軍隊による占領下という如き、異常の状態の下において決すべきことではない。(⑮：一〇五)

小泉はしばしば「保守反動」と呼ばれるが、小泉自身、道理が通るならばそういった意地の悪い呼称はおそれるに足らないと考える。小泉の懸念するのは進歩的と呼ばれたいが反動的と呼ばれたくない、主体性を欠いた態度であり、これを日本人の弱点と嘆いている。

日本の仮名遣の問題について、私は、一部に新仮名遣に拠ることを進歩的、然らざるものを反動的と見るような即断がありはせぬか、そうしてまた、日本人の弱点として、この反動の悪名を恐れて、言いたいことも言わずに黙し、更に納得できないことにも賛成の顔色を整えて、他意なきを示すようなものも、ありはせぬかを懸念する。それは必ずしも思い過ごしとのみはいえぬと思う。(⑮：一〇六)

国語問題について小泉が保守的と思われているのは、現代的仮名遣いに反対していたからであるが、歴史的なものに固執しているから保守的なのではなく、歴史的なものを捨て去る道理と手続が欠けることに対して批判的という意味で保守的なのである。その道理が十分で手続が適正ならば、喜んで改革を支持することだろう。保守的であるが故の保守ではなく、進歩的であるが故の保守なのである。もちろん、ここで進歩的というのは歴史を否定するというだけの意味での進歩なのではなく、「秩序ある進歩」の属性を伴った進歩であり、人々が熟議を経て全体の意見を形成し、それが意思決定へと連なる民主主義に支えられた進歩ということである。

4　天皇と皇室

テキスト

小泉が保守派の代表格のようにいわれるのは、戦前から反マルクス主義の立場を貫いた点、戦前の仮名遣いを安易に廃止することを批判していた点、親米であるという点、そして愛国の立場から国防に対して積極的に発言した点等にある。そして見逃してはならないのが、小泉の皇室との関係であった。既に述べたように、一九四九年、小泉信三は東宮職御教育常時参与に就任した。当時の皇太子明仁親王の教育にあたることをその任務とした。

小泉は皇室に貢献したので「保守」的だ、といったところで彼の保守性の説明にはならない。一方で、保守的な陣営から小泉に対する攻撃もなされている。小泉の思想の体系の中に、天皇と皇室はどのように組み込まれているのか、あるいはいないのか。小泉以外の人物からの情報が少ないこのテーマにおいては、その文献からヒントを得る以外のアプローチは困難であるが[15]、幸いなことに彼は少なくない情報をわれわれに伝えている。

小泉が東宮職御教育常時参与の任務、すなわち皇太子の教育担当者として、実際に使ったテキストとして挙げているのは、以下の四つである。それ以外にも取り上げた材料はあっただろう。小泉自身が語るところによれば、皇太子に週二回の御進講を行っており、そこで、新聞の「週間サムマリイ（展望）」を主題にして話をした、とある（「読者への手紙」（⑯）、「皇太子殿下の御婚約」（⑯））。

福澤諭吉『帝室論』（福澤［一八八二］二〇〇二）
同『尊王論』（福澤［一八八八］二〇〇二）
ハロルド・ニコルソン（Harold Nicolson）『ジョージ五世伝』（Nicolson 1952）
幸田露伴『運命』（幸田 一九三八）[16]

この内、『運命』は文章の美しさを理由にしている。前三者はいずれも王政に関わるものである。その中で、『尊王論』はその実質において『帝室論』と変わりはないと小泉自身が述べている。与えられた情報からは、『帝室論』と『ジョージ五世伝』の中に、小泉が抱いていたあるべき天皇像が存在すると考えるのが自然であるということになる。

福澤諭吉「帝室論」の位置

まずは福澤の「帝室論」の中身を確認しておこう(17)。

「帝室は政治社外のものなり。苟《いやしく》も日本国に居て政治を談じ政治に関する者は、其主義に於て帝室の尊厳とその神聖とを濫用すべからず」(福澤［一八八二］二〇〇二：一六八)から始まる福澤の『帝室論』は、大日本帝国憲法の制定される前の一八八二年の著作である。その内容は一言でいえば象徴天皇制を論じるものであり、この思想を受け継いだ小泉が敗戦後の日本国憲法下における皇太子の教育担当者になったのは確かに納得がいく。ただ、単に象徴天皇論というだけでは、福澤の帝室論の断片に過ぎない。福澤の帝室論はその独立論、国体論と密接である。

周知のように、『学問のすゝめ』は「一身独立、一国独立」のための啓蒙書であり、『文明論之概略』はその最後に独立論を当てる等、福澤は常に「日本の独立をいかに確立するか」を自らの思想のゴールとしてきた。そのために、日本人の悪しき旧習、態度を批判したのである。

日本にては開闢《かいびゃく》の初より国体を改たることなし。国君の血統も亦連綿として絶たることなし。……言語風俗を共にする日本人にて日本の政を行い、外国の人へ秋毫《しゅうごう》の政権をも仮したることなければなり。(福澤［一八七五］二〇〇二：四四～四五)

『文明論之概略』においてこう述べる福澤は「この時に当て日本人の義務は唯この国体を保つの一箇条のみ。国体を保つとは自国の政権を失わざることなり」(福澤［一八七五］二〇〇二：四七)とする。これが福澤の独立論の核である。ここで国体と政権をリンクさせているが、では国体と帝室との関係はどうか。その答えは、国体はまさに体であり、帝室は眼だというものである。

世間一般の通論に於て専ら血統の一方に注意し、国体と血統とを混同して、その混同の際には一を重んじて一を軽んずるの弊なきに非ざるの一事なり。固《もと》より我国の皇統は国体と共に連綿として今日に至るは、外国にもその比例なくして珍らしきことなれば、或は之を一種の国体と云うも可なり。然りと雖どもよく事理を糺《ただ》して之を論ずれば、その皇統の連綿たるは国体を失わざりし徴候と云ふべきものなり。之を人身に譬《たと》へば、国体は猶身体の如く皇統は猶眼の如し。眼の光を見ればその身体の死せざるを徴《しる》すべしと雖ども、一身の健康を保たんとするには眼のみに注意して全体の生力を顧みざるの理なし。(福澤［一八七五］二〇〇二：四五)

しかしこの眼としての皇統を受けた帝室は、その皇統故に尊重の対象となる。『帝室論』の狙いはここにある。国体と眼を区別する福澤は、自然に考えれば眼よりも体を重視するような結論になりそうなものである。確かに、『文明論之概略』には、帝室が政権を失ったとしてもその政権が日本人の手にある限り独立を失わないけれども、政権が外国の手に落ちてしまえば仮に皇統が連綿と続いたとしてもそれはもはや日本ではない、といった記述を見かける。(18) では『帝室論』における「至尊至重」はどこから来るのか。「我日本国民の如きは、数百年来君臣情誼《じょうぎ》の空気中に生々したる者なれば、精神道徳の部分は、唯この情誼の一点に依頼するに非ざれば、国の安寧を維持するの方略あるべからず。即ち帝室の大切にして至尊至重なる由縁なり」(福澤［一八八二］二〇〇二：一七三〜一七四)というのが福澤の回答である。

故に、「我帝室は日本人民の精神を収攬《しゅうらん》するの中心」(福澤［一八八二］二〇〇二：一七四)であると福澤は述べるのである。だからこそ、帝室は政治とは切り離されなければならない、というのが福澤の主張である。

国会の政府は二様の政党相争うて、火の如く水の如く、盛夏の如く厳冬の如くならんと雖《いえ》ども、帝室は独り万年の春にして、人民これを仰げば悠然として和気を催うすべし。国会の政府より頒布する法令は、その冷なること水の如く、その情の薄きこと紙の如くなりと雖ども、帝室の恩徳はその甘きこと飴の如くして、人民これを仰げば以てその慍《いかり》を解くべし。（福澤［一八八二］二〇〇二：一七四）

帝室が「万年の春」であるのは、「何れも皆政治社外に在るに非ざれば行わるべからざる事」（福澤［一八八二］二〇〇二：一七四）であり、ここに福澤の象徴天皇論の本質がある。帝室は国体との関係では眼であるが、その眼は日本人の精神を導く役割をはたす。つまり政治から切り離された象徴であるということは、政治を司る以上に日本人にとって密接な存在になるということである。福澤は、もちろん自分自身の考えがもともとあったのだろうが、バジョット（Walter Bagehot）の『イギリス憲政論』（Bagehot 1867）の影響を明らかに受けている(19)。

こうした福澤の帝室論を受けて、戦後小泉は、皇室の「御任務は、旧帝国憲法のときとは違ったものになったが、それは他面において精神的道徳的にはいよいよ重いものになった」（㉖：三六九）という。

『ジョージ五世伝』と小泉信三

『ジョージ五世伝』は、その名の通り、二〇世紀前半の英国王ジョージ五世（King George V）の伝記である。公式伝記は二つあり、一つがゴア（John Gore）の『ジョージ五世——個人的回想』（Gore 1941）であり、王の私生活を扱った。もう一つがニコルソンの『ジョージ五世伝』であり、これは王職の歴史を描いたものである。小泉信三は、皇太子が一九五三年のエリザベス二世（Queen Elizabeth II）の戴冠式に参列した際、これに先立ちこの著を当時の駐英大使松本俊一から贈られた（⑯：一一五）。小泉によれば、「ジョオジ五世も専門学者に従って」、バジョットの『イギリス憲政論』を「読み、自らその撮要を作ったことが、伝記に見えている」（⑯：一七八）。
小泉は「立憲君主制」（⑯）と題されたエッセイで、『ジョージ五世伝』を東宮での教育テキストとして選んだ理由について語っている。小泉の天皇論を知るうえで重要な部分だ。
小泉は、「王が義務に忠なる国王であったからである」（⑯：一七六）と述べ、以下の通り続ける。

王は天才でも英雄でもなく、その四半世紀にある治世において、人の耳目を驚かすような花々しい行動をしたことは、恐らく一度もなかったであろう。にも拘らず、英国民にその久しい年月の間に、何時か、王が皇位に在ることに堅固と安全を感ずるようになった。王の治世の二十五年は、英国にとり激動と変化の二十五年であったが、それにも拘らず、英国民が安定感を失わなかったについては、王の誠実と信念の一貫に負うところがあった、と私は考える。この点、皇太子殿下においてお学びになって好いものがあると思う。（⑯：一七六）

学ぶべき重要な点とは、「英国憲法の下において、国王は単独には（首相の助言なしには）何の政治行動もしないけれども、特殊の位置にあって特殊の経験を専らにする国王の意見は、或る場合、首相閣僚に対して極めて有益な示唆となることが考えられる」（⑯：一七七）ことである。では、この特殊な経験とは具体的には何か。

特殊の位置経験というのは、王が常に王位にあること、及び党争外に中立であることである。首相その他の閣僚は更迭を免れない。ジョオジ五世の治世二十五年の間に、内閣は九回代ったが、王は終始一人である。事実上いかなる首相の政治的経験も、その連続の一点においては、王または女皇に及ばない。更に首相は常に政党の首領であるが、国王は当然党争外に中立する。この国王特殊の位置と経験とは、君主をして党派の利害とは別の、国または国民の永続的利害を察する上に、特殊の感覚と見識を養わしめることが考えられる。この一点においては国民中何人も立憲君主に及ぶものはない、といって差支えないであろう。

もし政治家が平生談笑の間、かかる特殊の感覚と見識を抱く君主の観察を、与《あず》かり聴く機会が多ければ、それは自他のため大なる利益であろう。もし君主が凡庸で、その所見が聴くに値しなければ、ただ放置すれば好いのであって、別にその弊害を予め気遣うには及ばない。（⑯：一七七〜一七八）

「このようにして立憲君主は道徳的警告者たる役目を果たすことが出来るといえる。そのためには君主が無私聡明、道徳的に信用ある人格として尊信を受ける人でなければならぬこと勿論である」（⑯：一七八）と小泉はいう。『ジョージ五世伝』で描かれている国王像はこの小泉の描写通りである。小泉は福澤の『帝室論』に併せて、この『ジョージ五世伝』に描かれる国王を、あるべき王の姿として考えていたといえるだろう。両者に共通するのは、先に触れたバジョットの『イギリス憲政論』が重要な基礎となっているということである。

何を伝えようとしたか？

『ジョージ五世伝』には、後のジョージ五世であるヨーク公（Duke of York）の家庭教師として抜擢されたケンブリッジ大学のタナー（Joseph Robson Tanner）が、バジョットの『イギリス憲政論』をヨーク公に読ませ、考察させた（Nicolson 1952：61）ことが記載されている。ヨーク公の「Monarchy」と題されたまとめには次のような記述があった。

(1) 尊厳的（dignified）権能に関わる王の価値
（中略）
(2) 政治的（business）権能に関わる王の価値
(a) 内閣の組成に際して（中略）
(b) 継続中の内閣において
国王は三つの権能を有する。相談を受ける権利、奨励する権利、そして警告する権利。（中略）これら権利は、政治のあり方に非常に重要な影響をもたらすことになり得る。とりわけ政党政治の仕組みにおいて、国王は唯一、絶え間ない政治的経験（continuous political experience）を有しているからである。（Nicolson 1952 : 62）[20]

『ジョージ五世伝』から小泉の憲法規定（象徴天皇制）の解釈云々を論じることは可能であろうが、本書の問題意識との関連で重要なのは、帝室、王が特別の地位、すなわち政治を超越した存在であるが故に無私聡明で道徳的尊厳を受ける立場であり、またそうでなければならず、その時々の政治状況に動揺することのない確固たる指導力を発揮することができ、またそうしなければならないという点である。『帝室論』『ジョージ五世伝』を踏まえて、帝室あるいは王に対し、唯一、特殊な地位故に向けられた超政治的な道徳的義務が、その国民統合の象徴の下、民主主義をより堅固なものにするという象徴天皇論を小泉が形成しただろうという点は見逃せない。小泉は「帝室論」⑱と題したエッセイにおいて、福澤の『民情一新』（福澤［一八七九］二〇〇二）の以下の文章を引き、福澤がイギリスをモチーフに君主と民主との調和を唱え、その一方に拘り他方を忘却する小胆ぶりを厳しく難じたことを、「秩序ある進歩」を追求するものとして高く評価している（⑱：三九六〜三九七）。

今英国の王室と人民との間は恰《あたか》もこの上等家族の如き者にして、嘗《かつ》て相犯すの挙動なきのみならず、中心に之を犯すことをも忘れたる者なり。犯さゞる国王は益《ますます》貴く、犯さゞる人民は益親しく、以て社会の秩序を維持するは人間最大の美事と云うべし。文明は猶大海の如し。大海はよく細大清濁の河流を容れてその本色を損益するに足らず。文明は国君を容れ、貴族を容れ、貧人を容れ、富人を容れ、良民を容れ、頑民を容れ、清濁剛柔一切この中に包羅《ほうら》すべからざるはなし。唯よく之を包羅してその秩序を紊《みだ》らず、以て彼岸に進む者を文明とするのみ。区々たる世上小胆の人、一度び尊王の宗旨に偏すれば自由論を蛇蝎視《だかつし》してその文字をも忌み、一度び自由の主義に偏すれば国君貴族を見て己が肩に担う重荷の如くに思い、一方より門閥一切廃すべしと云えば、一方は又民権一切遏《とど》むべしと云い、何ぞ夫れ狼狽の甚しきや。事物の極度より極度に渡て毫も相容る丶〔こと〕能わざるその有様は、恰も潔癖の神経病人が汚穢《おわい》を濯《そそぎ》て止むを知らざる者の如し。その愚笑うべし、その心事憐むべし。啻に憐むべきに止らず、世の乱階は大抵この輩に由て成るものなれば、この点に就て観れば亦恐るべきものなり。（福澤［一八七九］二〇〇三：六六～六七）

筆者は第五章3で、小泉がグッドハートの法哲学のテキストを素材に、法と王との関係について言及したことに触れた。英国の王をモチーフにする小泉にとって、王と法と民主主義は矛盾するどころか相互に支え合っているものである。

法は必要に応じてその形を変え、法の存在それ自体で完結することは決してない。つまり、法は市民の意思と表現という意味において権威となるものであって、そこを離れて権威であることはない。文明国家を支える市民は、自らのものとして自らの手で法を護り、それは王ですらその法の上位にはない。その思考ができない人々は、王のような権威に盲従する一方で、不利益がなければ平気で法を破る。まさにそれは明治維新の頃の日本であり、敗戦後の日本であると小泉は痛感したことだろう。ここに小泉の立憲君主制に対する一つの見方が示されているともいえよう。法の尊重と王の尊重は両立する。そうであるならば個人主義、自由主義と王制は対立しない。市民にとって法は自らの所有物であり、王は自らの共同体の象徴である。王が法の下にあるのであれば、王は市民と敵対することはなく、むしろ国民は歓迎する存在として受け入れる。そこに王の地位がある。「万年の春」としての天皇は、法を尊重する民主国家日本の繁栄の象徴であり、国民から尊敬の念を受けることを義務付けられる唯一の存在である。

敗戦と占領という歴史的事実を受けて、小泉はこのように考えたのだろう。

小泉の役割

重要なことは、敗戦と占領によって失われた国の独立と尊厳を取り戻すにあたって、政治と切り離された天皇が国民を導く存在としていかに性格付けられるか、に小泉が正面から向き合ったということである。そこには福澤を受け継いで日本の近代化を唱える啓蒙主義者としての小泉がいた。政治的権力の源泉であった戦前の否定として単なる「飾り物」とされかねなかった占領下、そして主権回復直後の日本において、新憲法が規定する「象徴」をどう読み込むかという難しい問題に小泉は向き合った。(21) 政治とは切り離されながらも政治における一定の役割を期待される（将来の）天皇の教育係として、後のジョージ五世である若き王子にバジョットを講じたケンブリッジのタナーのような役割を自ら演じたといえよう。

医師界の重鎮にして政治家だった武見太郎は小泉を回想する文章中で次の通り述べている。

先生は日本の行く末を見詰めながら、その中に皇室をどのように位置づけていくかということは先生の最終の努力目標であつたと思う。……皇室に対する先生の尊敬はいわゆる通俗的な右翼のそれとは全く異質であって、日本の社会の近代化の中枢的な存在として皇室を位置づける努力をされたものと思われる。（武見 一九六六：一二四～一二五）

では、小泉が皇太子の家庭教師となり、福澤の帝室論等を講じるきっかけはどのように与えられたか。武見は続けてこういう。

吉田内閣の当時、陛下から皇室と国民との関係をどのように考えるかという御下問に対し、当事者が返答に窮して将来検討すべきものと考えますと奉答して、昔なら切腹ものであるといつて一時途方にくれたことがあつた。ちょうど官邸に居合わせた私は、その事情を聞いて、日本には民主主義の時代はなかつたけれども、民主主義者としての福沢先生にはりつぱな皇室論のあることを話した。吉田総理はすぐ見せろと言つて私に家に行つてさがしてこいと言われたので、当時疎開先の柏まで自動車を走らせて行つて、古い本棚から普通部時代に読んだ皇室論の小冊子をさがすことができた。……直ちにそれを持つて官邸に帰ると、吉田さんは自分の部屋に二時間くらい面会を避けてこの本を読了した。そしてややニコニコして出て来て慶応義塾社中の人でこの際文部大臣をやる人はいないかと言つた。（武見 一九六六：一二五）

吉田は小泉に文部大臣就任を請うために、武見に手紙を託したという（武見 一九六六：一二五）。小泉はこれを断ったが、少なくともこのことに小泉の皇室への貢献のきっかけがあったことはいえるだろう。一連のやりとりは一九四六年末あるいは一九四七年初頭のことだと思われる。

小泉は尊王論者である。ただ尊王論といっても、皇国史観に乗る訳でもなく、国体と皇統を同視したりする訳でもない。小泉は生涯において、「自分の執筆した文章の中で『万世一系』『神国』『現人神』という言葉は戦時中も含めて一切使わなかった」（瀬畑 二〇〇七：四五）。その尊王論は、国民統合の象徴という、他に替えることができない特殊の地位故にその役割に注文を付けるものであり、唯一孤高な存在であると論じるものである。繰り返しになるが、小泉はニコルソンの『ジョージ五世伝』について触れた際、「王の治世の二十五年は、英国にとり激動と変化の二十五年であったが、それにも拘らず、英国民が安定感を失わなかったについては、王の誠実と信念の一貫に負うところがあった、と私は考える。この点、皇太子殿下においてお学びになって好いものがあると思う」（⑯：一七六）と述べた。福澤の帝室論では、「帝室は独り万年の春にして、人民これを仰げば悠然として和気を催うすべし。国会の政府より頒布する法令は、その冷なること水の如く、その情の薄きこと紙の如くなりと雖ども、帝室の恩徳はその甘きこと飴の如くして、人民これを仰げば以てその慍を解くべし」（福澤［一八八二］二〇〇二：一七四）との帝室の本質的役割が指摘されている。

既に明らかなように、戦後日本における小泉は、いかにして敗戦国日本が再び独立するかという難題と正面から向き合った。それは単に国際法上の法形式的なそれではなく、実質を伴ったそれ、すなわち道徳を身に付け法を尊重する責任ある人々の自主独立であり、それによって支えられた民主主義である。近代化に突き進み、しかし日本を再生するためには、どうしたらよいか。その重要な役割として、象徴としての天皇、そして皇室があるのだと考えるようになったことは想像に難くない。私情に基づく愛国、国民統合の象徴としての天皇、民主主義を支える個人と自由、これらは小泉の思想の中で循環する。それを支えるのが個人の独立と一国の独立という福澤の思想だった。

「日本にては開闢の初より国体を改たることなし。国君の血統も亦連綿として絶たることなし。……言語風俗を共にする日本人にて日本の政を行い、外国の人へ秋毫の政権をも仮したることなければなり」(福澤[一八七五]二〇〇二：四四～四五)と福澤はいった。敗戦に一時的に占領されたが、数年後には歪な形だったのかもしれないが日本は独立を取り戻した。天皇制と皇室は変革がなされながらもその命脈を閉ざすことはなかった。敗戦によって独立を失った日本には再び自立の時が訪れ、自信を失った日本人の弛まぬ努力で復活を遂げる。しかしその間には、多くの苦しみと悲しみに直面するだろう。その苦しみ、悲しみが大きければ大きいほど、「万年の春」である帝室の意味は強くなる。日本の苦しみや悲しみを正面から受け止め、これらを癒し、人々の心に春を与える、そういった使命を背負っている。これが君主制と民主制とを両立させる小泉の象徴天皇論であり、彼は日本国憲法との整合性をそこに見て、戦後日本の活路を見た、ということである。

「開かれた皇室」ばかりが強調される小泉の皇室への貢献であるが、日本の独立と復興という観点から眺めると、彼の思想の他の側面との意味のある連関が見えてくる。

5　保守の様相

保守のイメージ

小泉は「保守」的であると思われている。そのいくつかの根拠は本章に掲げた三つのテーマ、すなわち親米的な講和・安保論、旧仮名遣い見直しへの批判、皇室への関わりといった点に見いだされるようである。これに加えて、マルクス主義・共産主義批判、防衛、日本と日本人をテーマとした講演、エッセイの数々、そして道徳教育の強調が小泉の保守的なイメージを補強している。

後に見るように、ハイエクは保守主義を端的に「激しい変化に反対する……態度である」（ハイエクⅠ⑦：一九三）と断じて、これを自らの自由主義思想と相容れないものとして批判している。小泉はそういった保守主義なのだろうか。小泉自身が保守主義に言及している点をまず確認しよう。

生産者と消費者とのそれぞれの要望ということについてウェッブの説いたことで、今一つ学問芸術との関聯においても、かねて私の興味を感じていることがある。それは生産者殊に熟練生産者の保守主義ということである。ウェッブに拠れば、生産技術の選択を生産者自身に任せて置けば、元来生産者は兎角既得の技術に執着して、新方法の採用を喜ばないものであるから、技術の進歩は望まれない。進歩は常に消費者の要望によって起るというのである。ウェッブはこのことを、有名な『産業民主主義』（*Industrial Democracy*）の終りの章や、後年のサンヂカリズム批評の中に論じている。（⑩：三九一〜三九二）

小泉はフェビアン社会主義者として有名なウェッブを引き、「何を生産するか。如何なる方法で生産するか。生産従事者の労働条件をどうするか」という生産の三要素について、「第三の問題を消費者にきめさせると、消費者は常に生産物の低廉ということを求めるから、生産者の条件を圧迫する恐れがある。これだけは生産者に発言させなければならぬ」（⑩：三九二）としつつ、第二の要素については「消費者にきめさせなくてはならぬ」（⑩：三九二）という主張について再びウェッブを引く。

彼れは、生産者が保守的で、常に生産技術の変更を喜ばぬこと、労働組合は過去において、常に新技術新機械の採用に反対して来たこと、もしも生産方法を生産者の選択に任せて置いたなら、吾々は今日もなお駅馬車で旅行し、帆船で航海しなければならなかったであろうこと等を説いた。新技術の採用が行われた

のは、常に生産物の低廉を欲する、消費者たる公衆の要求に促された結果であったと彼れはいうのである。（⑩：三九二）

優れた者の保守、凡庸な者の保守

小泉は、「この生産者、殊に熟練生産者の保守主義ということは、学問芸術のことについても一考を要する問題である」（⑩：三九二）として、「優れたる技術者にあっては、技芸に対する信念、気質《かたぎ》と見られ、凡庸の者にあっては、故なく進歩を嫌う、旧法の墨守として現れる」（⑩：三九二）と述べる。そして、この保守主義の元となる純粋な確信と利己主義からの恐れは、通常程度の差こそあれ保守主義者の中に混在するものだという。

この保守主義は、一方においては、既得の技術に対する純粋の確信から発し、他方においては、わが技術の不要に帰することを恐れる利己主義から発する。様々の度合においてこの両動機の混合する場合は、最も普通であろう。（⑩：三九二～三九三）

小泉はそういった例えとして、旧来の水泳名手のクロール泳法への抵抗、学校教師の講座の新設廃止への抵抗、武勲ある軍人の新兵器採用への抵抗を挙げている（⑩：三九三～三九五）。つまり小泉によれば「保守」には二通りあるという。一つが既得のものに対する確信からくる保守であり、もう一つが自分勝手な都合による保守である。小泉が保守的であるという場合、小泉が自ら分類するところにしたがえば、それは疑いなく前者のそれである。それは本章で触れた彼の国語論によく表れている。また、前章でまとめたその「秩序ある進歩」論は後者の意味での保守性に対する否定に他ならない。確かに小泉は激しい変化に抵抗するが、それは破壊的な変革への抵抗であって変化それ自体への抵抗ではない。

一方、講和論に見る小泉の、そして天皇論に見る小泉の保守性は、彼の定義するところの保守では説明が付かない。変化や進歩の速度とは別次元の問題である。それは何か。それは国の独立と復興という「譲れない」出発点であり到達点でもあった。小泉は確かにこの譲れない一点において保守的である。ここに福澤との重なり合いを見いだすことに障壁はないだろう。

保守の様相

戦前、小泉は、大戦間期に勢力を伸ばしつつあったマルクス主義の批判者として学術界に名を馳せた。戦後も引き続いてマルクス主義と戦うが、一点戦前にはなかった問題と向き合うことになる。小泉は、マルクス主義を唱える、あるいはマルクス主義者に気兼ねする多くの戦後知識人が言論の正当な手続を踏んでいないことに不満を抱いた。敗戦で自信を失いかけた日本の至るところで事大主義的、隷従主義的な風潮が蔓延し、福澤が目指した独立自尊から日本人を遠ざけているように小泉には映った。この章で扱った小泉の保守と思われているいくつかの断面は、いずれも脆弱な日本（人）を、真の独立に向けて頑健なそれに移行させるために必要な主張として共通している。

小泉が「保守」というのであれば、それは天皇の役割を日本の独立と復興に見いだす、個人主義、自由主義と循環する「保守」であり、与えられた制約の中で平和を実現することを唱えた現実主義者、合理主義者としての「保守」であり、熟議を通じて受け継いだ伝統を修正することを善しとする進歩重視の「保守」である。小泉は資本主義が社会主義に変化する蓋然性さえ認める。こうなると「保守」という言葉の意味がどこにあるのかすら解からなくなる。小泉はあくまでも「秩序ある進歩」主義者なのであって、その断片が「保守」といわれる「何か」に似ているといった程度に過ぎない。

（1）小泉は一九四八年九月から数回にわたって昭和天皇にいわゆる「御進講」を行っている。テーマは「福澤諭吉」「マルクス」「エドワード・グレイ（Edward Grey）」であった。
（2）講和条約が結果的に社会党の左右分裂を招いたことはよく知られている。
（3）『世界』第五一号（一九五〇年三月号）六〇～六四頁。
（4）東西対立の中で日本が経済発展したことは否めない。
（5）その後日ソ共同宣言を受けて日本の国際連合加盟が実現する（一九五六年）。日米安保は維持されたままだった。
（6）丸山眞男が以下のように述べている。ここでいう「吉田さん」とは吉田茂のことで、吉田茂に罵倒されたのは南原繁である。

数年前に吉田さんが全面講和を唱えた著名な学者のことを曲学阿世という言葉で罵倒したのは有名な話です。その攻撃の対象となった学者を個人的によく知っている人にとっては、実にばかばかしいレッテルで、その学者の戦争中あるいは戦前の言動と行動を見れば、およそ曲学阿世といったタイプからもっとも遠いことは明らかでした。しかしながら吉田さんはその学者をおそらく非常に本気で曲学阿世の徒と思いこんだのだろうと想像されます。現にそれは吉田さんだけでなくて、いわゆる日本のオールド・リベラリストといわれる人々の少なからずが、その吉田さんの言葉にひそかに、あるいは公然とかっさいをおくった。そういう人たちの現代日本についてのイメージというものを考えてみますと、おそらくは自分たちが日本で圧倒的な力をもつ進歩的勢力に取り巻かれている、われわれは今こそ、とうとうたる俗論に抗して嵐の中のともしびを守っているんだ、というつもりだろうと思うのです。ところが反対の立場から見ると全然事態は逆であって、そういう人たちの基本的考え方なり、それを支えている勢力なりの方が圧倒的に強く、また少くとも現在は積極的意見としてでなくとも、消極的な同調として多数国民の「支持」をあてにできる状態にある。だからこそいわゆる進歩派の論調は一、二の綜合雑誌でこそ優勢だけれども、現実の日本の歩みは大体それと逆の方向を歩んで来た。俗論に抗する、マイノリティどころか、国民意識の上では、マジョリティの上にあぐらをかいているということになるわけです。（丸山 一九六一：一五八〜一五九）

丸山のこの発言は、吉田との関係では「してやったり」のそれだったのだろうが、小泉との関係では、『世界』に対する小泉の追及の前に素直に告白したものになってしまった。

なお、吉田に罵倒された南原は小泉のことをこう語っている。

……わが国の社会科学界において、なかんずく私の愛読する二人の学者がある。小泉さんと大内（兵衛）さんで、ともに日本学士院会員である。純学問的労作もさることながら、とくにエッセイや随筆において、両君はまさにこの方面における双璧と称していいであろう。それぞれ学説や立場を異にしているけれども、その書いたものに、何か人間として、われわれの心を惹くものがある。（南原 一九六六：六二）

丸山が名指しで小泉を批判していたらどうなっただろうか。小泉ならば、指名された以上必ず反論したはずである。この行き違いは今から見れば大変残念なことだった。

（7） これに関連して、奥武則は次のように指摘する。

……丸山眞男「「現実」主義の陥穽——或る編集者への手紙」（『世界』一九五二年五月号）も、直接の言及はないが、小泉を批判したものといっていい。……そこで、丸山は、「現実」を所与として捉えるのではなく、可塑的なものとして見る思考方法の重要さを強調していた。しかし、「ソ連警戒的」な立場をとるか、あるいはソ連を平和勢力と見るかによって、変えるべき「現実」への対処の仕方は変わってくる。その点で、丸山をはじめとした全面講和論の主導者たちの立場は、「親ソ」はともかくとして、「信ソ」的だったことは否定できない。（奥二〇〇七：一一九〜一二〇）

（8）その背景事情については、小熊（二〇〇二：一九六～二〇八）に詳しい。

（9）憲法と条約との優劣関係についてはここでは触れない。

（10）その論争の詳細な内容については本書の射程外であり、このテーマを扱う別の著作に委ねる。最近のものでいえば、例えば、甲斐（二〇〇八）がある。

（11）小泉は次のように述べている。「現代かなづかいに、それはそれとして一応の理由のあることは、誰れも知っている。ただその理由とするところを、どの程度に重んずべきか。今の児童や少年少女にとって、敢えて日本の古典といわず、明治以来の福澤も鷗外も漱石も露伴も志賀も谷崎もを、皆な強いて読み難いものとならしめるような文字の教え方を新たに始めて、それで果たして好いものか、否なか。少なくもそれは疑問である。そんな疑問の残っている問題を、何だといって急いできめるのか。それは慎重の上にも慎重を期すべきものではないか」（⑮：一〇三）。

（12）甲斐（二〇〇八：六五～六六）では、そういった「一般の世間」の理解の仕方が特殊だとされる。確かに、小泉の主張には「一般の世間」を一定以上の教養を身に付けた人々を前提にしているような感がある。この要求水準の高さは啓蒙者、教育者小泉のやや理想主義的な特徴を示しているともいえよう。

（13）小泉はこう述べている。

現代かなづかいは発音通りに書くを本則とするという。その主旨のあるところは、誰れにも分る筈と思う。発音通りというのは、今日の発音通りということであろう。しかし、発音は時とともに遷る。遷れば、その変った通りに書けというのであろう。そこで同じ意味が、時を異にすれば、違った書き方で現されることになる。それが至当であるのか否なか。また諸国語を通じて、この問題に対する定説があるのか否なか。私は、前記の通り、国語に関する多くの問題について保守的の考え方をしているが、しかし敢えて我見を固執するものではない。この点に関し、専門学者の定説があるなら、是非ききたいと思うのである。（⑮：九八～九九）

(14) もちろん、金田一や桑原からすればこのような批判は心外であろう。だからこそ彼等は小泉の批判にその論拠を示して応える文章を発表したのである。
(15) 例外はある。瀬畑（二〇〇七）、武藤（二〇一四）他。
(16) これは『改造』誌の一九一九年四月創刊号に掲載された連載小説である。
(17) 福澤の帝室論に触れる文献は少なくない。例えば、吉岡（二〇〇三）他参照。
(18) 「中古王室にて政権を失い又は血統に順逆ありしと雖ども、金甌無欠の日本国内にて行われたる事なればこそ今日に在て意気揚々たるべけれ、仮に在昔《ざいせき》魯英《ろえい》の人をして頼朝の事を行わしめなば、仮令《たと》い皇統は連綿たるも日本人の地位に居て決して得意の色を為すべからず。鎌倉の時代には幸にして魯英の人もなかりしと雖ども、今日は現にその人ありて日本国の周囲に輻湊《ふくそう》せり。時勢の沿革、意を用いざるべからず」（福澤［一八七五］二〇〇二：四七）。
(19) 福澤は「西洋の一学士、帝王の尊厳威力を論じて之を一国の緩和力と評したるものあり。意味深遠なるが如し」（福澤［一八八二］二〇〇二：一七四）と述べている。福澤とバジョットの関係についてはさまざまな論点があろうが、それは本書の射程ではない。
(20) 小泉は、このほかに「選択する権利」を追加している。「立憲君主制」の該当箇所（⑯：一七八）を見る限り、このまとめの(2)(a)を指しているものと思われる。
(21) 小泉の天皇論と象徴天皇制の関わりについては、瀬畑（二〇〇七）参照。

郵便はがき

料金受取人払郵便

山科局承認

1447

差出有効期間
平成30年9月
30日まで

607-8790

（受　取　人）
京都市山科区
日ノ岡堤谷町1番地

ミネルヴァ書房
読者アンケート係 行

◆ 以下のアンケートにお答え下さい。

お求めの
書店名＿＿＿＿＿＿＿＿市区町村＿＿＿＿＿＿＿＿＿＿＿＿書店

＊ この本をどのようにしてお知りになりましたか？ 以下の中から選び、3つまで○をお付け下さい。

A.広告（　　　　）を見て　B.店頭で見て　C.知人・友人の薦め
D.著者ファン　E.図書館で借りて　F.教科書として
G.ミネルヴァ書房図書目録　H.ミネルヴァ通信
I.書評（　　　　）をみて　J.講演会など　K.テレビ・ラジオ
L.出版ダイジェスト　M.これから出る本　N.他の本を読んで
O.DM　P.ホームページ（　　　　　　　　）をみて
Q.書店の案内で　R.その他（　　　　　　　　）

第七章　ハイエクとの知的交錯

1　共通の敵

第二次世界大戦後の欧米で社会主義批判の指導的立場にあったのはハイエクであった。ソ連型の中央集権的社会主義とナチス・ドイツの全体主義はその本質において同根である、という彼の指摘はあまりにも有名である。ハイエクは一九四四年『隷属への道』（ハイエクI㊀）を発表し、社会主義とファシズムが共に個人の自由を抑圧し、やがて支配してしまう危険について警鐘を鳴らした。この本は西側諸国、特にアメリカでベストセラーとなり、ハイエクの自由資本主義体制の擁護者としての地位を不動のものにした。

同時期に小泉信三は論壇で社会主義批判をリードした。一九四九年出版の『共産主義批判の常識』⑩はベストセラーとなった。小泉はマルクスの理論的、実際的誤りを指摘しつつ、マルクス主義が個人の自主独立を妨げ文明に逆行するという危険について論じた。それにより学術界では評判が定着していた小泉の存在は、一般にも知られるようになった。

ある思想家の思想体系を描写するためのよい方法の一つは、その思想家と比較し得る点を多く持つ他の思想家を参照点とし、両者の距離を測ることである。参照点となる思想家の思想体系が比較的よく研究されているのであれば、これは有効な手段となる。その代表格の一人がハイエクであることについては十分な理由があると筆者は考える。

第一の理由が、小泉とハイエクの共通の敵の存在である。両者とも、反共勢力の旗手として知られた存在であり、同じような主義主張の持ち主であると一般には思われている。しかし、その他の点でもすべて一致する訳ではなく、むしろ両者の著作を読み進めていけばいくほど、相違点の方ばかりが目立つようになる。両者は何が一致し、何が一致していないのか。

第二に、小泉自身がハイエクを何度か引用し、そのすべてにおいて自らの主張の補強材料にしているということである。小泉によるハイエクの引用は的確なものだったのか。的確であるとするならば、両者はどこで分岐したのか。小泉、ハイエクのいずれか一方、あるいは双方に変化が生じたのか。

第三に、ハイエクも小泉も議論の射程が広い分野に及び、かつ共通のテーマを扱っているということである。小泉が関心を持った欧米の制度や政策、あるいは学者には、ハイエクも同様に関心を抱いたものが少なくない。例えば、小泉は二十世紀初頭のイギリスにおける一連の社会政策を高く評価していた。ハイエクも二十世紀初頭の英米における労働分野の諸改革に大いに注目した。ミルは両者の議論において重要な役割を果たしている。しかし、より重要な点は、小泉がいずれも好意的に受け入れているのに対して、ハイエクは両者とも激しく批判していることである。

2 小泉に見るハイエク

社会主義批判

『小泉信三全集別巻』索引から確認できる範囲では、小泉の著作においてハイエクが言及されるのは、「社会党学者の任務」④、『近代経済思想史』⑧、『共産主義批判の常識』⑩所収の「社会主義批判」、『私とマルクシズム』⑩所収の「私と社会主義」、『ペンと剣』⑳所収の「自由と平等」、そして『外遊日記』㉒においてであり、このうちハイエクの思想と自らの思想とを連関させて述べているものは、「社会主義批判」「私と社会主義」、そして「自由と平等」の三つである。

ハイエクは、一九二〇年代の景気循環論の業績がLSEのロビンズ（Lionel Charles Robbins）の目に留まり、一九三一年にLSEに客員教授として招聘され、後に正教授となる。ケンブリッジ大学のケインズとの論争を経て、社会主義経済計算論争に参戦した。一九三〇年代に経済学者としてのハイエクの名は世界に知れわたっていた。しかし、戦前に小泉がハイエクを引用することはなく、初めて小泉がハイエクに言及するのは一九四九年の『共産主義批判の常識』所収の論文においてであった。[1] 既にその時までにハイエクは、「経済学と知識」（ハイエクI③）、「社会における知識の利用」（ハイエクI③）、「競争の意味」（ハイエクI③）といったその自生的秩序論の基礎となる重要な論文をいくつも公表し、また一九四四年には『隷属への道』を公刊した。

小泉が『共産主義批判の常識』の中でハイエクを参照するのは、「社会主義批判」という章においてである。一つ目は、計算論争におけるハイエクの見解の紹介である。

……ミイゼスの論文が現れて以来、市場における自由競争というもの、また競争によって成立する市場価格というものの社会経済の合理的遂行上如何に重要の意義を有するものであるかが、再び新たに考察されるに至ったことは争い難い。その結果として、中央集権的計画経済に対する信頼が弱められたことは事実であり、ハイエクのいう通り、少壮社会主義者は「私有は廃せられても競争は維持せられ得るとの望み」に安心を求めているかの如くにも見える。果たして然らば、多年社会主義者が攻撃した自由競争の弊害と

いうものは、更に新しい吟味を要することとなろう。(⑩:六五)

『隷属への道』

小泉が次にハイエクを引用するのは、『隷属への道』である。

前に挙げたハイエクは先頃(一九四四年)『隷属への道』(*The Road to Serfdom*)と題する書を著し、ファシズム、ナチズムと社会主義、共産主義とが相反するものではなくて、根を同じうするものであること、計画経済とデモクラシイとが相容れないものであること等を、章を分って具さに論述した。その一章に、社会主義が夙くから議会政治に不満を感じ、有効なる計画を為さんがためにはこれを「政治から離して」事務官僚または独立機関の如き専門家の手に委ねなければならぬと信じるものが漸く多くなった事実を指示しているのは注目を要する。(⑩:六八)

これらの引用は、既に触れたところである。

もう一つは、一九六四年のハイエク来日時の小論においてである。[2] 小泉は東京のパレスホテルにおけるハイエクの講演(経済往来社主催)に言及して次のようにいう。

先日、いま日本滞在中のハイエック教授の「経済体制と政治体制」と題する講演をきいた。(中略)要するに、経済体制と政治体制とは並行しなければならぬもので、強制経済の行われるところに政治的自由はあり得ない、自由な政治体制は自由な経済体制とのみ両立するというのである。このことは本来、当然明白のはずであるが、社会主義と政治的自由とが両立するかのごとく唱え出したのはマルクスで、そ

れ以来、一八四八年から百年の間この謬想が行われた。(⑳:六九)

そこで小泉は、「立法者にせよ、革命家にせよ、平等と自由とを二つながら約束するものは空想家でなければ、いかさま師(シャルラタン)である」(⑳:七〇)とのゲーテ(Johann Wolfgang von Goethe)の言葉を思い出し、マルクス主義者の「自由」に対するものの考え方の脆弱さ、幼稚さを論難する。

　元来、マルクスもレーニンも自由の問題をあまりにも無造作に考えた。それは実務に遠い亡命政論家の常として無理もないといえるが、彼等はただ、今日の国家なるものはブルジョワジーの階級的抑圧機関にすぎないとし、ブルジョフジーもプロレタリアもなくなれば、国家も自然に消滅するはずだと、簡単に論結したのである。(中略)

……私有の資本が国有に移されれば、それは当然個人自由の縮減を意味するはずであるが、マルクス等はその暁にこそ、国家は不要となって、おのずからにして死滅し(もしくは眠りに落ち)、人類は「必然の国から自由の国へ」おどり出るのだと説いた。そうしてレーニンもまた強くこの説を支持したのであった。(⑳:七一~七二)

そして「それはマルクス・レーニン主義中のもっとも童話的、幻想的な部分と称してよいものであろう」(⑳:七二)と述べている。

3　社会主義批判の変容

社会主義経済計算論争について

ハイエクにとって社会主義経済計算論争は、景気循環論を中心とした理論経済学研究から自生的秩序論の社会哲学研究に転換した重要な契機となるものであった。また『隷属への道』は、個人を全体に従属させ、その自由を奪うことの危険を説いた社会主義、またケインズ主義的福祉国家批判の第一弾として知られている。両者とも、後の大作である自生的秩序論を体系化した『自由の条件』（ハイエクI⑤〜⑦）や『法と立法と自由』（ハイエクI⑧〜⑩）の重要な端緒となっている。自生的秩序とは、イギリス古典派経済学の創始者であるアダム・スミスやオーストリア学派経済学の創始者であるメンガーが用いたものであり、ハイエクはその自由主義思想の系譜の中で、二十世紀の激動の時代を読み解く独自の社会哲学を構想した。ハイエクの自生的秩序論は、社会秩序は意図的に設計可能であると考える設計主義ではなく、社会や経済に内在する力によって秩序が自生的に生成すると考えるものである。自生的秩序はそれ自身の共通の目的を持たないために、多様な個人の目的の達成を可能にする。市場プロセスを通じてさまざまな個人の期待を一致させていく市場経済は自生的秩序の代表的な例である。ハイエクは自生的秩序のその他の例として、言語、道徳、法、貨幣等を挙げている。

ハイエクの社会主義経済計算論争における主張は、自由競争市場を用いる代わりに、新古典派経済学の完全競争理論上の疑似競争を中央計画当局が実践することの非現実性を説くことであった。このハイエクの主張を踏まえて、『共産主義批判の常識』の中で、小泉は次のようにいう。

果たして然らば、当初から需要供給による市場価格の成立するに任した方が、少なくとも簡便ではないか。何を苦しんで価格の公定、改訂また改訂の煩雑なる手続きを履む必要があるかとの疑惑は、誰れの心にも湧かねばならぬところであろう。(⑩：六六)

ハイエクはこの論争に参加した当初から、社会主義経済においても社会における「経済問題」を解かなければならないと考えていた。

……利用可能な諸資源をさまざまな用途間に配分することは経済問題であり、それは個人にとって問題であるのと同様に社会にとっての問題でもある。そしてこの決定は誰かによって意識的になされるものではなく、競争的メカニズムがある種の解決をもたらしているのである。(ハイエクI③：一七〇)

「経済問題」は、経済活動のさまざまな目的のために利用可能な資源をその代替的な使用の間で選択しなければならないところでは必ず発生する。しかし、社会主義計画経済においては、経済活動のさまざまな目的の間の相対的重要性については、中央計画当局の恣意的な決定に依存することになる。そうでなければ、社会主義経済学者が援用した新古典派完全競争理論に必要な消費者の選好、生産技術、利用可能な資源といった関連した知識を中央計画当局に集中しなければならない。それらは社会に広く分散しているものであり、それらを価格シグナルとしてより効率的に収集、伝達できるのは自由市場経済である。この分散した知識の有効利用という意味での競争の理解、そして競争を調整する機構としての市場の理解が、ハイエク社会哲学の中核をなす自生的秩序論の基礎となっていることは周知の通りである。

ハイエクは一九三〇年代当時の新古典派経済学では説明できない経済現象の理論化に向かい始めた。簡単にいえば、均衡それ自体の考察ではなく、均衡に向かう過程の考察へとその研究対象を移動させた。一九三五年の社会主義経済計算論争への参戦が契機となり、一九三七年の「経済学と知識」や一九四〇年の「社会主義計算――競争的『解決』」（ハイエクⅠ③）を執筆した。経済理論的考察としては、一九四一年の『資本の純粋理論』（ハイエクⅡ⑧⑨）として世に出たが、未完の著作ということもあり、経済学の世界ではほとんど評価されていない。以後、ハイエクは自生的秩序を鍵概念とした社会哲学の構築に向かうことになる。(3)

小泉は、こうしたハイエクの均衡分析を離れる自生的秩序論への転換には無関心だった。そして小泉のマルクス、マルクス主義批判の関心が経済的な側面から、より政治的なそれ、あるいは人格面の問題へと変遷した。一九四九年の『共産主義批判の常識』にはあった社会主義経済計算論争におけるハイエクの議論が、一九五〇年の『私とマルクシズム』においてはなくなっていることは、こういった変遷の一つの表れといえるのかもしれない。後者では、社会主義経済計算論争におけるミーゼスの議論のみが紹介され、そのまま『隷属への道』へと展開されているのである。三部作の三番目の『共産主義と人間尊重』⑩ではハイエクの引用自体がなくなっている。

この乖離は、両者の比較において非常に重要な意味をなす。すなわち、自生的秩序論に至るハイエクは『隷属への道』に見て取れるように計画に対する批判を強め、やがてそれは設計主義批判と社会正義批判を軸とする全体主義批判となった。それはソ連型中央集権的社会主義やナチズムといったものに止まらず、ケインズ型の福祉国家政策をも批判の射程に入れるようになるのである。(4)各種福祉国家政策を難じた『自由の条件』第三部はその重要な帰結である。自生的秩序を重視するハイエクは、自生的なルールによる法の支配を尊重し、全体主義に陥り易い民主主義を信用しなくなる。

一方小泉は、ハイエクのそういった力点の変化に関心を寄せなかった。小泉は『共産主義批判の常識』の翌年の一九五〇年に出版された『私とマルクシズム』で、自らの共産主義批判の主旨を次のようにまとめている。

……私は……数篇、共産主義を批判する文を雑誌に寄稿した。主旨はいずれも共産主義が未だ西欧的デモクラシイを知らぬ東欧諸国特殊のマルクシズムであること、それの本髄たる暴力革命及び一党独裁の政治方法が、文明国民にとっては堪え難く、償い難き犠牲を意味し、また文明のそのものともいうべき個人の品位と信義の尊重と相容れないことを云うにあった。(⑩:二七八)

関心は民主主義へ

小泉は三部作を執筆する過程でハイエクから遠ざかった。小泉が意識したのは、社会主義経済計算論争それ自体ではなく、社会主義を実現するその過程である。最初の二つの著作、すなわち『共産主義批判の常識』『私とマルクシズム』において、小泉は『隷属への道』を引き合いに出して、民主主義の危機を説いたが、三部作の三番目である『共産主義と人間尊重』では、ハイエクの引用は一切なくなった。

三部作を通じて、小泉の関心は、政治的な問題、すなわち民主国家に必要な条件へと移った。あるいは民主主義を支える個人の人格について問題にするようになった。小泉にとって、民主的に実現される福祉国家は、歓迎することはあっても否定する要素は見いだせなかった。何故ならば、ハイエクのような自生的秩序論へのコミットメントがなく、設計主義の弊害に対してはハイエクの側からすれば無防備で、また社会正義という全体的価値に対して抵抗がなかったからである。小泉のハイエクへの同調は、計画化はやがて個人を全体に従属させ、それが民主主義の基礎を侵食するという点についてのものであって、それ以上ではなかった。民主主義が隷属への道に連なるという点については、警戒感が確かに薄かった。敗戦国日本において、民主主義に警戒的であることは現実的ではなかっただろうが、そもそもミルやフェビアン社会主義を好意的に捉え、福澤を自らの思想の基礎に据えた小泉としては、そのような発想は選択肢になかったといえる。法の支配は民主主義と表裏一体のものとして語られ、道徳は民主主義を支える責任ある個人の前提条件として語られた。ハイエクのように、民主主義よりも自生的秩序を重視して、法の支配や道徳を自生的秩序の調整機構として、あるいは自生的秩序の帰結として語ることはなかった。『共産主義と人間尊重』では、ハイエクが引用されることがなくなったのは、小泉の思想形成の過程を考えると自然なことだったといえそうである。

代わって、頻繁に引用されることになるのが福澤諭吉である。『共産主義批判の常識』では福澤の引用は一度もなく、『私とマルクシズム』では堺利彦に関わる部分で一カ所のみ、それもマルクス主義批判とは無関係の文脈での引用だった。一転、『共産主義と人間尊重』では福澤主義者、小泉が登場する。

4　民主主義をめぐる小泉信三とハイエク

民主主義を破壊する社会主義

『共産主義批判の常識』『私とマルクシズム』においてはマルクス、マルクス主義の主張の理論的、実際的批判が主として展開された。一九五一年の『共産主義と人間尊重』では個人の自主独立の観点から政治的、あるいは人格面に着目した批判が中心になった。ただ、『共産主義批判の常識』『私とマルクシズム』においても政治的な、あるいは人格面における問題意識は提示されていた。

小泉の社会主義への警戒は、戦時中における統制経済の経験を前提としている。

この十余年間において日本の官吏の数と権力とは夥しく甚だしく増大し、人民もしくは議会のこれに対する監督の如きは、微弱というよりは皆無となった。人民の怨嗟は、主として官僚政治の不能率、不清廉と一切の産業活動に対する窒息的とも云い得べき煩瑣なる抑圧に対して発せられ、同時に官僚に対する人民の態度も、極度に卑屈不正直となり、賄賂請託、面従腹誹《ふくひ》は常のこととなった。(⑩:二七七)

そういった経験から、国家の活動を拡大させる統制経済の社会主義に対して小泉は否定的な評価を下す。とはいえ、小泉は社会主義を全面的に否定している訳ではない。あくまでも資本主義との比較上、そして日本の現況に鑑みて相応しくないというに止まっている。

もしも経済統制または計画が、超越界から発する至上命令による必要ででもあるなら、この官吏政治の弊害を忍び、或いは大いに努力してその粛清の法を講ずべき理由も成り立つが、もしも問題は単に如何にして自由経済の実際の弊害を除去または緩和すべきかにあるとしたら、その除かるべき弊害と加わるべき弊害との極めて事務的なる比較検討が必要ではないか。固より私は包括的一律的に産業の公有公営よりも私有私営が優ると考えるものではない。ただ日本の現在においては、なるべく官吏活動の必要、従って、官吏の数を少なくすることが、人民の——独り資本家のみならず人民一般の——利益であると考える。少なくともこれが民衆の蒙る抑圧、枉屈《おうくつ》、不便、不公正を軽くする実際的の方法であると思う。(⑩:二七七)

ここで小泉は、既に見たようにハイエクの『隷属への道』を好意的に引用している。その意図は社会主義が際限のない官僚化を招くことによる不効率と腐敗の危険を指摘することにあった。小泉の念頭にあるものは社会主義経済の非効率であって、ハイエクのように計画それ自体の否定では決してない。小泉が決して受け入れようとしないのは、暴力的手段による体制変革、あるいは独裁的な社会主義体制である。小泉はマルクス主義の目指す「暴力革命及び一党独裁の政治方法が、文明国民にとっては堪え難く、償い難き犠牲を意味し、また文明そのものともいうべき個人の品位と信義の尊重と相容れない」（⑩：二七八）と断じており、そのような手法による社会主義体制の導入には断固反対するのである。裏を返せば、民主主義の手続に基づき、修正を重ねた結果として社会主義に到達したのであれば、小泉にはそれを受け入れる余地がある。これは一九二二年の「予の奉ずる主義」の時代から一貫した態度であった。

民主主義が全体主義を招く

しかし、ハイエクは社会主義を受け入れない。民主主義の手続が全体主義を招き入れ、やがて民主主義を破壊するとして、これを批判しているのである。ハイエクは、計画化に伴う官僚化が民主主義の基礎を破壊する傾向を有するものであることを『隷属への道』の中で論じている（ハイエクⅠ㊿：第五章）が、同じ『隷属への道』の中で、民主主義には全体主義を招き入れる危険があることも述べている。

民主主義は、本質的に手段であり、国内の平和と個人の自由を保障するための功利的な制度でしかない。民主主義は決してそれ自体、完全無欠でも確実なものでもない。そしてまた、これまでの歴史において、いくつかの民主主義体制のもとでよりも、独裁的な支配のもとでのほうが、しばしば文化的・精神的自由が実現されてきたということを忘れてはならない。また、きわめて同質的な、そして空論ばかり振り回す多数派の支配のもとでは、民主主義政府は最悪の独裁体制と同様に圧政的なものになることは、少なくとも可能性としては考えられる。（ハイエクⅠ㊿：八八）

小泉は、マルクス主義が民主主義の要請と整合的でないことを『隷属への道』から引き出した。小泉にとって民主主義論は近代国家形成のための文明論である。ここに福澤思想への足場が築かれたのである。つまり、これをきっかけに理論的、実際的批判の対象だったマルクス主義批判が文明論としての批判の形で展開されることになったといえる。

繰り返しになるが、小泉はマルクス主義の本質を以下のように見た。

……その目標に到達するため、階級的憎悪と争闘とを煽るという方法の利害について、甚だしく懐疑的である。否、憎悪と争闘の煽動が人類に齎す恵福は遠くその禍殃に及ばないと、私は思う。元来猜疑と憎嫉は人間の弱点である。その弱点に乗じ、これを煽揚助長して人を動かすマルクシズムを、病人の弱点に乗じて万能薬を売るシャルラタンに比較するのは、失当であるとしても、それによって齎さるる幸福と、そのために忍ばなければならない犠牲との比較は、充分慎重でなければなるまい。（⑩：二九三〜二九四）

つまり一言でいうならば、マルクス主義は「人間を尊重しない主義」だということである。人々の負の感情を煽ることにより革命を実現しようというその姿勢が近代的文明国家の形成を妨げるというのである。「この革命の犠牲の軽視は、結局西洋文明の成果である人格、人権、人命の尊重ということを未だ知らぬ、晩開民族の思想に根ざしている」（⑩：二九六）という。日本国が文明国であると称し、少なくともそうであることを目指すのであれば、このような反文明的なマルクス主義、そしてマルクス主義者が実現しようとする共産主義の教義は受け入れられないという。

そういった発想に至った小泉は、福澤に考えるヒントを探すようになる。彼は「特に福澤から学んだとは自覚しない」としつつも、次のように述べる。

私は年来共産主義の反対者とされている。私はこの点特に福澤の訓えを奉じているとは自覚しないけれども、私の共産主義反対が、究局人間を尊重し、個人の権威品位を敬う精神に発するものであることを省みれば、やはり知らず識らずの間、福澤によって導かれていたと謂い得るであろう。（⑩：三一三）

そして「私は屢々自ら福澤の弟子だと感ずることがある。それは共産主義者特有の事大主義または隷従主義に対するときである」（⑩：三〇三）と述べるに至るのである。それが独立論となり、戦後日本を憂う小泉の思想、すなわち秩序ある進歩の哲学が形成されていくことになる。

民主主義と自由主義、個人主義

ハイエクとの比較でいうならば、この小泉の思想展開、すなわち福澤への接近は重要なポイントとなる。社会主義経済計算論争以降のハイエクの経済思想は、凡そ以下のようなものとして描くことができる（楠・楠 二〇一三：第三章〜第五章）。自生的秩序（ハイエクはこれをしばしば「開かれた社会」「大きな社会」と呼ぶことがある）は一定のルールの下、個人の自由が保障された社会で、個々人は自らの目標を達成するために競い合う。競い合いは個々人の知識が市場で照らし合わされ、最も条件のよい者が最も条件のよい契約を実現できるという市場の基本メカニズムの中で調整され、結果、全体として最もよい成果を導くことができる。個人の自由が保障される必要があるとするのは、そのためだ。ハイエクの個人尊重は帰結主義に基づいている。[5] いずれにしても、ハイエクは個人の尊重の基礎を民主主義に見いだしてはいないし、それが（西洋）文明の優れた点であるとは考えていない。ハイエクにとって、長い間を経て優れた文明に辿り着いたのは秩序形成を市場の自生性に委ねたからであって、その秩序化作用を法の支配に委ねたからに他ならない。以下は、ハイエクが投稿したタイムス紙（*The Times*）のエッセイの一部である。

私は、通常、独裁的な政府が民主的な政府よりも個人的自由をより保障しそうであるなどと主張してきた訳では決してない。むしろその逆である。しかしながら、このことは、ある歴史的状況の下では、民主的政府の下よりも独裁的なそれの下で個人の自由はより保障されてこなかっただろう、ということを意味しない。……最近、私は多く物議を醸しているチリにおいてさえ、アジェンデの下でよりもピノチェトの下で個人的自由ははるかに拡大したということに賛成しない人を一人も見出すことができない。……制限された民主主義がおそらくは既知の政府形態としては最良のものであることは、それがどこでも実現可能であるということを意味しないし、それが平和を実現する最良の手段、「平和の擁護者」、あるいは政府を平和的に変革する手法であるということを超えてそれ自体最高の価値であるなどということは到底いえない。明らかなのは、われわれの中にいる空想的な民主主義者（doctrinaire democrats）は、民主主義がいかなるときに実現可能かについて、本当に、もっと真剣に考えるべきだということである。（3 Aug. 1978）

ハイエクは明らかに民主主義よりも重要な原理があることを意識している。それは自生的秩序と法の支配である。民主主義を制御するのはまさに法の支配であって、それが欠けるとき民主主義は全体主義に無防備だというのである。「経済学と知識」「社会における知識の利用」「競争の意味」といった『個人主義と経済秩序』（ハイエクI③）所収の各論文で自生的秩序論の重要部分を明らかにしていたハイエクについては、小泉の関心外だったようだ。それらに言及したことは一度もない。慶應義塾長就任前後から既に福澤諭吉の「瘠我慢の説」、おそらく戦時中、遅くとも戦後まもなくにおいて『学問のすゝめ』に触発された小泉は、独立と愛国に関心が向かっていたのであり、『隷属への道』において既に見られていた自生的秩序とこれを支える法の支配論には関心が向かなかったようだ。ハイエクの法の支配論が本格的に展開されるのは一九六〇年の『自由の条件』である。その法思想は小泉の思想体系からは射程外のものだった。

ソ連とナチス・ドイツとは全体主義という意味において同根といったハイエクに小泉は強く賛同した。マルクス主義を民族的対立に連なる思想と見抜いていた小泉は、ハイエクのこの喝破をわがものの如く見た。しかし、批判される全体主義の射程が両者では異なっていたのである。小泉は全体主義という概念をファシズムのような極端な形態と同視していたが、ハイエクが福祉国家をも全体主義に連なるものとして理解していることには意識が向かなかったようである。福祉国家は民主主義を通じて資本主義の弊害を緩和するものと理解し、それはむしろ歓迎すべきものと考えた。小泉は明らかに、自らのスタンスを資本主義と社会主義の中間に置き、その立ち位置を民主主義の過程に委ねようとし、これを平和的な解決だと考えた。小泉はこのような平和的な解決により社会の諸問題が解消されていく過程を「秩序ある進歩」と呼び、この秩序を維持する装置としての法の尊重を唱えた。法を尊重しないということは民主的過程を尊重しないことを意味し、それは文明の否定を意味した。

自生的秩序の優位を唱えるハイエクは、民主主義による法の支配への介入に懐疑的であった。民主主義が開かれた社会と矛盾する結論を導く可能性を危惧していた。チリにおいてアジェンデ（Salvador Allende）による史上初の選挙による社会主義政権が誕生したことは、まさにそれを象徴する出来事だった。ハイエクは法の支配の要請にしたがう限りでの民主主義を信頼していたが、そうでない場合の民主主義を信頼しなかった。つまり、ハイエクにとって文明国の文明国たる所以は、民主主義にあるのではなく自生的秩序を支える法の支配の方にあった。

文明とグローバリズム

この民主主義と法をめぐる両者の距離は、自生的秩序論に行き着いたハイエクとそうでない小泉の差異でもある。小泉はあくまでも民主主義を基点とした。自国のことは自国民が責任を持って決定するという点において、愛国と民主とは小泉にとって整合的なものだった。

文明を論じるとき、ハイエクは常に開かれた社会、自由な個人の自由な活動によって成り立つ自生的秩序を意識した。それが文明を成り立たせてきたと考えた。ハイエクは『自由の条件』の中で、「自らの目的を追求する個人が、自分で得たよりも多くの知識を利用することができ、そして、自分ではもっていない知識から利益を得ることによってその無知の境界を乗り越えることができるときに、文明ははじまるといってよいであろう」（ハイエクⅠ⑤：三七～三八）と述べている。文明の発展は自生的秩序の成長と言い換えてよい。

競い合いを通じた知識の発見の集積によって経済社会は急速に発展を遂げた。知識の発見手続としての競争に支えられる市場は、国境をも越える性質を持っている。「われわれの文明を変化させている思想はいかなる国境をも顧慮しない」（ハイエクⅠ⑦：二〇三）ということだ。同様のことは、地域毎の文化、民族についてもいえよう。もちろん、ハイエクは国境を否定したり、地域文化や宗教を否定したりはしない。ハイエクのいいたいことは、文明は常に開かれた方向に発展するということだ。一方、自生的秩序とは対極の位置にある部族社会に代表される「閉じた社会」はこの逆を行くもの、すなわち狭い領域の中に自らを閉じ込める性質を持っている。自由な個人の自由な活動を否定することで、その閉じた性質を維持しようとする。ハイエクはこの閉じた要素に社会主義の特徴を見いだしていた。

ハイエクにとってこの文明を支えるのは法の支配であり、民主主義ではなかった。民主主義は個人の全体に埋没させ従属させる全体主義の歯止めにはならないと考えた。人々は、自由と平等を同時に約束するという甘言に誘われて社会主義を選択し、隷従への道を歩み始め、後戻りできない状況に陥ると考えた。民主主義が機能するのは、あくまでも法の支配の要請に導かれているという前提があったこそであり、そういった理想をイギリスに見た。

小泉がイギリスに見た文明とは、民主主義とそれを支える人間尊重の精神である。独立した責任のある個人が意見を出し合って自らが属する社会のことを決定する政治過程に、近代国家の先進性を見いだした。とするならば、ハイエクが全体主義に至るとして攻撃した福祉国家であっても、民主的過程によって選択されたならばそれは文明に適うものであって、受容できるということになる。実際、小泉は福祉国家論に親和的であったし、社会主義が暴力的要素を排し福祉国家として再構成されることを歓迎した。

開国後の福澤同様、敗戦後の小泉は常に日本のあり方について問題意識を持った。独立が危ぶまれた日本の行く末を案じたことで両者は共通の課題を持った。英国籍を取得し、後にアメリカに渡ったハイエクにはなかった視点である。日本が独善的な島国にならず、どうすれば国際社会で認められる国になるかという難しい問題に取り組んだ。それは日本人として生まれ、自国を愛しながらもどこかでその後進性を認めざるを得なかったその葛藤が、愛国者でありながら国際人でもある独立自尊の思想を導いた。福澤はそれが日本を欧米列強に従属せずそれらに伍するために必要と考えたし、小泉は敗戦から日本が立ち直るために必要と考えた。ハイエクの関心は国境を越える自生的秩序の存在に向かったが、小泉はそうはならなかった。敗戦を受けて福澤に改めて覚醒したからだと考えるのは言い過ぎではない筈である。小泉とハイエクの接点は『隷属への道』における社会主義の反民主性批判であったが、両者の重なり合いは思想的連関の弱いものに過ぎなかった。小泉は一九六六年に没したが、それまでにハイエクの『自由の条件』における福祉国家批判に晩年の小泉が言及することはなかった。『法と立法と自由』は知る由もない。もし小泉がこれらの著作の書評を書いたならばどのようなものになっただろうか。

5　個人と全体

マルクス及びマルクス主義批判

経済学者からスタートしたハイエクは、ケインズとの論争や社会主義経済計算論争を経て自生的秩序論に至っている。そこで最も重要になるのが、個人の自由である。ここでいう自由とは自らの知識を自らのために用いる自由を指している。すなわちそれは競い合いの自由であり、その結果、知識が有効利用されることにその効用を見いだす帰結主義的な自由観を持っている。同時に、自らのために自らの知識を行うことは自生的秩序の大前提であり、それが文明社会を築き上げたと考える。故に、ハイエクは自由をあらゆる道徳の源泉と位置付けるのである。だからハイエクにとっての自由はまずは経済的自由を意味し、それがなければ政治的自由は意味をなさないというスタンスに立っている。ハイエクの自由はあくまでも自生的秩序との関連で意味をなしているのである(6)。

一方、小泉はどうか。小泉はハイエクと異なり自由論を政治的な文脈、すなわち民主主義との関連において、あるいはその前提となる人格面の問題として展開する。すなわち人々の自主としての自由を問題にするのである。それは「秩序ある進歩」における出発点となる自由であり、それが認められなければ個人の尊重を欠き、民主主義は成り立たず、故に文明国の基礎を欠き、それは日本の自主、すなわち独立を妨げると考えた(7)。

この個人的自由像の違いは、マルクス（主義）に対する批判の違いにも表れている。小泉は当初、労働価値説批判を中心とした理論的、実際的批判をしていたが、戦後、民主主義と人間尊重の観点からの批判へと移行した。

ハイエクは自生的秩序を破壊する教義としてマルクス批判を展開した。『法と立法と自由』最終章では、以下のように述べている。

> 個人の行動の適切なルールは大きな社会において秩序の形成を引きおこすが、どのようにしてそれが引きおこされるのか、とくにカール・マルクスはまったく気づかなかった。それを知る最良の方法は、なにがかれに資本主義的生産の「混沌」について語らせたかを問うことである。むろん、かれが人びとになにをすべきかを知らせる価格のシグナル機能を正しく評価しなかったのは、かれの労働価値説のためである。価値の物的原因を探る無益な研究によって、価格を人びとが自己の生産物を販売するにはなにをしなければならないのかを教えるシグナルとしてよりも、むしろ労務費すなわち人びとが過去にしたことによって決定されるものとみなした。その結果、あらゆるマルクス主義者には、今日に至るまで、……自己増殖的秩序を理解することも、あるいは自らの方向を決定する法則を知らない淘汰的進化がどのようにして自己管理秩序を生みだしうるかをまったく知らないでいる。中央管理によっては、さまざまな事象について何百万もの人びとがもつつねに変化する意識に絶えず適合して、効率的な社会的分業を達成することは不可能である。この点は別にしても、かれの全図式は与えられる報酬が人びとになにをすべきかを教える自由人の社会では、生産物がなんらかの正義の原理によって分配されうるであろうという幻想に悩まされている。（ハイエクI⑩：二三一〜二三二）

小泉のマルクスに対する批判は、戦後においてはマルクス自身に対してというよりも、戦後日本のマルクス主義批判、そしてマルクス主義者に阿ねる知識人批判にウェイトが置かれた。小泉には、戦後日本のマルクス主義者が、マルクスを金科玉条のように崇め奉っているように見えたことであろう。戦前においても一部論者にはそういう性質を感じ取っていた。小泉はそこに言論における不誠実さを見いだしたのである。『秩序ある進歩』に収められている「主人を出せ」⑰というエッセイは、その心情を強く伝えている。「私は先年、さまざまな問題について日本のマルクシストと論議したことがあったが『主人を出せ、主人を。お前たちでは話は分らん』といいたい衝動を、たびたび感じたことを告白したい」と小泉はいう。「この場合『主人』というのは無論マルクス自身、『お前たち』はマルクシストである」(以上、⑰:五〇七)。批判の本質は、本家であっても亜流であっても変わりないが、亜流は聞く耳を持たないので言論という観点からは悪質であって、小泉による非文明批判がより当てはまる。

一国の独立を意識した小泉は、その文脈でマルクス主義者の主張の非文明性を説き、国境を越える自生的秩序の優位を説き続けたハイエクはその観点から、個人主義に反するマルクスの非文明性を説いた。両者とも全体への隷従を問題にした。同じようにマルクス、マルクス主義者の反個人主義の性格、文明への逆行を問題にしており、一見似通っている両者であるが決定的に異なる部分がある。その根源は、独立した個人が共同体全体の利益にコミットするか否かという点における認識が異なるのである。小泉はそれを是とし、ハイエクは否とした。

ハイエクがマルクスに積極的に言及していないのは、ハイエクが思想家として活動した二〇世紀の西側諸国においてマルクス主義は必ずしも脅威ではなかったからだろう。マルクス主義よりも福祉国家の方がハイエクにとって脅威だった。一方、小泉が活躍した昭和、特に戦後しばらくの間は、マルクス主義が論壇を席巻した。それも敗戦と占領という特殊な状況下でのことであった。共同体の価値にコミットのある小泉は社会主義には共感することもあったが、マルクス主義者とそれに阿ねる知識人は受け入れられなかった。

道徳、ルールの遵守が不可欠な理由

マルクス、マルクス主義に対する批判の違いは、法と道徳に対する小泉とハイエクの認識の違いに反映する。

道徳とルールを考える際、小泉にとって重要な出発点は、個人が尊重され民主国家が成り立つためには何が必要か、という問題意識である。道徳については既に触れた「塾の徽章」「塾長訓示」がこのことをよく表している。それは一身の独立の条件に他ならない。

ルールの遵守については以下のように述べていることが大きなヒントになる。

国法が励行され、裁判が厳正に、法により、法の定める手続きによって行われることは、人権保障の第一要件であり、それなくしては民主政治はありえない。この点、今日なお多くの観念の混乱と弛緩とがあり、自分に不利益な法規や判決に違反することを、民主的とするかのような言論が往々にして行われる。(⑰：二四五)

小泉にとってルール遵守、言い換えれば立法と司法の尊重とは民主主義の条件である。道徳の励行は個人の独立のためである。個人の独立は民主主義の基礎であり、文明国家の条件となる。それは国の独立の条件である。この発想は福澤のそれに他ならない。

一方、ハイエクはどうか(8)。ハイエクは、法の支配の観点からは道徳的ルールと実定法とを分けて論じていない。そのいずれにおいても、自生的秩序のための前提条件あるいは調整原理として機能するものだ。ばらばらな個々人の目標は、どのようにして平和裡に達成されるか。ハイエク社会哲学を貫く問題意識はこの点にある。ここでハイエクは二つの解答を用意している。一つが自生的秩序たる市場秩序の存在であり、もうひとつが「正しい行為の規則」の存在である。前者はハイエク経済思想の中核であり、後者はハイエク法思想の中核を形成する。自生的秩序を正しい行為の規則によって規律すること、このことをハイエクは法の支配の射程と考えている。

ハイエクはこの行為の規則（ハイエクは「一般的規則」と呼ぶことがある）は、実定法の形をとるものもあれば、伝統や慣習、あるいは道徳的感覚のようなものもあるという。つまり、ハイエクにとって法とは人々がしたがう行動指針であって、人々が共有する道徳（的感覚）は法の一部を形成する。

市場において、人々は「知識の発見プロセス」としての「競争」を行い、自らの目標を実現しようと努力する。その「競争」の集積は、市場の自生的秩序化作用の下、分散化された知識の有効利用の実現へと導かれる。しかし、自生的秩序としての市場秩序がそのような性質を内在しているとはいえ、単に放っておけばよいというものでなく、法や道徳の存在を無視することはできない。市場の自生的秩序化作用を発揮させる法的条件は何か、法や道徳は市場プロセスにどのように関わっているのか。

だからこそハイエクにとってまず最優先に考えなければならないのが、自らのいう「自由」の保護、強制のない状態の維持ということになる。その根拠についてハイエクは「大部分の道徳的価値の源泉であり、条件である」（ハイエクⅠ⑤：一四）と述べ、一見義務論によって立つかのように見えるものの、次のようにも述べており、自由が自己の目標追求すなわち自己実現（満足）のための必須の条件であると同時に、市場の自生的秩序化作用（知識の有効利用）のための必須の条件である、という帰結主義的な発想に基づいていることがわかる。

多くの人びとによる努力の相互の調整によって、個人が所有する以上の知識、あるいは知的に統合することのできる以上の知識が利用される。そしてこの散在した知識をこのように利用することにより、ある一個人が洞察できる以上のことが達成可能となる。自由とは個人の努力にたいする直接的統制の放棄を意味するからこそ、自由社会はもっとも賢明な支配者の頭脳が包含するよりもはるかに多くの知識を利用することができるのである。(ハイエクⅠ⑤：四七～四八)[9]。

たとえ市場が自生的な秩序形成作用を有しているとしても、私人が他の私人に対して強制をするのであれば、市場は機能しない。そこで、ハイエクはこのタイプの自由の保護すなわち強制の禁止が法の第一の役割であると考えている。しかし、法による特定の行為の禁止は国家による強制を認めることになる。強制が否定されなければならないとハイエクが考えているのであれば、これは自己矛盾であるかのようにも見える。この疑問に対するハイエクの回答は、ある政府が、私人による強制を防ぐ「目的のためにもちいなければならない強制は、最小限におさえられ、あらかじめわかっている一般的な規則を通じてこれを抑制することにより、できるかぎり害のないものになる。だから多くの場合、個人は自ら強制されるであろうとわかっている立場に自身をおくことのないかぎり、決して強制される必要はない。強制が避けられない場合でさえ、強制をかぎられた予測できる義務だけに限定するか、あるいは少なくとも他人のある恣意的な意志から独立させることによって、強制のもっとも有害な影響をなくすことができる」(ハイエクⅠ⑤：三三六)というものであった。

法の支配

では、この「一般的な規則」とは何か。これはハイエク「法の支配」論の中核をなす問題である。

ハイエクによれば「法の支配」は「立法府の権限をも含めてあらゆる政府の権力の限界を設定している」ものであり、「それは、法がどうあるべきかに関する一つの教義であり、また個々の法律のもつべき一般的属性に関しての教義である」(ハイエクⅠ⑥：一〇三)。ハイエクは法の有すべき属性として、予測性、確実性、一般性、普遍性等を挙げている（ハイエクⅠ⑥：一〇六～一一一）。このような属性を有する法が「一般的規則」「正しい行為の規則」と呼ばれるのである。こうした属性は一般的な法の支配の理解に近い[10]。

注意しなければならない点は、ハイエクの強調点が、一般的規則の自生的秩序における機能にあるということである。個人はルールによってその内容の遵守を強制されるとしても、ルールがこのような属性を有する以上、個人の行動範囲を狭める程度は最小限に抑えられるということをハイエクは強調する。個人は、ルールにより「強制[11]」が生じる場合を予測できれば、そこに一種の期待を形成し、その期待を基礎に自らの行動を決定し得る（ハイエクⅠ⑤：三五～三六、ハイエクⅠ⑥：一六～一七、二三～二五、一三四～一三六）。すなわち、それは強制がないという意味での自由の領域が画定されるということである。自由は個人の競い合いを可能にし、市場の自生的秩序化作用を通じて知識の有効利用が実現される。自由の領域を画定するという機能を問うハイエクの法の支配論は、ハイエクの経済思想をベースにすることでその特徴を摑むことができるものである。つまり、ハイエクの法の支配論の特徴は、伝統的な法の支配論における法の存在形態とは異なった形態を提示することにあるのではなく、分散化された知識の有効利用という帰結主義的な利点を指摘することにあるといえる[12]。ハイエクにとって法の支配は民主制という政治形態を超えたところにあった。

一方、小泉はどうか。法学者ではない小泉が法の支配それ自体を議論することはないが、関連する言及はグッドハートの著書を紹介するところでなされている。そこで小泉は、イギリス人にとって法とは市民が自らの所有物として守るべきもの、つまり押し付けられたものではないという点を強調する。それこそが文明国家の重要な条件、すなわち独立した責任ある個人により支えられている民主主義なのであり、独立した国の属性であるという。コモン・ローの伝統は、王であっても法に服することを要請し、イギリスの歴史は権力への隷従を拒んできた歴史である。そこに小泉は日本のあるべき姿を見た。しかし小泉には自生的秩序の発想はなかった。民主主義と法の支配を切り離すことはなかったのである。

ミルへの評価

こうした法や道徳に対するものの見方の違いは、ミルに対する評価の違いに色濃く反映している。

小泉においては、個人は責任ある主体となって初めて尊重の対象となる。個人が主体性を確立するためには道徳が身に付いていなければならず、そういった属性があって初めて自由が認められる。小泉は戦後間もなく『毎日新聞』に「自由と訓練」と題するエッセイを掲載した（⑮）。イギリスのパブリック・スクールにおける教育について、次の通り述べている。[13]

かく厳格なる教育が、それによって期するところは何であるか。それは正邪の観念を明らかにし、正を正とし、邪を邪として憚からぬ道徳的勇気を養い、各人がかかる勇気を持つところに、そこに始めて真の自由の保障がある所以を教えることに在るという。（⑮：二一九）

小泉は引かないが、おそらくそこではミルの『自由論』が意識されている。ある論者はこの引用を取り上げ、「ミルを彷彿とさせるとともに、ミル『自由論』がわが国旧制高校における英語講読のテキストとして多用された歴史的背景」も窺われると述べている（有江 二〇〇八：二八）。いわゆる「危害原理」にいう自由がそこでは問われている。ミルによれば、そういった自由を享受するためには重要な条件があるという。それはまず対象となる人々の判断能力が成熟しているということだ（Mill 1859＝二〇〇六：二七以下）。だからこそこの種の自由は成熟した人間にのみ適用できるという。

「道徳的であって始めて自由が保障される」といった小泉の言説に真っ向から反論するかのように、ハイエクは「自由であること」の前提として「道徳的であること」を位置付けようとするミルの主張を批判する。ハイエクにおいてはルールの遵守も道徳の遵守も自生的秩序の中で身に付くものであり、個人の自由が保障されていることが前提になる。ハイエクは「自由企業における道徳的要素」と題する論文（ハイエクⅡ⑤）の中で、次のようにいう。

たしかに、自由ではあっても道徳的基盤を欠いた社会であれば、それは大変住みにくい社会である。しかし、たとえそうであったとしても、不自由かつ不道徳な社会に比べれば、はるかにましである。そこでは、少なくとも道徳的信念が徐々に芽生えてくるという希望はもてるのだが、自由のない社会ではそうした希望すらもてなくなるのである。この点で、私は残念ながらジョン・スチュアート・ミルにたいして強く異議を唱えざるをえない。ミルの主張によると、人は信念や説得によって自己改良を行う能力をまず身に付けなければならないという。そのような能力を身に付けるまでは、人は「アクバルやシャルルマーニュのような人物に盲従するしかない。それも、そうした人物を見つけられる幸運に恵まれてのことであるが」とミルは主張しているのである。（ハイエクⅡ⑤：一〇八）

そして、十九世紀のホイッグ党を代表する自由主義者であるマコーレー（Thomas Babington Macaulay）の著作（Macaulay 1825）における次の見解を「はるかに賢明」（ハイエクⅡ⑤：一〇八）と評している。

自由をもちいるのにふさわしい人物になるまでは自由であるべき人間は一人もいないと断言し、それを自明の理だと考える政治家がわれわれの時代には多い。泳ぎを覚えるまでは水に入らないと心に決めた愚か者がでてくる昔話があるが、自由にふさわしくなるまで自由であるべきではないなどというのは、この昔話の愚か者と同じことである。もしも賢明な善人となるまでは自由は我慢しなければならないのであれば、人びとは永久に我慢することになるだろう。（ハイエクⅡ⑤：一〇八～一〇九）

個人と全体

自由があってはじめて道徳的たり得るというハイエクの見方は、何故人々はルールに従う傾向があるのか、についての『感覚秩序』（ハイエクI④）以降の彼の一連の認知心理学の業績に依拠している。人々は自由に振るまい得る実践がなければルールを学ぶことができない。ルールを学ぶのは常に実践との関わりにおいてのみ可能である。自由である以前に道徳が存在するということは、自由でない社会、ハイエクの言い方をすれば部族社会に代表される「閉じた社会」の論理である。それは、個人を全体に埋没させる社会正義を個人に優先させる社会であるといえ、故にハイエクは批判的なのである。言い換えれば、「閉じた社会」の論理で「開かれた社会」を語るべきではないということなのである（楠 二〇一〇：第三章）。

ミルに引き付けていうならば、個人と全体という観点から見ても対照的である。

ハイエクにおいては、個人的自由の尊重は自生的秩序との関わりにおいてはじめて意味を持つことになる。ハイエクは、個人を全体に埋没させる全体主義の傾向をミルに見てとった。特に、『経済学原理』第三版以降のミルに対しては、徹底的にこれを論難する。小泉がミルに対して好意的に評価し、第三版以降の社会主義的傾向への共感を見せたのとは対照的である。

ハイエクのミル批判の主要な部分は一九五〇年代後半からのものであり、六六年に没した小泉がこれらを踏まえることは困難であったか、不可能であった。ただ、ハイエクは既に四〇年代に、ミルに対する批判的な見解を示していたことも併せて押さえておく必要がある。

約一〇〇年前に、当時はなお真の自由主義者であったジョン・スチュアート・ミルは、われわれの現在の主要課題の一つを間違いようのない言葉で次のようにはっきりと述べている。かれはその著『経済学原理』の第一版において「私有財産の原理は、これまでにどの国においても公正な吟味を受けたことは一度もない」と述べた。さらに、「財産についての法は私有財産の正当化の根拠である原理に合致したものであったことは一度もない。もしも立法者たちが、富の集中ではなく拡散を是とし、大きな単位をそのままに維持するよう努力するのではなく、これらの単位の細分化を奨励する傾向をもっていたとすれば……財産についての法は、決して財産であってはならないものを財産とし、条件付きの財産だけが存在するべきところに絶対的な財産をつくってしまっている。私有財産の原理は、あれほどに多くの人びとの心を少しでも救いの見込みのある方向に、いかに絶望的であろうとも、激しく駆りたてた物質的な悪や、社会的な悪とは実際の関連をまったくもたないものであることが知られたであろう」と書いている。しかしながら、財産の規定をその論理的根拠によりよく合致させようとすることは事実上ほとんどなされなかった。そしてミル自身もただちに、他の多くの人びとと同様に、財産のより有効よりはその制限あるいは廃止を含む計画の方向へ注意を向けたのであった。（ハイエクI③：一五二〜一五三）

ハイエクは、自由主義が社会主義へと移行する理念的基礎を提供した十九世紀後半の人物として、ミルとグリーンを挙げる。ただそれは小泉とは異なり、否定的文脈においてである。

……ジョン・スチュアート・ミルは……分配的正義を訴え、社会主義の主張にも共鳴するような態度を示して、自由主義の知識人が徐々に穏健な社会主義へと移行する道を開いた。さらに哲学者T・H・グリーンは、かつての自由主義者が説いた自由についての負の役割を取りあげ、それにたいして国家が役割を果たすことのできる建設的な役割を強調して、社会主義への傾斜を促進した。（ハイエクII⑤：一三二）

ハイエクは、ミルが分配的正義を語るとき、一方で羨望の感情を邪悪で反社会的といっておきながら、他方で道徳的要求という社会的概念によってそれを正当化するそのロジックを批判する。ハイエクは「社会的概念は、羨望を覆いかくすものとして使われることがあまりにも多」いとし、このミルのような主張に行き着くのは、「『社会的』という言葉をよく考えもせずに使ってきたことによって及ぼされた最悪の影響」だとした（ハイエクⅡ⑤：一九六）。

社会正義批判

ハイエクが社会的分配と同じ意味を持つものとして用いられているとする「社会（的）正義」を批判する理由は何か。それは次の問いにどう答えるかによっている。

「社会的正義」にたいする要求は、さまざまな個人や集団にたいする社会の生産物の取り分の割り当てを可能にする仕方で、社会の構成員が自らを組織化すべきであるという要求になる。そこで、正しいとみなされた分配パターンを達成するという目的をもって社会の構成員たちを調整することができる権力に、服従する道徳的義務が存在するかどうかということ……。（ハイエクⅠ⑨：九二）

ハイエクの回答は明確に否であるが、その根拠は以下の文章に表れている。

「社会的正義」は、最後には過去に文明の発展を鼓舞してきた多くの価値を捨てさるようにと人びとを誘惑する鬼火のようなもの、すなわち小集団の伝統を継承しているが、自由な人びとからなる大きな社会では無意味である熱望を充足しようとする試みと認められるであろう、と私は信じる。不幸にも、善意をもつ人びとを行動に駆り立てるもっとも強力な絆の一つとなってきたこの曖昧な願望は必ず期待に反するというわけではない。これはまったく悲しむべきことであろう。しかし、達成不能な目標を追求する大部分の試みと同様に、それに向けられた努力は、また非常に望ましくない帰結を生みだすであろうし、とくに伝統的な道徳的価値つまり個人の自由がそこでしか育まれない不可欠の環境を破壊してしまうであろう。（ハイエクⅠ⑨：九六）

ハイエクにとって決定的な点は、われわれが自生的秩序として成り立つ「大きな社会」すなわち「開かれた社会」に属しているということである。分配的正義、社会正義なるものは、全体として正しいとされる道徳的価値に個人を服従させるものであり、これが自生的秩序を破壊する要因になると彼は考えている。経済的自由の下、個々人が自己実現を図り、競い合いを通じた分散化された知識の有効利用がもたらされる。自生的秩序としての市場秩序が受け入れる道徳は、法の支配の要請に基づく調整機能を果たす。これとは切り離された分配的正義、社会正義といった道徳的価値とされるものは、開かれた社会では自生的秩序に逆行するものとしてむしろ反道徳的であるというのがハイエクの主張である。

ここにこそ小泉とハイエクの本質的な差異を見いだすことができる。小泉は、共同体の存在に結び付けて個人を捉えようとする。もう一度、小泉の引用した *Fabian Essays in Socialism* の記述を見返してみよう。

共同社会は必然意識的または無意識的に、その共同社会としての存続を志さなければならぬ。……社会的有機体はそれ自身個々人の結合から発展したものではあるが、個人は今自らその一部分を成せる社会的有機体によって創造せられ、個人の生命はより大なる生命より生れ、個人の属性は社会的圧力によって形成せられ、個人の活動は他のものと交錯合体して、全体の活動に属するものになっている。社会的有機体の存続と健康となくしては、今日何人も生存し繁栄することは出来ぬ。故にこれが永存は、彼れの最高の

目的である。(⑧:七七〜七八)

それは明らかに、自生的秩序の優位を説くハイエクであれば支持しない考えである。

反自由主義の首謀者、ミル

自由経済体制が国を越えた調整を実現すると考えるハイエクは、こうした発想をむしろ警戒する。ハイエクによれば、十九世紀の自由主義は「歴史的な偶然のゆえに、初めは国家主義と、後には社会主義と次々に手を結んだ」(ハイエクI③:三六一)とし、ミルをその首謀者の一人として挙げる。

この傾向はジョン・スチュアート・ミルのなかに十分観察することができる。かれが徐々に社会主義に傾いていったことは、もちろんよく知られている。しかしながらかれはまた国家主義的な教義をも受けいれたのであり、それはかれの完全に自由主義的な構想とは両立しえない程度にいたるものであった。*Considerations of Representative Government*(p. 298)においてかれは、「政府の境界が主として民族の境界と一致するのは、一般的に見て自由な制度のための必要条件である」と述べている。この見解にたいしてアクトン卿は、「一つの国家のなかに異なった民族が共存しているということは、社会のなかに人びとが共存していることと同様に、文明生活の必要条件である」と論じ、また「同じ国家のなかのこの多様性は、政府が、すべての人びとに共通な政治の分野を越えて、成文法によってではなく自然発生的な法によって支配されるべき社会的な部門にまで入りこもうとする意図をもつことのないようにする強固な防壁である」と論じている(*History of Freedom and Other Essays*[1909], p. 290)。(ハイエクI③:三六四(n. 9))

私有財産の理論的根拠を「開かれた社会」に見いだすのがハイエクであり、彼はそこから乖離する性質を持つ意見や提案を悉く退ける。穏健な形での社会主義への移行であろうがそうでなかろうが変わりはない。ハイエクにとって重要なのは、民主主義とは一定の距離がある法の支配の方であった。だからこそ、民主主義が法の支配の要請に沿わない場合には政治的独裁をも肯定するという極端な結論を導いた。小泉にとって社会主義は批判の対象だったが、しかしながら適正な手続による社会主義化、すなわち民主過程を通じた自由市場の社会主義的修正は許容範囲内だった。むしろ「秩序ある進歩」の枠内において積極的だった面もある。そこには民主主義と法の支配の緊張関係は見いだされていなかった。そこでは小泉は、ハイエクの言葉でいえば「開かれた社会」に向かわず、むしろ「閉じた社会」に向かっていった。小泉は自由市場の擁護者でありながら共同体主義的でもあったのだ。

開かれた社会の思想を貫いたハイエクと、福澤同様に共同体に意識を向けた小泉。小泉においては同胞意識が自他の距離を近づけそれが共同体主義的な発想へとつながっていくが、ハイエクにとってむしろそれは「閉じた社会」のロジックであって、「開かれた社会」に持ち込むことは許されない。ハイエクは自らの自由主義をイギリスの政党名をとって「旧ホイッグ（old Whig）」と称し、ミルのような社会主義に向かっていった自由主義を批判した。ハイエクのミル批判は、小泉の自由主義の特徴を浮き彫りにしてくれる。

個人主義と全体主義を結ぶもの

小泉は自由市場を擁護しながらも、ハイエクでいうところの「閉じた社会」を意識し続けた。「余の奉ずる主義」（㉖）で社会政策と社会制度の関係を論じたのは一九二二年、*Fabian Essays in Socialism* に言及した『近世社会思想史大要』（⑧）は一九二六年（改訂は一九二八年）、そして「先ずミルを読め」（㉖）は一九三九年のものである。「人類が己れ独り専らにせずして、その属する社会とともに分つべき利益の獲得のため奮励努力する」（⑧：七九）というミルの思想を小泉は引いている。

その背景には何があるか。小泉が常に国のあり方を憂慮していたからということは、その思想の一側面をいい当ててはいるだろう。生まれ育った国、日本の同胞への強い思いは、小泉が福澤の独立自尊の思想の後継者であることを考えれば、むしろ自然なものである。ここで「瘠我慢の説」における福澤の有名な次の言葉が想起される。

……開闢以来今日に至るまで世界中の事相を観るに、各種の人民相分れて一群を成し、その一群中に言語文字を共にし、歴史口碑を共にし、婚姻相通じ、交際相親しみ、飲食衣服の物、都てその趣を同うして、自から苦楽を共にする時は、復た離散すること能わず。（福澤［一九〇二］二〇〇二b：一一〇）

即ち国を立て又政府を設る所以にして、既に一国の名を成す時は人民はます〳〵之に固着して自他の分を明にし、他国他政府に対しては、恰も痛痒相感ぜざるが如くなるのみならず、陰陽表裏共に自家の利益栄誉を主張し、殆んど至らざる所なく、そのこれを主張することいよ〳〵盛なる……。（福澤［一九〇二］二〇〇二b：一一〇～一一一）

「瘠我慢の説」まで含めた福澤の独立の思想は、共同体主義的な思想形成について小泉を躊躇させなかったのではないか。戦後、国際人小泉は、時代の流れに反発するかのように日本と日本人を熱心に語るようになった。それは変節ではなく、戦前からの共同体主義的な思想的基盤があったからであるといえるのではないだろうか。このような共同体的価値観は個人主義、自由主義とどう結び付くのか、改めて考えてみよう。

ハイエクが個人主義の観点から社会主義に代表される全体主義を批判した論拠は、何よりも分散化された知識を有効利用するためには、具体的に知識を持った現場の人々が自由に行動する必要があるという点にある。全体主義はその可能性を閉じるか、著しく制限するものであって、経済を窒息させてしまう。自らの目標追求を可能な限り達成させようという動機に導かれつつ、市場の知識発見メカニズムを通じて、全体として中央の計画では達成不可能な偉大な結果（利他的帰結）を生み出すという、マンデヴィル（Bernard de Mandeville）の『蜂の寓話』に象徴される、人間社会が長い間かけて到達した重要な仕組みを放棄することになるという。全体主義は個人の本質的欲求を否定し、個人を全体に従属させる部族社会への先祖返りと変わらない。ハイエクが全体主義批判で個人主義を持ち出すのはこういった文脈においてである。

小泉がマルクス主義を個人主義の観点から批判するとき問題にするのは、マルクス主義を支持する人々の精神構造である。一九五一年の『共産主義と人間尊重』においてはこの問題が全面的にクローズアップされるようになった。小泉の個人主義とは、すなわち人間尊重の精神である。それは福澤の独立の哲学と一致する。

福澤諭吉が『学問のすゝめ』において独立を論じるとき、一国の独立のためには個々人が自尊を伴って独立しなければならず、それは小泉が強調する個人の品位と信義に他ならない。それは、福澤が封建時代の個々人が独立せず他に依存しようとする儒教的精神では得られないと考えたように、小泉は戦後の言論に独立の危機を感じとった。それは民主主義の基礎を切り崩し、民主主義によって特徴付けられる文明化を後退させるものだという。そのような国民には国を愛することは期待できず、故に国の独立は望めない。つまり国体の維持が危うくなるということである。

小泉のマルクス主義批判の構造は、経済原理批判として展開される部分と、一つの国の民主主義のあり方、あるいはそれを通じた文明化を意識した、政治的なあるいは人間の人格面に着目した主張として展開される部分とがある。戦後における強調点は後者にあった。愛国、国家、民主、個人（自由）は、「一身独立、一国独立」という観点において小泉の思想内部で循環する関係にあった。一方、ハイエクにおいては、個人が尊重される「開かれた社会」の特徴、すなわち自生的秩序としての市場秩序の特徴はより大きく広がっていくことにある。ハイエクは社会主義や福祉国家が「開かれた社会」の偉大なる成果を失わせ、人類が発展させてきた文明の時計の針を逆に戻すことになると警鐘を鳴らしている。文明は個人の目標追求を効果的に実現する自生的秩序としての市場秩序によって成長するものであって、他の目的のための手段（福澤、小泉においては一国の独立）として考えられている訳ではない。

福祉国家をめぐる小泉とハイエクとの温度差はここから生じるといってよい。小泉は反共の急先鋒に立ち資本主義の擁護者として知られたけれども、福祉国家論者でもあった。小泉にとって何よりも重要なのは、文明国の本質的特徴たる民主的手続に基づく改革であり、そういう意味では小泉は進歩的（「保守」との対比でいえば「革新」的）であった。一方、ハイエクは、福祉国家を全体主義に連なるものと見て、むしろソ連型の中央集権的社会主義以上に警戒したことはよく知られている（ハイエクⅠ⑦：第三部他）。

ハイエクはその知識論を基礎とした自生的秩序論に依拠して、全体による個人の抑圧の構図を描いた。そこでは社会主義も福祉国家も受容できない同じ性質のものとして位置付けられた。一方、自主独立の精神を基礎とする個人主義に立つ小泉は、社会主義も福祉国家もその思想と不整合なものとは考えない。それが自主独立した責任ある個人によって支えられる民主的過程を経たものであるならば。

小泉は、議論の力点を、ハイエクのいうような経済的な個人主義から離れて、民主主義を支える個人の自主性を尊重する個人主義へと移行させた。ハイエクのような福祉国家批判には至らず、むしろ福祉国家に肯定的な論陣を張っているが、経済的な個人主義と福祉国家の間に葛藤はなかったのか。十分な回答を小泉の著作に見いだすことはできない。

6　福祉国家論

福祉国家論者、小泉

福祉国家とは、資本主義の危機を回避する仕組みを備えた国家のことであり、ケインズの完全雇用理論とベヴァリッジ（William Henry Beveridge）の社会保障論に支えられ、先進資本主義諸国の重要な理念となった。戦後の高度経済成長は社会保障制度や完全雇用政策を実現するための財源を生み出し、資本主義経済で発生する貧富の差を是正することは当然のことであると認識されるようになった。

小泉は「各種社会保障制度の拡張拡充を願う」（⑰：四八四）と述べているように、福祉国家に向けた社会政策に積極的である。そして、「予の奉ずる主義」の次の引用に見られるように、社会政策の積み重ねの結果、資本主義の本質的部分が変化したとしても、それはそれで受容すべき変化であると考えているのである。

社会政策なる語には今日一種の聯想が伴って、それは資本主義を維持する方便、もしくは資本主義の原則を傷付けぬ範囲内において労働者階級の境遇改善を行うべきものと解せらるる傾きがあり主張者自らそう考えている者もあるらしく見える。しかしながら資本主義原則なるものに明確なる境界線はない。如何なる程度までの社会政策は、資本主義を傷付けぬもので、如何なる程度を超えれば資本主義の原則に背くという明確な境界があるべき筈はない。既に社会政策に限界がないとすれば、これを進めることによって社会制度は原則的に変わらざるを得ないのである。（㉖：七八）

小泉は「新社会組織の成長は如何にして行われるかと云えば、畢竟各種の社会政策的施設と労働組合、消費組合その他各種の産業組合等による経済生活上の改良、新形態の集積に外ならぬものではないかと思う」と論じ、二十世紀初頭のイギリス自由党内閣の改革を見て、「兎に角自分は新社会の建造なるものが、随時任意と意力によって一朝にして造出すことの出来るものであるかの如く思うブランキイ流の考えを、間もなく幼稚なる空想として（少なくとも理論上は）顧みなくなった」(26)：七六）と自らの改心を吐露するのである。この姿勢は生涯において貫かれていた。ここに小泉の「秩序ある進歩」の出発点がある。

一方、ハイエクは福祉国家批判の急先鋒として活躍したことで知られている。『隷属への道』はその戦いの狼煙である。その後も、ハイエク中期の大作である『自由の条件』の第三部がすべてその批判に充てられる等、生涯、福祉国家を攻撃することで一貫していた。ベヴァリッジ的な社会保障政策にも、ケインズ経済学の総需要管理政策にも批判的だった。これらを基礎とする政策と中央集権的社会主義やドイツ・ナチズムとの連続性が見て取れる。マルクス主義批判を徹底し、中央集権的社会主義を難じた小泉は、いわゆる修正資本主義的な性格が強いが、ハイエクはそこには妥協はなかった。

社会正義批判としての福祉国家批判

ハイエクは、自らの自由主義思想と相容れないものとして、「福祉国家」の概念を厳しく批判している。それはケインズとの論争や社会主義計算論争等を経て行き着いた自生的秩序論を中心とする体系的な自由主義思想を確立したことで可能となった、福祉国家の本質的な批判である。

福祉国家が自由社会にとっての潜在的な脅威となる理由は、この概念は何ら正確な意味を持っておらず、法と秩序の維持以外の問題に何らかの形で関心を持っているあらゆる形態の国家を表すのに用いられているからである。彼は『自由の条件』の中で次のように述べている。

この名称に含まれるものはきわめて多様かつ矛盾をも含む要素の集まりであるために、その一部は、自由社会をより魅力あるものにするかもしれないが、そのほかは自由な社会と両立しないし、少なくとも潜在的脅威となるかもしれない。（ハイエクI⑦：一一〇～一一一）

福祉国家においては、民主主義の手続を経て、特定の利益集団によるさまざまな要求が政府のとるべき政策とされるが、それはハイエクが考える自生的秩序の進化にとって大変有害なものである。

福祉国家の概念が第二次世界大戦後に先進資本主義諸国で普及してきた背景には、ソ連型社会主義の実験がうまくいかなかったことがある。社会主義者は生産手段の国有化と労働者の代表による計画経済の運営を試みたが、実際のところ、旧東側諸国においては新しい階層秩序が生み出され、社会正義の実現どころか人々の自由が抑制され、新たな独裁政治が生み出されてしまった。このことは社会主義派の知識人を失望させることになったが、彼らは目的を変更し、資本主義国家において市場競争の結果の再分配を行う福祉国家を目指すことになった。

あらゆる人が賛同するはずであると思われる「社会正義」の概念であるが、ハイエクはその用語はまったく空虚で無意味なものであると主張する。彼は社会正義概念を検討する際にまず、「力の及ぶ限り『社会正義』という理念の最善のケースを構築しようと試みた」（ハイエクI⑨：三）が、結局、その用語がまったく無意味であり、それを採用することは無思慮あるいは詐欺的であることを証明しなければならなくなった。社会正義の概念は、ある特定集団の要求に同意せざるを得ないようにするための用語である。彼は『法と立法と自由』第二巻「まえがき」で、先進資本主義諸国で広く普及している社会正義の概念を批判する書を公刊することの苦悩について述べている。

社会でしばしば最善とみなされている男性女性たちにもっとも強く抱かれている盲信に反論を加え、時代のほとんど新興宗教になっている……そして善良なる人の承認された証となった信念に反論を加えねばならないことは愉快ではない。（ハイエクⅠ⑨：四）

ハイエクは、今日の先進諸国においては、相対的な意味での貧困を完全に克服することはできないが、有用な仕事をなし得る人で、衣食住の不足を感じている人はいないとしている。大部分の大衆の生活がかなりの水準まで向上したのは、社会正義を達成するための努力によってではなく、経済成長の効果によってであると述べている（ハイエクⅠ⑨：一九二）。

ハイエクによれば、社会正義のための要求は本来、誰もが同情する不運な境遇の人々のためのものであったが、やがてこの概念が、自分たちの立場が相対的に劣ると考える人々によって政治的に利用されることになってしまった。彼らは自分たちの集団の不満の原因となるものを社会正義に反するものと強調し、自分たちが政府によって守られることが当然であるかのように主張し始めた。そうして社会正義の概念は一般的な人々の利益ではなく、特殊な人々の特殊な利益を求めるための単なる口実となってしまったという。ここでハイエクがその典型例だと考えるのが、労働組合である（ハイエクⅠ⑨：一九一～一九四）[14]。

もちろんハイエクは、個人の福祉に対する活動を批判していない。本来、人々がお互いの幸福を考え、助け合うということは、政府が存在しなくても十分可能なことである。ハイエクは、チャリティーの存在に肯定的である（ハイエクⅠ⑤：一一二～一一三、ハイエクⅠ⑩：七四）。それが人々の目標追求に資するものならば自生的秩序と整合的だからである。

社会保障の問題

先進資本主義諸国の政府は、貧しい人、不運な人、身体障害者に対する対策を行い、また、健康問題に社会的に配慮してきた。これらの政府による行政サービスは、個人的自由を制限することなく提供し得る共通のニーズである。また、国家が豊かになるにつれて、これらの自分で自分の面倒を見ることのできない人々に保障する最低限度の生活水準（ナショナル・ミニマム）が次第に上昇していくということは、疑問の余地がないとしている。

しかし、ハイエクはこのことに続けて、政府活動はその目的よりも方法の観点から検討されなければならないと主張する。ある望ましい目的に向けられた政府活動であればどんなことにも反対できないというのであれば、福祉国家政策によって自由な社会が脅かされることになる。福祉国家としての政府の活動を目的の観点からのみ定めるのであれば、ある特定の目的にとっては有効であるが、自由社会を破壊するような手段を制御するための「一般的規則」を何ら持たないことになる。福祉の行政サービスであっても、ある均一の「社会的標準」を達成するために、政府が個人を自由裁量的に強制する排他的な権力を持つことになるかもしれない。

社会保障制度を批判的に検討する視点として、ハイエクは次の二つの保障概念を区別することが重要であると考える。すなわち、すべての人に対して最低限度の生活水準を保障することと、ある一定の生活水準を保障することとの区別である。後者は、社会の多数派が、より豊かな少数派から所得の再分配を求めるために政府の強制力を用いるべきであるということを意味している。これは、異なった人々に対するある種の差別と不平等な扱いを必要とするものであり、ハイエクの「法の支配」の概念とは両立しない。彼は次のように述べている。

……特定の人びとが特定のものを得ることを保障するために政府の強制力をもちいるべきであることを意味するかぎり、それは異なった人びとにたいするある種の差別と不平等な扱いとを必要とするもので、自由社会とは両立しない。「社会的正義」を目的とし「第一義的に所得再分配者」となるのはこうした福祉国家である。それは必然的に社会主義とその強制的かつ本質的に恣意的な方法へと逆もどりすることになる。（ハイエクI⑦：一二）

ハイエクは、創案者には所得の再分配の手段とは意図されなかったが、政治家によって急速にそのようなものに変質させられた有名な例として、『ベヴァリッジ報告』（Beveridge 1942）を挙げている（ハイエクI⑦：六八）。その報告が意図したように、福祉国家は社会保障制度によって「人類の五大悪」（欠乏、病気、無知、不潔、怠惰）の克服をわずかに早めることができるかもしれない。しかしその代わりに、インフレ、生活能力を麻痺させるほどの課税、強制力を持つ労働組合、政府支配の教育の増大、大きな恣意的権力を持つ社会事業官僚制等によって自由社会が脅かされる可能性がある。

また、福祉国家による自由社会に対する脅威は、現代における行政国家に特有の拡張主義によっても助長される。もし、失業、病気、老齢に対する不十分な備えに悩んでいるすべての人々からその不安を取り除かなければならないならば、包括的で強制的な福祉計画を立てる必要がある。政府と官僚機構に排他的で独占的な権力を与え、それらの問題に対処しようとする個人の選択肢を奪うことで、それらの目的をより速やかに達成することができるだろう。

福祉国家がこのような過程で全体主義に近づいていくという点は、ハイエクが『隷属への道』で既に述べていたことであった。これは、ハイエクが社会に分散した知識の有効利用によって形成されるとする自生的秩序の知識論と関わっている。官僚機構が包括的で強制的な福祉計画を立案し、既存の知識と権力を利用することに熱心であれば、社会に分散している知識の有効利用や知識の将来の成長は妨げられることになる。

民主主義の危機

ハイエクの福祉国家批判は、『自由の条件』の第一部と第二部が基礎になっており、それは自由論と法の支配論が主たる内容である。個人的自由を何よりも重要な価値として考えるハイエクにとって、自生的秩序こそが個人的価値の実現に不可欠なものであるため、法の支配の要請に応えられない福祉国家は受け入れられないものである。ハイエクは『自由の条件』第三部における二つの章の冒頭において、Olmstead 事件のアメリカ連邦最高裁判決（Olmstead v. United States, 277 U.S. 438（1928））におけるブランダイス判事（Justice Louis Brandeis）の反対意見と経済学者サイモンズ（Henry Simons）の著作（Simons［1942］1948）から含蓄ある引用をしている。

政府の目的が慈悲深いものであるとき、自由を守るためにおおいに警戒しなくてはならぬことを、経験は教えてくれる。生まれつき自由を求める人間は、悪意をもった支配者による自由の侵害を退けるよう当然用心を怠らない。自由にとっての最大の危険は、熱心で悪意はないが分別のない人びとによる狡猾な侵害のうちに潜んでいる。（ハイエクI⑦：三）

政府は他の独占にたいしては久しく反対してきたが、突然、労働者の独占権を広範囲にわたって保護しかつ奨励した。労働者の独占に民主主義は耐えうるものではない。これを規制するには破壊しかなく、おそらくこれを破壊しなければ、かならず民主主義そのものを破壊してしまうだろう。（ハイエクI⑦：二一）

社会保障であっても労働組合保護であっても、こうした福祉国家政策の充実は、常に社会正義の要請として論じられる。ハイエクは、そうした福祉国家への道は民主主義を侵害し、自由を破壊するものだと考える。しかし、そういった事態を民主主義自体が招くとも警告する（ハイエクI⑦：第一七章等参照）。自由の本質を理解しない人々は、全体の価値の前では脆弱だからだ。それが自らの自由を結果的に侵害するものであっても、人々は気付かずに社会正義のキャンペーンに乗ってしまう。だからこそ民主主義よりも法の支配を優位なものと考えるのである。

小泉にはこうした民主主義についての危惧がハイエクよりも希薄である。むしろ、小泉は民主主義がよりよい国造りに貢献するように、教養と責任のある人間として自立するよう訴える啓蒙活動に力を注いだ。それが「秩序ある進歩」の哲学なのである。一言でいうならば、小泉は民主的手続に信頼を寄せているし、それが文明の条件だと考えている。その結果、資本主義が社会主義に変質したとしても、それを受け入れる用意がある。

むしろハイエクはそういった事態を危惧した。ハイエクは民主主義の弱点を知り、文明を築き上げてきた自生的秩序を破壊する可能性を強調する。その背景には民主主義自体が根付いていない日本の思想家と、民主主義が成熟期に至り制度疲労を来した欧州の思想家の違いがあるといってしまえばそれまでである。しかし、小泉にとっては民主主義が日本においてはいまだ根付いていないことこそが最も大きな問題であった。敗戦後の日本では、自由と称した利己主義が民主主義を機能不全に陥らせないようにするために、人々が責任のある独立した主体として思考し、行動する必要がある。その前提として徳育の必要性があった。それが文明国家の基礎となると小泉は考えた。そう考えると、文明社会に生きる人間像をどう捉えるかの違いが両者の思想の分岐点であるといえるだろう。

ハイエクが社会正義批判を全体主義批判として展開したのは、社会正義という言葉によって個人が全体に埋没するのを危惧したからである。社会正義という名の下、人々は全体的価値に従属させられる。それは自生的秩序を窒息させるものに他ならない。福祉国家批判を社会正義批判として展開するのはそのためである。しかし小泉はそのような発想には至らなかった。もともと資本主義の修正の積み重ねによって社会主義に移行することを許容する姿勢をとっていた小泉にとって、自らが属する集団全体の価値は個人の価値と一致する。それはフェビアン社会主義、ミルの共同体論に接し、福澤に倣い自尊という観点において個人と全体とを結び付けていたのであり、そこに社会正義としての福祉国家を否定する思想的素地はなかったのである。

7 保守性と非保守性

「保守」というレッテルを嫌ったハイエク

ハイエクと小泉を比較するうえで見逃せないのが、保守派としての性格である。ハイエクも小泉も「保守」的として批判された時期がある。それはいずれも時代の流れに逆行するという意味で「反動」的なそれとして性格付けられた。ハイエクの場合は、ケインズ主義、社会民主主義的な時代の流れに対抗して古典的な自由主義の復権を唱えた点にある[15]。

ハイエク自身は資本主義の擁護者としての保守派のイメージを歓迎しなかったし、伝統や慣習の擁護者としての保守派のイメージも歓迎しなかった。自らの自由主義が曲解されることを危惧して敢えて反論する必要性を感じたのであろう。ハイエクはそういった印象に対して先手を打つかのように、『自由の条件』の中で「なぜわたくしは保守主義者ではないか」と題するエッセイ（ハイエクI⑦：追論）を載せてまで、自らの保守主義者としてのレッテルを剥がそうとしている。

進歩的であると考えられる大部分の運動が個人的自由にたいする侵害をさらに進めようと説いている時代に、自由を大切にする人たちはこれに反対するために精力を費やす傾向がある。この点で、かれらは変化にたいして多くの場合、習慣的に抵抗する人たちと同じ立場に立っていることを見いだす。当面の政治問題において、かれらには保守政党を支持する以外に通常、選択の余地がない。しかしわたくしが明らかにしようとしてきた立場は、しばしば「保守的（conservative）」と説明されることがあるとしても、その立場は伝統的にこの名称をつけられてきたものとはまったく異なるものである。（ハイエクⅠ⑦：一九三）

既に指摘したように、小泉信三もまた保守主義者と呼ばれている。小泉がいかなる意味で保守的なのか、あるいは保守的ではないのか。ハイエクが保守主義についてまとまった議論をしており、自らの立ち位置を明らかにしていることは、比較のための格好の材料となる。以下、『自由の条件』の追論で示された保守主義の特徴と自由主義との違いについて簡潔にまとめることとし、それを踏まえたうえで小泉の立ち位置を明らかにすることにしよう。

ハイエクの保守主義批判

「真の保守主義は激しい変化に反対する……態度である」（ハイエクⅠ⑦：一九三）。これがハイエクの保守主義観である。ハイエクから見た保守主義は、「変化にたいして多くの場合、習慣的に抵抗する」ものである。しかし、「激しい変化」へ反対することは「正当で、おそらく必然的な、またたしかに広範に見られる態度」（ハイエクⅠ⑦：一九三）である。

これを社会主義に当てはめるとどうなるか。社会主義の勃興は確かに、それまでの世界に激しい変化をもたらそうとした。社会主義は当然、保守主義の敵となった。そして社会主義を共通の敵とする自由主義と共闘するようになった。しかし「社会主義が起こるまで、その反対者は自由主義者であった」（ハイエクⅠ⑦：一九三）という事実を見逃してはならない。

つまり、保守主義の「保守」たる所以は、「現状を保ち守ること＝変えたくないこと」にある。変わろうとする方向性には保守主義者は関心がない。自由主義が保守主義の警戒する変化を求めるのであれば保守主義は自由主義の敵になる。反社会主義という点において、保守主義と自由主義とは共闘するが、保守主義者は社会主義に対するオルタナティブを示さないが故にその流れ自体を止めることはできない。一方、自由主義者は社会主義とは相容れない立場に拠っているので時間が経っても妥協することがない。保守主義とは、事情次第で、社会主義から自由主義への転換にも抵抗することがあり得るのである[16]。

その定義からして、保守主義とは固有の形のないものである。つまりその時々の趨勢が保守の基礎となり、そこから変わることを嫌うのである。言い換えれば、変化の結果が既成事実となればそこからの変化に警戒するに過ぎないのであって、変化それ自体のスピードを低下させることに止まらざるを得ないのが保守主義の宿命なのである。保守主義の主要な特徴は既存の権威を擁護しようとする傾向があるという点である。この権威が弱められることをおそれている。

ハイエクは、保守主義者は「立派な人間」、言い換えれば「賢人と善人」による支配を求める傾向があると指摘する。「一般に保守主義者は自分たちが正しい目的とみなすもののためにもちいられるのなら、強制または恣意的権力におそらく反対をしないといってよいであろう。もし政府が立派な人間の手にゆだねられるならば厳格な規制によって抑制しすぎてはいけないとかれらは信じている」（ハイエクⅠ⑦：一九八〜一九九）。そのような信念は、保守主義者が「本質的に日和見主義者であり、原則を欠いているため」（ハイエクⅠ⑦：一九九）である。

しかし、だからといって保守主義者は道徳を欠くかといえばそういう訳ではない。むしろ典型的な保守主義者は、多くの場合非常に強い道徳的信念を有している。特徴的なのは、保守主義者が他人にそういった価値を強いる資格があると自分自身みなしている、ということである。[17] 確かに、保守主義者といわれる人々も、社会主義者といわれる人々も、共同体的な価値への道徳的コミットメントを他人に強要する傾向があるように思われる。

社会主義から保守主義への転向

この点は、自由主義者と決定的に異なる点である。以下の、社会主義者から保守主義者への「転向」の考察は、確かに頷けるものがある。

……道徳的理念にしても宗教的理念にしても、自由主義者にとっては強制の適切な対象とはならない。しかるに保守主義者と社会主義者はともにそのような限度を認めない。ときどき感じることであるが、社会主義とも保守主義とも違う自由主義のもっとも顕著な特質は、他人の保護領域を直接侵害しない行為の問題にかかわる道徳的信念は強制を正当化するものではないという見解である。このことはまた、悔い改めた社会主義者が新しい精神的な棲家を自由主義の囲いよりも保守主義の囲いのなかに求めやすいように見える理由を説明するものかもしれない。（ハイエクⅠ⑦：二〇〇）

ある価値を他人に強制しようとしてきた者がその価値を放棄するとき、新たな拠り所となる価値を他人に強制しようとする。その点で共通する社会主義と保守主義は同根ということになる。「優秀な人物が……受けついできた基準と価値と地位とは保護されるべきであり、そしてその人たちは公共の問題についてほかの人よりも大きな影響力をもつべきである」（ハイエクⅠ⑦：二〇〇）と保守主義者は考えているが、優秀な人物が受け継いできた基準と価値が社会主義のそれであれば、保守主義と社会主義は一致することになる。しかし自由主義は社会主義と一致することはあり得ない。社会主義には自由主義とは相互に重なりあうものが見いだせない。

……保守主義者はある特定の確立した階層秩序を擁護する傾向があり、かれらが尊重する人びとの地位を当局に守らせようと望む。これにたいして、自由主義者はどんな確立された価値にたいする尊敬といえども、経済的な変化の力に対抗してそのような人物を守るために、特権、独占あるいは国家のいかなる強制力にも訴えることを是認しないと信じている。自由主義者は文化的・知的エリートが文明の発展において演じた重要な役割を十分に知っているが、エリートといえども他のすべての人と同様の規則のもとで、自らの能力によってその地位を維持することを証明しなければならないと信じている。（ハイエクI⑦：二〇〇）

ここまでの記述から明らかなように、保守主義とは特定の方向を指し示すものではなく、（現状から移り変わろうとする）ある方向への警戒という消極的な役割しかはたさないものである。極端な言い方をすれば保守主義それ自体は無内容であり、保守主義者が置かれた歴史的文脈に依存する。自由主義は社会主義を受け付けない。しかし、保守主義は日和見主義であるが故に受け入れる余地がある。確かに自生的に生成してきた諸制度に対する尊敬の念を保守主義が有していることについては自由主義と共有できる部分が多分にある。だからこそ保守主義と自由主義は二人三脚で歩んでいるように見えるのであるが、その連携は実は脆い基盤のうえに成り立っているということをハイエクは強調しているのである。

ハイエクの指摘する保守主義の弱点は「盲目ゆえの盲信」ということになろう。[18] 一方、自由主義はそのような態度は決してとらない。自由主義者はそれまでに生き残ってきた制度や規範を尊重しつつも、それらの下で自生的に形成される帰結がいかなるものであっても、それを受け入れる用意がある。そして次の時代を規律する制度や規範が、進化の過程を経て今のものと異なるものになったとしても、それを歓迎する覚悟がある。

保守主義者が新しさに対して拒絶反応を起こすのは何故か。ハイエクによれば「保守主義的態度のもっとも非難さるべき性質は、十分に実証された新しい知識を拒否する傾向があることであって、その理由はそれにともなって生じると思われる帰結の一部が気にいらないということなのである」(ハイエクI⑦:二〇三)と手厳しい。居心地のよさという身勝手な根拠が、保守主義者を保守的ならしめている。[19]

保守主義と国家主義

ハイエクは、保守主義はより大きな害悪を発生させるほどの力となり得るという点を指摘する。この点は重要である。それは保守主義者の国家主義への傾倒である。

新しいものと変わったものにたいする保守主義者の不信に結びついているのは、国際主義にたいする保守主義者の敵意と耳ざわりな国家主義《ナショナリズム》の傾向である。ここにかれらの思想の闘争における弱さのもう一つの原因がある。われわれの文明を変化させている思想はいかなる国境をも顧慮しないという事実を、保守主義者は変更することはできない。(ハイエクI⑦:二〇三)

それは社会主義へと転落するきっかけを提供するものである。国という単位、その国を構成する民族という単位での全体の目的とその中への個人の埋没をこういった国家主義は生み出しやすいからである。なるほど歴史を見ると、この両者が相互に惹き付けあったケースに事欠かない。[20]「この国家主義の偏向こそ、しばしば保守主義を集産主義へ橋渡しすることになる」（ハイエクI⑦：二〇四）とのハイエクの指摘は、実際の歴史をよく描写している。

ハイエクから見た小泉

では、ハイエクの保守主義批判は小泉に当てはまるだろうか。繰り返しになるが、以下の引用から始めよう。

……今日の吾々に与えられた課題は、今日につづくよりよき明日を築くにある。そうして、それを取り戻すことの出来ない人間の生命と人格とを犠牲にすることの最も少ない方法で果たすことにあります。別の言葉でいえば、それは「秩序ある進歩」を願うということであります。（⑰：四九五〜四九六）

ここでいう、人間の生命と人格の犠牲とは、暴力的手段を肯定するマルクス主義に対して向けられたものである。小泉は進歩、すなわち変革について、平和的でルールに則った手段に拠らねばならないとする。それは当たり前のことかもしれないが、小泉の時代には当たり前ではなかった。搾取する側を悪とした階級対立を解消するためには暴力的手段によるしかないという論理がまかり通っていた。

しかし、現実の社会は、「今日の次ぎの段階の次ぎ次ぎには、次ぎ次ぎの段階が際限なくつづく」（⑰：四九六）ものであって、そうした綿々と受け継がれる歴史を繰り返すものであって、前記の引用にいう「秩序ある進歩」のみが現実的に受け入れられる選択肢なのだというのである。

自己の責任においてものを考え決定できる人々の自主性、そのために求められる他者を尊重できる人格の形成、倫理感覚の涵養、法と法廷の重視、伝統や慣習の尊重といった小泉の一連の思想が、この「秩序ある進歩」の哲学において導き出される。民主主義とはそういう前提において意味をなすものであり、そうでなければ文明国家たり得ないというのが小泉思想の中心的主張である。一連の主張が国の独立に向けられている点において関連するものであることは、何度も強調される必要がある。小泉が保守主義だとしても、それはハイエクのいう「帰結が気に食わないから変えたくない」という保守主義では全くない。

とはいえ、ハイエクの保守主義批判が小泉に当てはまる箇所がある。それは小泉の国家主義的な傾向である。誤解を招かないようにいえば、小泉の思想に国家主義的な性格があったとしても国家に個人を従属させるものではなく、共同体的価値に対する個人のコミットメントを基礎とする、言い換えれば自立した個人の愛国心によって支えられるそれである。共同体的価値へのコミットメントは強制の対象ではなく自然の感情であり、合理性では説明できないものである。それは一国独立の思想を支え、そのための文明国としての属性である民主主義と矛盾しないと考えられる。それが小泉思想における保守主義の性格であり、おそらくは「青い鳥」福澤に見いだしたものである。それはおよそ「国家主義」という言葉が持つ印象とは程遠いものであるに違いない。

国境を越えるものとして評価した自生的秩序がもし文化や言語、宗教といった枠を変え、あるいは国境の解消を導いたとしても、自生的秩序が選択したものであるならばそれを受け入れる覚悟があるのがハイエクの自由主義である。小泉はおそらくそれを受け入れないであろう。想定していないといった方が正確かもしれない。ハイエクはそういった変化を非常に長いスパンで考える傾向があるので、比較は容易ではない。また、経済的自由にウェイトを置くハイエクと、必ずしもそうではない小泉とを単純に比較することもできない。小泉は、自由な個人が共同体的な価値にコミットすることを前提に愛国的な言動を展開する。これに対しハイエクであれば、それはもはや自由主義、個人主義ではないと批判するだろう。このことはミルに対する批判からも十分窺える。

ハイエクの議論の枠組みでいえば、保守主義は結局勢いのある社会主義に引きずられ、やがて社会主義的な色彩を帯びる運命にある。小泉は革命の否定という意味において保守的であるが、福祉国家の建設に前向きであるという点においてハイエク流の自由主義と対立する関係にあった。ハイエクと小泉を対照的に見る有効な方法は、やや強引ではあるが、小泉を社会主義側に位置付けることであろう。小泉には、ハイエクのいう「盲目故の盲信」という保守の弱点に合致する要素は見いだせない。むしろより熟慮を重ねたうえで変えるべきときは積極的に変えろという。「保守主義の非啓蒙主義」（ハイエクⅠ⑦：二〇三）では決してないのである。むしろ過去のものを熟慮のうえで変化させようという点において設計主義的でさえある。徳育に熱心であるが、それは通常の人間が当然に受け入れるべき道徳に限定されている。「既存の道徳的信念が誤りであるとわかった事実の仮定に依存していることが実際に証明された場合に、その信念を守って事実の承認を拒否する」（ハイエクⅠ⑦：二〇三）とハイエクが批判する保守主義者の思考停止は小泉には見いだせない。そういった意味では、ハイエクのいうような保守的な要素は小泉においては見いだし難い。小泉を保守主義と位置付けるとその性格があいまいになるが、社会主義と位置付けるならば、多くのことがハイエクの枠組みで説明できることになる。

社会主義と保守主義の架橋

小泉は控えめなところはあるものの、ハイエクとの比較でいえば遙かに設計主義的である。民主主義の手続による福祉国家の実現に積極的である点は、ハイエクの社会正義批判に見られるように全体的価値への個人の従属の余地を生みだすものであるとして批判されるだろう。資本主義の支持者として小泉は保守派から擁護されているが、それはより急進的な革命思想との関係でそうなのであって、社会主義者の側面があるという点を無視してはならない。革命思想を一方の極として、これにブレーキをかけるという意味での保守的言動が自由市場の擁護のように見えるだけである。小泉が経済制度、社会制度の面において保守といわれたのは、革命思想にブレーキをかけ保守派を助けたからであって、小泉がハイエク的な意味での自由主義者だったからではない。またハイエクによれば、福祉国家はその性質において全体主義の歯止めにならない。資本主義の修正の積み重ねの結果として資本主義自体が変容する、すなわち社会主義に至ることまで認める小泉は、ハイエクから見れば全体主義者である。あるいはもしかしたら小泉は全体主義に陥る福祉国家とそのきっかけを作る民主主義に対するハイエクの警鐘について認識していたのかもしれない。

この全体主義的な要素が小泉に日本と日本人を意識させている。それは小泉が引く福澤の著作からも明らかである。ハイエクは「われわれの文明を変化させている思想はいかなる国境をも考慮しないという事実を、保守主義者は変更することはできない」(ハイエクI⑦:二〇三)という。国際人といわれる小泉であるが、戦時中は勿論、戦後においても日本を案じ続けた。むしろ戦後においての方が日本と日本人を意識した愛国的な著作が多いくらいである。有事のときは国を何よりも優先して考えるという思想は、福澤の「瘠我慢の説」の重視からも明らかである。小泉にいわせれば、福澤に倣い愛国は私情であり打算で説明するものではない。戦後日本の置かれた状況は、このような愛国の基礎を有する小泉に日本論と日本人論を展開させた。

愛国者小泉は福澤同様に文明を常に意識した。この、愛国と文明との接合が小泉思想の本質的特徴だといえよう。独立を失いかけた、そして一時的にせよ失った日本の再興が常にその念頭にあった。日本を意識したが故の文明論なのである。その思考のフレームワークはまさに福澤のそれに他ならない(21)。

『共産主義批判の常識』では経済学者としてハイエクを引き、『私とマルクシズム』では政治哲学者としてのハイエクを引き、『共産主義と人間尊重』ではハイエクを引かなくなった小泉は、個人の自由を、経済学が想定しているような自らの満足（目標）を最大化する（最大限実現する）個人の自由ではなく、独立を意味する自主性として理解した。その個人の独立は、個人的価値を超えて共同体的価値を目指すものとして理解されている。それは国境という観点からは愛国となる。ハイエクの思想においては、個人主義は愛国主義に至らない。もちろん個人の判断として全体の利益に適うように振る舞うことをハイエクは否定しないし、むしろ資産家によるチャリティーの存在を疑わないくらいである（ハイエクI⑩：七四）。しかし自生的秩序において個人が全体の価値にコミットすることを必然とは決して考えないし、そうであるべきとはいわない。自生的秩序は自らの所属を超えるものとして議論される。国境によって画定された全体と個人とが価値観を共有することは、ハイエクの自生的秩序では想定されていない[22]。

しかし小泉の場合は、個人主義は愛国主義と整合的であるどころか密接である。もちろん個人の判断の問題なので、非愛国の立場を小泉が否定することはない。しかし、確立した個人は自らを自尊し、家族を護るように、自ら所属する国を愛するという想定がそこにある。

歴史の尊重

しかし小泉はハイエクと重なる点がある。それは歴史的に生き残ってきたものに敬意を表する点である。ハイエクは以下のような「保守的な」発言をしている。

自由を尊重するものこそ、社会の歴史的、文化的遺産に対して、本当に畏敬（いけい）の念を払います。それは、法であれ文化的遺産であれ、それらはある日特定の偉人や天才によって発明されたり創り出されたものではなく、何百年、何千年にもわたって、無数の人びとが誤りを重ねながら生み出してきた結果だとみなしているからです。（ハイエク・西山 一九七七：二一八）

小泉は以下のように述べる。

……優れたる技術者にあっては、技芸に対する信念、気質と見られ、凡庸の者にあっては、故なく進歩を嫌う、旧法の墨守として現れる。この保守主義は、一方においては、既得の技術に対する純粋の確信から発し、他方においては、わが技術の不要に帰することを恐れる利己主義から発する。様々の度合いにおいてこの両動機の混合する場合は、最も普通であろう。（⑩：三九二〜三九三）

小泉が保守主義と呼ばれるにしても、それは非効率、非能率を認めたくないという自分勝手な動機としての（ハイエクのいうような意味での）保守主義ではない。それが端的に表れたのは旧仮名遣いの問題であろう。小泉は旧仮名遣いを無謬なものとは一切いわなかったが、結論ありきの性急な改革には断固として反対した。それは歴史的に生き残ってきたものに対する尊敬の念があるからに他ならない。

小泉は「秩序ある進歩」を唱え、その中でハイエクと同様にゆっくりとした社会の変化を求めているように見える。それが彼を保守主義者に見せる。しかし、小泉のロジックの背景には福澤の継承者としての思想があり、独立自尊という想定された個人像の下、平和裡にルールに則って行われる進歩（変革）を善しとする。それは民主主義への信頼を意味する。小泉は明らかにハイエクよりも意図的な進歩（改革）を認める立場といえる。小泉はハイエクの立場からすれば、明らかに設計主義的である。ただ、それは熟議と民主的手続を通じた設計でなければならず、結論ありきの早急な改革を認めない点で、保守的なのである。

とはいえ、小泉は今述べた以上に保守的に見える。福澤同様に国の独立が思想の基礎にあるからである。

8　課題の相違

モンペルラン協会

ハイエクと小泉との直接の接触について筆者は十分な情報に接していないが、両者は少なくとも一度は直に会っており、書簡のやり取りがあったことは確認されている。書簡のやり取りについては、小泉発のものについては一通、『小泉信三全集第二五巻（下巻）』に収められている。それは以下のものである(25)（下巻）：四七一〜四七二）。

親愛なるハイエク教授。

二月廿六日付御手紙ありがたく拝見しました。

モン・ペルラン・ソサイエチーが私に入会をすゝめて下さる由、また同協会の性質目的等を細々御説明下されありがたく存じます。

モンペ〔ママ〕ルラン・ソサイエチーのことはかねて聞き及び、その高邁なる目的と、また貴下を始め名声高きその多くの会員に対して最も深い尊敬の念を抱いて居ります。協会の最も尊重する value of personal liberty は、また私の平生最も尊重するところであることはいふまでもありません。会員諸氏に対する私の衷心からの尊敬を受けて下さい。

たゞ私は今隠退せる一学究（scholar）として、閑寂と孤独をたのしみたいと思ってゐます。それ故に従来属してゐた協会からも退き、新しい入会の勧誘をも不本意ながら辞退してゐます。貴下は多分これを東洋的、——あまりに東洋的だと笑ふかも知れません。恐らく私はその笑ひに値するでせう。

そのやうな次第で、残念ながら――真に残念ながら、折角の入会御勧誘を御辞退したいと思ひます。どうぞあしからず御了承下され、会の委員にもその旨御了解せらるゝや〔う〕、御伝へ下さることを願ひます。

どうぞ令夫人によろしく御伝へ下さい。御一緒に我が皇太子同妃両殿下を御訪問したときの、たのしい記憶は今なほ新たです。敬具。

小泉信三

『小泉信三全集第二五巻（下巻）』四七二頁の〔注〕には「小泉の遺篋の中から見出された文書。ハイエクの勧誘を謝絶するための英文書翰の草稿であろう」とある。日付は「昭和四〇年三月？」とされているが、小泉の書簡にある「二月廿六日付」との記載は、フーバー研究所（The Hoover Institution）所蔵の、この件についてハイエクが先に小泉に宛てた書簡（一九六五年二月二六日）と一致する。

ここから分かることはハイエクが一九六五年二月の書簡において小泉をモンペルラン協会に誘っており、この書簡において小泉はこれを断っているということである。小泉が断った理由は「引退後だから」というものであったが、その真意は別にあるのかもしれない。一つの推測だが、この段階で小泉がハイエクの『自由の条件』（一九六〇年）、特に第三部の福祉国家批判を読んでいれば、ハイエク率いる（この時、同協会の会長はルッツ（Friedrich Lutz）であったが、そうであってもハイエクが重要なリーダーであったことは疑いない）この協会に対して十分な共感を抱けただろうか。小泉が福祉国家の建設に同調的だったことが、どれほどハイエクに知られていたのかも不明である。日本の言論界における反共の砦として小泉が誰かからハイエクに紹介され、交流が始まったことは予想が付く。ハイエクが小泉に日本におけるモンペルラン協会の主要人物として活躍することを期待したのであろうが、結果的にそれは実現しなかった。

溝は深い

反共の思想的支柱として理解されているハイエクと小泉信三であるが、その溝は実は深い。社会主義経済計算論争以降、自生的秩序論へと展開したハイエクと、そのハイエクの『隷属への道』を一つの契機として福澤諭吉の文明論へと展開した小泉は、同じテーマを扱っておきながらも、その主張は多くの点で対照的である。

小泉は自由主義者といわれるけれども、ハイエクの自由主義とは明らかに異なる。第一にその自由主義は暴力的な革命に対する批判として展開されているのであって、適正手続に基づく福祉国家の建設に対抗するものでは決してない。ハイエクからすれば福祉国家は社会主義に連なるものであり、とするならば小泉の自由主義は社会主義的な要素が否定できないものということになる。ハイエクから見ればそれは形容矛盾ということになる。第二に、小泉が力点を置いた自由主義とは、国の独立を支える個人の独立そのものであって、そこでは権威に従属しない、思考停止しないという意味での自由が説かれている。だからこそ福祉国家のような、ハイエクから見れば反自由主義的な選択をも、自由主義と整合的なものとして受け入れる余地があるということになる。個人主義についても同様の比較ができるし、道徳や法に対するアプローチの違いも二つの自由主義の違いとして説明できる。保守の射程が異なるのも当然だ。共通するのは、両者が自由主義者、個人主義者、保守主義者と「いわれている」ことだけである。小泉がモンペルラン協会に誘われたのは、こうした表面的な共通性があったからかもしれない。こうして考えると、そもそもこれらの主義の名称を用いて比較すること自体、あまり意味のないものに見えてくる。

第二次世界大戦後のハイエクにとっての課題は、自生的秩序のそうでない経済体制に対する優位を説くことであり、自生的秩序を破壊する勢力を排除し、自生的秩序が機能するための条件を模索した。ハイエクが敵対したのは全体主義に移行する危険を伴う福祉国家であり、それを支える設計主義と社会正義概念を批判した。ハイエクが擁護したのは自生的秩序とそれを支える法の支配である。

小泉にとっての課題は、戦後日本の独立のための諸条件の整備にあった。それは人々の自主性の確立、すなわち独立と、独立した人々によって形成される民主主義であった。これにより文明国家として日本が再び国際社会に復帰できることを願い、小泉はそのための諸条件を模索したということである。法の尊重は、民主主義に支えられる文明国家の確立のための必須の条件とされた。道徳心はその人々の独立の条件として捉えられた。人々の祖国に尽くす感情、すなわち愛国心は、生まれ育った場についての自尊心そのものであり、合理性云々の問題ではない、言い換えればイルラショナルなものである。ハイエクの理性批判は設計主義批判として展開されるが、小泉のイルラショナリズムは独立論の基礎となった。この合理性への懐疑の出発点が小泉の学生時代の「日本人の長所と短所」(26)にあり、それが後々まで影響したと考えるのであれば、それは興味深い話である。

ハイエクは福祉国家を基礎付ける価値観としての社会正義に懐疑的である。一方、小泉はそういったものへの懐疑は抱かない。そういった価値観が民主主義の手続を経て実現されるのであれば、それは秩序ある進歩に沿うものだと歓迎する。「社会主義に傾倒したミル」は、小泉が経済学、経済学史、社会思想史研究者として活動した初期のころから、マルクス主義者との戦い、福澤の「瘠我慢の説」との出会い、慶應義塾長時代の徳育への関心へと至る過程を経て見つけた一つの自由主義思想の参照点であるといえよう。しかしそれはハイエクから見れば、自らの自由主義思想に受け入れる余地のない誤った自由主義思想なのである。

保守批判としての共通性、保守としての相違

ハイエクも小泉も「変えたくない」という意味での保守主義ではない。両者とも、自分勝手な都合としての保守主義ではない。しかし両者はその性質を異にする。すなわちハイエクにおいては自由主義故の保守で

あり、小泉においては自らの「秩序ある進歩」故の保守である。「変えたくない」保守では決してなく、変わる覚悟、変える覚悟を持った保守なのである。ハイエクの場合は「変わる」という進化を重視するのに対し、小泉の場合は「変える」という解決が重視されているという違いがある。この点は大変重要なことである。ハイエクであれば小泉に対して、設計主義的であると批判するだろう。しかし、保守主義という批判には躊躇するだろう。

小泉の保守のもう一つの特徴は、小泉が愛国心を正面から保持し日本、日本人を常に意識する点、現実主義を徹底し防衛と安保を積極的に受容する点、保守の象徴ともいえる天皇への言及、皇室への貢献があることである。これに関していえば、小泉は（国の独立という）「変えてはならない」ものに結び付く保守なのである。保守派小泉の本質はここにある。

小泉が対峙したのは、福祉国家ではなくマルクス主義であった。つまり革命の反対者として保守主義といわれたに過ぎない。これは西側諸国の中でも特殊な位置付けになるといわざるを得ない。ハイエクが戦ったのは、民主的な手続を経ることを前提とする社会主義者、福祉国家論者であって、これらへの対抗で自由主義者と保守主義者は共闘した。ハイエクの予想が正しければ、保守主義はやがて福祉国家に引きずられ、社会主義的な性格を強めたことであろう。しかし、小泉はマルクス主義との関係では資本主義擁護の保守であるが、福祉国家論者と争ったハイエクの立場に立てば決して保守的ではない。置かれた状況が異なるのである。ハイエクは古典的な自由主義の立場を堅持したので、福祉国家の時代においては「反動」扱いされたが、小泉は反動どころか主流派となっただろう。

第二次世界大戦後の西欧ではもはや脅威ではなくなりつつあったマルクス主義の革命思想は、日本では無視できない存在だった。それが戦後日本の特殊な状況だった。ハイエクがいうように、西側諸国では自由主義と保守主義が組んで福祉国家に抵抗した。しかし保守派は、ハイエクであれば受け入れることのない福祉国家への流れにその性質上引きずられる運命にあった。日本は戦後西側陣営に属したのに東側の同調者が勢力を保持し、革命思想が一方の極を作っていた。社会主義に理解のある小泉が保守側に見える状況が生み出されたのである。日本の保守陣営は当初革命思想と対峙したので、西欧では一方の極となった福祉国家思想が日本では最初から保守の射程となった。保守が中間点としての社会主義（的な政策）を選択し、ほとんど常にマジョリティーであり続けた。これが日本の特殊な状況である。

もう一つの特殊状況は、しばしば反動的という形容詞が付される保守批判は、敗戦という歴史的事実を前提にした批判だったということである。戦勝国では戦前は否定の対象とならないが、敗戦国では対象となってしまう。過去からの連続性はそれだけで「保守」といわれ、敗戦をきっかけとする歴史の否定が伴うとそれは「反動」とされる。つまりそこでいう保守は否定された歴史への固執という意味合いで保守的だといわれたのであり、だからこそ小泉は反動的だといわれた感が強いのである。徳育問題にせよ国語問題にせよ、敗戦による過去の否定として論じようとする知識人と戦った小泉は、進歩としての戦前の否定を否定する存在として、保守といわれ反動的だとされた。そこから先は聞く耳を持たれなかった。愛国や国防も同様の性格の問題である。歴史的に生き残ったものに対する敬意という意味ではハイエクと同様であるが、保守という評価に敗戦という特殊事情が関連し、日本独特の否定的評価につながったということには注意しなければならない。

（1）一九三三年に小泉が慶應義塾長になってからの多忙ぶりを考えると、小泉にとってこの時期以降の経済学における議論状況をフォローするのは困難だっただろう。むしろ、この時期の小泉は、与えられた少ない時間を、福澤諭吉の解説に割くようになっていた。

(2) 産経新聞に掲載された「自由と平等」⑳は、来日時のハイエクの講演をきっかけとした小論である。

(3) ハイエクの主張はその後長い時間をかけて主流派の経済学者にも影響を与えた。*American Economic Review* が二〇一一年に行った特集で、同誌の「一〇〇年間で最も影響力のあった二〇の論文」としてハイエクの一九四五年の論文「社会における知識の利用」(ハイエクI③)が選ばれている(Arrow et al. 2011)ことは象徴的なことだといえる。

(4) ハイエクの設計主義、社会正義批判については、楠・楠(二〇一三)の該当箇所参照。

(5) これに対して、義務論的なアプローチで説明しようとする立場もある。確かに、個人の自由を道徳的源泉と断言する箇所がある。ハイエク自由論の義務論的特徴については、楠(二〇一〇:第二章第四節)参照。

(6) この辺りの議論については、楠・楠(二〇一三:第四章)参照。

(7) 個人の尊重の根拠についての違いは、利己主義に対する両者の捉え方の違いによく反映されている。ハイエクの場合は、自らの目標追求に適っている限り利他主義、利己主義の区分は意味がないという。

……目的を追求する自由は、最大の利己主義者にとってと同様に、完全な利他主義者にとっても少なくとも同じ重要性をもつ。(ハイエクI⑧:七六)。

一方、小泉においては、漱石の自己本位について言及する際、次のようにいう。

彼れのいう「自己本位」とは、利己主義ということではない。漱石のいうことは、己れに対して正直であれ、自分の心に忠実であれ、自分の食べるものの味は自分の舌で味わえ、どんなえらい人のいうことでも、その口真似をするな、ということに帰着する。(⑰:九六)

(8) 詳しくは、楠・楠(二〇一三)第五章の該当箇所参照。

(9) この「自由」の正当化の根拠付けは、価値の正当化としては誰も否定できないものであり、だからこそ一見義務論的な色彩を帯びるものになっていると考えるのが妥当であろう。なお「自由」が自己実現の可能性を開くための最低限の要請であるというロジックは、分散化された知識の下での、「競争」へ向けた個人個人の意思決定の尊重、すなわち分権の尊重というハイエク知識論が前提となるのであり、その経済思想の背景なしには語れないものである。

(10) ハイエクの「法の支配」論の特殊性については指摘すべき点が多いが、本書の課題は小泉との比較にあるので、ここでは省略する。

(11) ハイエクによれば、「自由」とは「社会において、一部の人が他の一部の人によって強制されることができるだけ少ない人間の状態」(ハイエクⅠ⑤:二一)を意味し、「強制」とは「ある人の環境または事情が他人によって支配されていて、より大きい害悪を避けるためにその人が自分自身の首尾一貫した計画に従うのではなくて、他人の目的に奉仕するように行動を強いられる」(ハイエクⅠ⑤:三五)ことを意味する。

(12) 個人の行動領域の画定という機能面に着目した法の支配が問題にされるとき、ここでいう法は、国家によって「強制」される法のみならず、人々が自発的にしたがう伝統や慣習といったルールにも当てはまることとなる。むしろ、法の支配の議論の中でハイエクが念頭に置いてきた法とは、歴史的に集団の中で生み出されてきたさまざまな伝統や慣習であった。そこには道徳的感覚のようなものも含まれる。つまりハイエクにとっての法とは、人々の行動指針として人々が共有しているものなのである。ハイエクの法思想においては、法の支配の属性を具備する一般的規則の価値はカタラクシー機能化という帰結主義的な点から評価されるが、一般的規則の意識的な創設、改定については、ハイエクは否定的である。ハイエクが法として論じるものの軸足は、人間社会の中で自生的に生成・発展してきた慣習や伝統としてのルールなのである(この自生的に生成・発展してきた一般的規則たる慣習や伝統をハイエクは「ノモス(nomos)」と呼び、権力によって制定された組織の諸規則たる「テシス(thesis)」と区別する)(ハイエクⅠ⑧:第五章及び第六章)。

伝統や慣習は個々人の行動指針として機能し、個々人の行為を交通整理する(ハイエクⅠ⑨:一六〜二二)。調整プロセスが機能するために必要なことは、伝統や慣習といったルールを相互に支持することである。そのためには明確な支持さえ必要ではなく、社会生活の中で自然と身についた伝統や慣習ルールの遵守であってもよい。それはあたかも、巣から離れている距離によって争いを回避する動物の行動ルールのようなものであるとハイエクは述べている（ハイエクⅠ⑥：二三～二五）。ハイエクは法を論じるとき、実定法と道徳とを区別しない。これらは伝統や慣習と同じようなものとして理解する。自生的に生成したものを重要視するハイエクは、実定法の設計を警戒するのである。

ハイエクにおける法は、人々の「正しい、正しくない」「善い、悪い」という正義感覚、道徳感覚に結び付いている。これらはまさに「感じ方」であり個人差があるが、集団内部で共有された正しさに対する感じ方は、集団内部の正義として自生的秩序を支えるルールとなる。そしてそういった感じ方は自生的秩序の産物でもある。ハイエクは直感的に知覚される道徳的価値が不変なものである、この信念を批判する中で、このような信念のために「あらゆる行動ルールがある特定種類の社会秩序に役立つということ、そしてそのような社会は崩壊から自らを守るために行動ルールを施行することが必要だと考えるけれども、一定の構造を有する社会がその構造に適したルールを創造するのではなく、少数の人びとによって実践されたのちに多数の人びとによって模倣されるルールが、ある特定種類の社会秩序を創造したということ」が見失われてしまっている、と指摘している（ハイエクⅠ⑩：二二七）。ハイエクによれば、「伝統」としての道徳ルールは「なにか不変なものではなく、成功によって（理性によってではなしに）導かれる選択過程の産物」であって、それは「変化するが、故意に変えることはほぼできない」ものである（ハイエクⅠ⑩：二二七）。

(13) 小泉は、イギリスのパブリック・スクールの実態を紹介した池田潔の『英語青年』掲載の論考（一九四七年）を引き合いに出してこのように語ったが、後にその池田が『自由と規律』において小泉を引用し返している（池田 一九六三：八九～九〇）。同著の序は小泉が執筆している。

(14) ハイエクは、『自由の条件』の中で、二十世紀初頭の反トラスト法の適用除外立法等労働組合の保護を批判している（ハイエクⅠ⑦：二二一～二二三）。二十世紀初頭の労働組合保護の動きに対するハイエクの批判については、楠・楠（二〇一三）の第九章等を参照。

(15) イギリス保守党党首だったサッチャー（Margaret Hilda Thatcher）が『自由の条件』をかざして、これが自分のバイブルだと宣言したという話はよく知られている。また、保守的といわれるアメリカ共和党のレーガン（Ronald Wilson Reagan）がハイエクの主張と親和的だったという点も、ハイエクを保守派らしく見せている要素なのだろう。

(16) この点に関し、次のハイエクの引用を参照。

保守主義者は時代の傾向にたいする抵抗により、望ましからざる発展を減速させることには成功するであろうが、別の方向を指し示さないために、その傾向の持続を妨害することはできない。このため、保守主義はそれ自体の選択によらない道へ引きずられていくことをつねにその宿命とせざるをえない。保守主義者と進歩主義者とのあいだの決戦は、その時々の発展の速度にたいして影響を与えることができるだけであって、その方向にたいしてはできない。（ハイエクⅠ⑦：一九四）

……保守主義として正しく示すことのできる位置は、いかなる時にも現在の趨勢の示す方向に依存する。過去数十年間の発展傾向は一般的に社会主義的方向にあったので、保守主義者も自由主義者もともにその動きを阻止することをおもに意図していたように思われるかもしれない。（ハイエクⅠ⑦：一九五）

(17) ハイエクはこういっている。

……真の自由主義者は宗教と争わない。……保守主義者と違うところは、自分自身の神聖な信念がいかに深遠なものであろうと、他人にその信念を強制する資格をもつとは決して考えないことであり、そして自由主義者にとって聖なるものと俗なるものは異なる領分であり、混同されてはならないと考えたことである。（ハイエクⅠ

⑦：二〇六）

(18)「……保守主義は新しい考えに反対する自らの明白な原則をもたない……。理論を信用せず、経験によって証明されたもの以外については想像力を欠いているために、保守主義は思想の闘争に必要な武器を放棄している。思想のもつ長期にわたる力に根本的な信頼をおく自由主義と異なり、保守主義はある一定の時期に受けついだ思想の貯えによって拘束されている。そして議論の力を実際には信じていないため、一般に保守主義の最終的手段はあるすぐれた特質を自分勝手に僭称し、それをもとにして優秀な英知を主張するのである」（ハイエクⅠ⑦：二〇二）。

(19) ハイエクいわく、それは「保守主義の非啓蒙主義」（ハイエクⅠ⑦：二〇三）に他ならない。

(20)『隷属への道』で強調された「ソ連とナチス・ドイツとは同根」という指摘は、全体主義という意味ではその基本的性格を共有するという意味であったが、この「保守」なるものの考察を絡めることで両者の関係がより鮮明になる。なお、ナチズム（Nazism）はヒトラー率いる一九二〇年創設の「国家社会主義労働党」の「国家社会主義（Nationalsozialismus）」からとられたものである。

(21) ただ、ハイエクが移民の移動の自由については消極的な姿勢を見せていることには注意が必要である。その理由は移民が社会に同化することには困難があるからだということである（森村 二〇一四：一八）。これは言い換えれば、ルールの共有という前提が崩れることによって自生的秩序の形成が危ぶまれるからということになろう。

(22) 自生的なルール形成が国境や宗教の制約を受けることは十分にあり得る。現実においては多数のローカル・ルールが存在するのであって、ハイエクのいうようなきれいに切り分けられる世界は想定しにくい。この点については、楠（二〇一〇）が比較的詳しく論じているのでそちらを参照のこと。

第八章　思想としての小泉主義

1　新しい福澤諭吉

再び「青い鳥」

小泉信三の思想は射程が広い。同様に広い射程を持つハイエクの思想が自生的秩序や法の支配を鍵概念として体系化され、理論経済学研究から自生的秩序論の社会哲学研究への転換に思想の展開のきっかけがあるように、小泉思想の体系化のための鍵概念と思想の転換あるいは展開があるとすれば、それはいかなるものだったのだろうか。

既に述べたように、小泉は社会主義経済計算論争においてミーゼスやハイエクといったオーストリア学派の議論に続いて、ハイエクの『隷属への道』を引き合いに出しつつ、後に福澤諭吉の思想へのコミットメントに向かっていった。戦前、理論面を中心に展開されていたマルクス主義批判は、主として福澤の言説に依拠した批判へとシフトすることになったのである。

もはや明らかなように、小泉思想を描写するうえで最も重要なファクターは、福澤の思想である。福澤の思想とどう出会い、どう自らの思想に取り込み、その当時の問題にどのように当てはめたか、これが小泉研究の第一の視点になる。

小泉の最晩年に出版された『小泉信三集』（小泉 一九六六ａ）の中に「読者のために」という解説があり、そこで小泉は次のように述べている。

……私は福沢諭吉について語ることが多い。けれども、福沢の著作は私が最初から読んだものでなく、むしろ思想史一般に対する若干の知識を得て、いわば多少目が肥えてから後に委しく知ったものであった。（中略）
しかし、後れて福沢を知ったことは不利益のみではなかったと思う。私はそれに先だつ遍歴によって、思潮の流れ一般を知り、幾分訓練された智力を以て福沢を顧みることが出来たと思う。（小泉一九六六ａ：三六一〜三六二）

「幾分訓練された智力」、これが小泉が経済学、経済学史、社会思想史といった西洋の学問分野において身に付けた知識と重ねてきた思索を指すことは明らかだ。福澤の「瘠我慢の説」でいうような私情としての愛国を、小泉はテンニースやゾンバルトといったドイツの思想家の知恵を借りて描写することができた。はじめにフェビアン社会主義に連なるミルの共同体主義的な思想に触れ、後にあるいは同時期に福澤のそれと合わさって、小泉の愛国思想の基礎を固めたといえよう。

小泉信三は福澤諭吉と四度出会った。一度目は幼少期に直接に、二度目は慶應義塾生のときその創始者として、三度目は自らの塾長時代に「青い鳥」として、そして四度目は戦後、日本再建のための「解法」としてである。小泉の思想形成においては後の二つが重要である。

戦後の再会

小泉信三にとっての福澤諭吉とは、人間の生き方、言論のあり方についての先覚者、先導者に他ならなかった[1]。ただ、小泉にとって福澤の持つ意味は、時代の流れ、移り変わる情況によって変化するものであった。既に見たように、小泉は戦後、『学問のすゝめ』について次のようにいう。

先年福澤先生の著作について何を推すかと尋ねられたとき、私は『福翁自伝』「瘠我慢の説」「旧藩情」をもって答えたことがある。そのとき、『西洋事情』と『学問のすゝめ』とのことに触れ、「この二大著述は既にその使命を果たしてしまったから、その意義は今日では歴史的のものになった」といい、また「今日の一般の読者に向って、これを無条件に面白い読み物だと請合う訳には行かぬ」と書いた。然るに十余年後の今日において、事情は一変した。私は自説を訂正しなければならぬ。『西洋事情』の方は兎に角、『学問のすゝめ』は日本人の最も痛切なる現実の必要に応じた、また読んで最も面白い本になった。その使命はまだ果たされていないと思う。(㉑：四二)

小泉は、この『学問のすゝめ』における「引いて世に伝うべきもの」「福澤その人の面目を窺わしめるべきもの」(㉑：四二〜四三)として、数多くあるうちから次のような例を引き、「いずれも皆日本今日の時弊に当るものである」(㉑：四三)という。

「愚民の上に苛《から》き政府あり」
「独立の気力なき者は国を思ふこと深切ならず」
「天理に戻ることを唱る者は孟子にても孔子にても遠慮に及ばず、これを罪人と云て可なり」

「学者小安に安んずる勿れ。……学問は米を搗きながらも出来るものなり」

「名分を以て偽君子を生ず」

「自由に言はしめ、自由に働かしめ、富貴も貧賤も唯本人の自から取るに任して他より之を妨ぐ可ら(ず)」

「信の世界に偽詐多く、疑の世界に真理多し」

「世界の土地は広く人間の交際は繁多にして、三、五尾の鮒が井中に日月を消するとは少しく趣を異にするものなり。人にして人を毛嫌ひする勿れ」


以上は、一九四八年に刊行された小泉の手による福澤解説本『福澤諭吉(アテネ文庫)』(21)における記述であり、先の引用にいう「先年」とは小泉の塾長就任前後のことである。この間に何があったか。いうまでもなく、第二次世界大戦と日本の敗戦である。

福澤は維新当時の日本がそれまでの儒教的道徳観に支配されていたことを憂慮し、西洋列強と伍して交わりその独立を維持するためにはこうした儒教的発想から脱却し、人々の独立自尊を確立して、文明国としての日本を確立しなければならないと考えた。簡単にいえば日本の独立のためには東洋から脱し西洋へ向かえというものであった。と同時に、西洋のものならば何もかも無批判に受容するいわゆる「開化先生」を嘲笑的に批判してもいる。「西洋人は日に浴湯して」云々の『学問のすゝめ』の記述はあまりにも有名である。

福澤は無教養で独立心のない人間の観察に優れている。既成の信仰や慣行、あるいは権威の前で思考停止になり、無批判に受け入れるいわゆる「惑溺」の情、そして猜疑、嫉妬、恐怖、卑怯の源泉となる、他人の不幸をもって自らの幸福とする「怨望」の情は、日本が独立した個人による独立した国となるうえでのやっかいな障壁になると考えた。『学問のすゝめ』は、日本の独立が危ぶまれた維新期の危機から脱却するための処方箋として書かれた啓蒙書である。

新しい福澤

小泉は戦後に書かれた福澤解説本で、そういった啓蒙が当時の日本、すなわち戦後日本に大きな示唆を与えるものだと考えた。福澤の言論の各部分が、小泉自身が生きた時代のどの部分に合致するのかを彼ははっきり述べていないが、敗戦によって誇りと自信を失った日本人が、独立心の十分でない明治期の日本人と重なり合って見えたということは少なくともいえそうである。福澤の時代から第二次世界大戦まで、あるいは戦後復興を遂げようとする日本に至るまで、日本人は変わっていないと考えたのかもしれない。いずれにしても小泉は、戦後日本に先導者としての福澤を見た。

小泉の思想において、戦前から戦中、戦後にかけて、その主張には発展はあっても変節を見いだすのは困難である。唯一の例外が、この福澤から何を学びとるかについての認識である。しかし、これは小泉自身が考え方を変えたというよりは、小泉を取り巻く環境が変化したといった方が正確であろう。しかし、小泉の明治維新以降の市民社会の成熟についての認識が十分ではなかったともいえる。小泉が自らの意見の誤りを認める珍しい例である(3)。

小泉は最初から福澤に染まっていた訳では必ずしもなかった。西洋の思想に精通していたために、自ら述べているように、「思潮の流れ一般を知り、幾分洗練された智力を以て」(小泉 一九六六a：三六二)福澤を眺めることができた。故に、福澤に飲み込まれることなく、むしろこれを飲み込んで、あるいは福澤とともに、敗戦国日本の再建を語ることができたといえよう。

西脇順三郎は小泉を「福沢諭吉からうまれ出た新しい福沢諭吉」(西脇 一九八二：六一七)と表現した。具体的には何をもって「新しい福沢」かは、いわなかった。しかし、戦後日本の難局に直面して、戦時中の指導者としての責任を問われつつ、保守反動とレッテルを貼られる逆風の中、独りで立ち向かい、祖国の発展と繁栄のために言論を貫いた小泉に、福澤の思想の継承も併せて、明治維新後の福澤諭吉を重ね合わせたことは疑いない。福澤のコピーではなく、これを飲み込み成長させ、戦後の難局に立ち向かった小泉、これが西脇に「新しい福沢」といわれた所以ではないだろうか。

2　小泉における個人と自由

自由主義者、小泉

自由、個人、社会、保守、さまざまな言葉に「主義」が付けられる。しかし、「主義」の内容がそういった看板だけで十分明確になることはない。むしろ混乱を招くことさえある。

小泉は「自由主義者」といわれる。では何がどう自由主義なのだろうか。

思われがちなのは、小泉がマルクス、マルクス主義批判の急先鋒だったということである。しかし、この事実だけから小泉がどのような意味での自由主義者かは判別が付かない。そこから分かることは自由市場を否定しないといった程度の自由主義である。

既に見たように、経済学者としての小泉はリカード経済学を基礎としながら、新古典派へのコミットメントもある。社会主義経済計算論争の立ち位置を併せ考えるならば、自由市場に軸足があり、その意味において自由主義的といえることとなろう。しかし、経済学者小泉を自由主義者という場合、反マルクス主義以上の意味を持たないのである。そこにはハイエクのような強い自由市場へのコミットメントがある訳ではない。故に、小泉にとって福祉国家、社会主義は決して招かれざる客ではないのである。

戦後、『隷属への道』を引き合いに出して以降の小泉は、権威への隷従からの解放、言い換えれば個人の自主独立を積極的に語るようになる。一見すると、個人の全体への埋没を警戒するハイエクの自由論と近いように思えるが、小泉の議論は自生的秩序論に向かうのではなく、一国の独立の前提としての個人の独立、自主自立を問うようになった。それは言い換えれば民主主義の前提であり、文明国の基礎となるものである。ハイエクが、自由の問題をあくまでも個々人の目標追求の可能性とリンクさせ、経済的自由を主眼に置いているのに対し、戦後における小泉の場合は、人格面に着目した個人の自由を説いた。そういった独立した個人による民主的判断の結果、何らかの平等の実現のために人々の経済的自由の制約がもたらされるとしても、それは文明国のあり方として適正なものであると考える。小泉の福祉国家論は、具体的な政策論というよりは福祉国家の正当性を担保するための手続論なのである。小泉自身は「社会保障の個々の施策の適否について十分議論の余地はあるけれども、社会保障の益々完備することの願わしいことについても異論はない」(⑰：四八二)。「私は先ず何よりも生産量の増大と各種社会保障制度の拡張充実を願うものであります」(⑰：四八三〜四八四)と福祉国家の立場を一般的に有しているに止まる。その具体的政策を決するのはその集団に属する個々人ということになる。故に、自由市場から計画経済まで、その両極端の弊害は自身説いているものの、小泉には、人々の判断次第で一方の極に近づくことを受け入れる余地がある。

個人と全体

人々の自主独立を説く自由主義者小泉は、個人主義者でもある。小泉は著作のさまざまな箇所で個人(の自由)の重要性を説いてきた。その際、小泉は何度となく漱石を引用する。漱石の「私の個人主義」に見る個人主義、すなわち「自己本位」の姿勢を積極的に評価するのである。

小泉は個人主義を利己主義と切り離そうとする。小泉における個人主義は、自分の責任で意思決定し行動することであり、それは自分勝手を意味しない。むしろ、そういう立場に自らを置くためにはその個人は道徳的でなければならず、立法や司法、さらには適正手続に基づく国家権力の行使をも尊重しなければならない。

小泉の個人主義は、福澤の個人主義と一致する。すなわち、自立と自尊という意味でのそれである。学問芸術分野における個人の創意工夫の発揮、西洋に向き合う際も西洋という他者に取り込まれるのではなく自分の軸を崩さない姿勢、実業界における自己研鑽と自己目標の実現、いずれもみな福澤のいう独立自尊の精神に合致するものである。

つまり他者に依存しない、権威に阿ねない、計画と命令に埋没しない、言い換えれば全体に埋没しない、自らの行動に責任を持つ個人の自立と、そうであるが故に保てる自尊とを、ものごとの価値基準に置くのである。それはハイエクのいう「強制のない」という意味での「個人の自由」に近いようにも思えるが、そうではない。小泉の考える「個人の自由」とは、他者を尊び、自国を愛し、規律を重んじる、そういった道徳的個人像を前提としている。自由な個人の前提として道徳を位置付けているのである。ハイエクの場合は、個人の自由が道徳を形成するという順序で現れ、道徳の共有がルールとして機能することで個人を自由にする。法も道徳も自生的秩序の中に組み込まれるのである。『感覚秩序』以降の一連の心理面に関する研究を通じて、ルール遵守のメカニズムが個人に内在することを明らかにし、個々人が自由に振る舞っても秩序立つと考えたハイエクは、そういった意味で道徳的個人像を描くが、道徳的個人像を前提として個人的自由の価値を論じている訳ではなく、むしろその逆である。

そうであるが故に、ハイエクと途中まで軌を一にして社会主義批判を展開した小泉であるが、個人の尊重、自由の尊重の理由として、ハイエクのように個々人の目標追求の可及的実現、あるいは知識の有効利用といった経済効率の視点を持ち出すことがない。小泉の個人尊重の思想は人間尊重の思想であり、それは民主主義を支え、文明を支え、国の独立を支える不可欠の要素として描かれる。民主主義を仲介とした個人の尊重と国の独立、これが小泉思想の中核である。

小泉の議論には共同体主義的なところがある。すなわち全体的な価値観を個人のそれと一致するとするものの見方である。一連の愛国論はそれを象徴するものだ。あるいは天皇論もそうかもしれない。とするならば、自己本位、自主独立としての個人主義とこういった共同体主義とは、どう思想上の整合性を図るのか。「瘠我慢の説」で福澤は、愛国を私情と喝破した。小泉が引用したウェッブは、人々がある共同体に属していることを理由に共同体的価値観が共有されていることを説いた。愛国は一国の独立の論拠として説かれ、私情は愛国の根拠として説かれた。個人が個人の意思として共同体にコミットするという理屈である。個人個人自らの判断が基礎になっているので、それは個人主義といえるが、当然の前提として共同体的価値観を共有していると考える点においては共同体主義的である。もちろん、次のような批判はあるだろう。もしそうした価値観が共有されなかった場合、それでもその価値観を個人に求めるのか。そうであれば、既に個人主義とはいえないだろう。小泉はそういった想定、すなわち共同体へのコミットメントを「合理的には説明できない」と述べるに止まっている。

3　考える保守

日本と日本人

小泉は、戦時中においても戦後においても一貫して日本と日本人をテーマとした講演を行い、論考を発表してきた。そのいずれもが共同体（愛国）的価値観に基礎付けられていた。それが保守派小泉の印象を作り上げたのだろう。

昭和を代表する思想家の一人が、日本が海に囲まれ、民族としてのまとまりが自然にでき、長い鎖国によって日本人の自己完結性が強められ、それは開国によっても取り除かれることはなかったことをいうため、小泉の著作を取り上げながら以下の通り述べている。

たとえば、名高い自由主義経済学者、小泉信三の戦時日記にこの事情はよく現われています。この日記は『海軍主計大尉小泉信吉』（文藝春秋社、一九六六）という彼の息子の伝記のなかでその著者である小泉信三自身によって引かれているものです。それは小泉信吉が戦死したあとで、その生涯の記念として戦後に出版されました。太平洋戦争中のある日、小泉信三はこの戦争がもたらした災厄について書いています。この戦争で山本五十六海軍大将が亡くなった、多くの海軍士官が亡くなった、兵士が亡くなったというふうにいろいろと戦死者をその身分によって区別して書いているのですが、彼の想像力は日本人という境界を越えることがその私用の日記においてすらありません。これは小泉がその若い日に英国と米国とで勉強した国際的な視野をもつ経済学者として知られているという事実とくらべ合せると、注目すべきことです。日本の敗北のあとで彼は皇太子の教育上の助言者となり、実業家の娘である平民と皇太子との結婚を構想して、このことによって戦後の民主主義時代にふさわしく皇室を再設計しました。その結婚式にはテレビジョンによって広く人々が参加できるようにし、日本のふつうの市民の家庭生活の雰囲気に皇室を近づけました。マスコミュニケーションによって広く報道されたこの結婚式を演出することを通して、小泉信三は戦後のすべてのオピニオン・リーダーをしのぐ大きな影響を日本人に対して与えました。彼は日本の皇室を欧米の舞台に結びつけました。しかし戦争という危機のなかに投げ込まれると、戦前と戦後とに国際的視野をもっていた日本人もまた、日本の外に暮らしている人間の姿を見失いました。（鶴見［一九八二］二〇〇一：四〇～四二）

このような評価は正当なものだろうか。第一に、小泉は戦後においても、「日本と日本人」「愛国」「国境」を意識した。否、戦後においての方がその意識が強かったとさえいえる。第二に、戦争が小泉をして初めて愛国に向かわせたのではなく、その思想は塾長就任前に遡ることができる。だからこそ、小泉は戦後においても一貫して愛国を貫くことができた。簡単にいえば、小泉には「転向」はなかったのである。この論者は小泉を「二度の転向者」として扱いたいのかもしれないが、そう考えるのには困難がある。

研究者小泉は、当初その思想的基礎を西洋の思想に求めた。研究者としての小泉は、マルクス主義批判の裏返しとして自由主義とは思われていたが、小泉の自由主義へのコミットメントはリカードや新古典派を超えるものではなかった。そこに福澤が登場し、小泉は「青い鳥」を見いだす。共同体の哲学、それは小泉にとって日本と日本人の哲学であった。やがて塾長として指導者の立場に就いた。日本人にとって独立を失うことは、何よりも避けなければならないことだった。日本にとって開戦は望ましくないと考えた小泉であるが、一度開戦となれば何としてでも勝つことを考えた。小泉には、戦局が不利になった時に、徹底抗戦を唱える以外の選択肢は残されていなかった。それを理由として戦後非難される覚悟は小泉にはあった。彼はその点について言い逃れをしようとしたり、嘘をついたりしたことはなかった。

敗戦し、日本は占領された。小泉はますます日本と日本人に向き合うようになった。同胞と国を愛し、他者を尊重する道徳心に満ちた責任ある自由な個人によって支えられる民主国家、日本を目指すべく説いてまわった。小泉の自由主義の本質はその中に見いだすことができる。個人主義も同様である。小泉の自由主義、個人主義は民主主義を支える理念であるが、それは同時に共同体主義でもある。歴史を尊重し、現在をよりよいものとし、未来に託す。それが今生きる人々の責務だ。そうであることが外国から自国が尊敬される条件であり、外国を尊敬する視点でもある。国家という国民共通の全体に価値を見いだし、それを重視する、あるいは、愛国心に導かれた国民が今ある国をよりよい国にしようという主義が国家主義というのであれば、小泉は明らかに国家主義だ。一般的に思われている国家主義と異なるのは、個人が国家に埋没していないということだ。歴史それ自体である天皇は、国民統合の象徴そのものである。同時に、天皇はそういった存在であり続けなければならない。小泉においてこれらはすべて整合的である。問題があるとするならば、ある国に生きる者がその国を愛するとは限らないということだ。小泉はおそらく気付いていたが、だからこそ生涯を啓蒙活動に費やしたといえる。今から遡って小泉が見誤った点を一つ挙げるならば、現実には小泉の思ったようにはいかなかったということだ。

小泉は、日本と日本人を中心的なテーマとする、国境を意識する思想家である。しかし、盲目的な国家主義者ではない。国境を意識しつつも国際人として立派に振る舞う日本人の生き方と、そういった日本人によって支えられる国のあり方を論じ続け、国民を啓蒙し続けた。それが日本の復興と繁栄の条件だと考えた。国際人だった小泉が戦争で盲目的になり、戦後また国際人となったと簡単に片付けられる話ではない。

思考する保守

表面的な批評で終わるのではなく、その深部に迫らなければ、小泉を読み解いたことにはならない。その深部とは何か。それは小泉が保守的な言動をする際にどのような思想に拠って立つのかということである。

これに関して、勝本清一郎が興味深いことを述べている。

もし小泉を傷つけようとする人間が現れるとしたら、それは左翼的な陣営からではなく、かえって保守的な陣営からである。（勝本　一九六五：四四一）

……日本の保守主義の欠点は、それがいつでも理性にもとづかずにきたことである。神道的妄想を引きずっていたり、腹芸のごまかしだったり、非理性的な人情主義だったり、非科学的であったりしたあげく、それらが革命的な仮面をかぶる時には、いっそう狂信的な様相を示す。……不合理な妄想に酔う弱点が日本人にある。（勝本 一九六五：四四一）

小泉にはそういった弱点がない。天皇論にしても、福澤同様にそのあり方を考えて積極的に国の中の位置付けを行った。勝本のいうような「保守」からは「僭越だ」「不敬だ」と疎まれたに違いない。そうであっても小泉を敢えて保守に分類する理由ははたしてあるのだろうか。

小泉が国語問題について述べるとき、その結論を無理強いするのではなく、その判断の拙速を問題にした。小泉が平和問題を語るとき、言論の歪みを論難した。小泉が天皇を語るとき、福澤の『帝室論』やニコルソンの『ジョージ五世伝』に拠りつつ、戦後日本の独立のために期待されるその役割を冷静に論じ上げた。そこには盲目的な保守の姿はない。思考する保守としての小泉ばかりである。

4　自由主義の新旧

変革と順法？

本書では、序章の一部を除き、「オールド・リベラリスト」という言葉を使わないできた。しかし、論壇において小泉をそう分類する者が少なくなかったことから、この点について論じたい。

小熊英二が興味深いことをいっている。

……「大正」を懐古するオールド・リベラリストたちにたいして、若手世代が重視したのが「明治」だった。彼らは、建国と変革の時代だった明治維新と自由民権運動を賞賛することによって、安定と文化の時代である大正期に育ったオールド・リベラリストに、対抗しようとしたのである。（小熊 二〇〇二：二〇六）

小熊は戦後を代表するある評論家を引用しつつ、以下のように述べる。

たとえば鶴見俊輔は、一九五一年の「老世代を批判する」という論考で、「老人には、維新人と明治人との二種類がある」と述べている。鶴見によれば、幕末から明治維新の変革の時代を体験した「維新人」は、社会秩序というものが変更可能であることを、「理屈としてではなく、感じとして、知っている」。それにたいして、秩序が安定した明治後期以降に生まれた世代、すなわちオールド・リベラリストや戦中の為政者たちは、与えられた枠を疑うということがなく、「根本的なものは、変革感覚ではなくて順法感覚である」。そして「戦後の若い人の思想は、維新人の思想をうけつぐ」面をもつというのである。（小熊 二〇〇二：二〇六）

オールド・リベラリストと呼ばれる人々の誰かがそういった性格を有していたのであろう。筆者はそれを判断する十分な材料を持ち合わせない。(4) ただ一つ指摘しておきたい点は、オールド・リベラリストとされる小泉信三がこのような性格付けに合致するかどうかについては、疑問なしとしないということである。(5) 慶應義塾長になる以前から「青い鳥」福澤諭吉と邂逅し、福澤が『学問のすゝめ』において見いだした危機と同種の危機を戦後に見いだした小泉は、明治後期から大正期を拠り所にはしなかった。小泉は他の多くの同世代の研究者と同様、深刻化する社会問題の解決に研究人生を懸けていた。必要があれば、資本主義がその本質において変容することさえ許容していた。大正期に「古き良き」ものは見いださなかった。戦後の小泉の著作を見る限りでは、明治維新前後の日本人の精神の成熟を疑ってかかっていた感さえある。重要なのは変化の方向とその手続であり、「維新」それ自体を自己目的化することはなかった。変革と順法は両立するものだ。対立するものとして捉えることは非文明的と考えた。敗戦後の独立の困難に正面から立ち向かった小泉は、過去から学ぶことはあっても、過去に逃げ道は作らなかった。

変革を歪める気兼ね

小泉は、終戦後の日本において、日本の論壇の大勢、言い換えれば知識人の多くが、当時のソ連や中国に対して「気兼ね」していることを何度も指摘し、これを論難しているが、ソ連や中国に対する気兼ねがどこから来るのかについては、はっきりと述べなかった。

しかし、次の小泉の記述はこの点について重要なヒントを与えているように思える。一九四九年の『共産主義批判の常識』の狙いを解説した箇所である。

> 日本はまだ占領下にあったが、当時、何故か人々は、殊に知識階級と呼ばれるものの間には、共産党または共産主義に対する批判を憚り、何か一目置いて議論するという風が見えた。自然、この風潮に動かされ、別段の所信もなしにこれに追随するものが少なくないように見えた。私はこれに不満であった。(⑩：八)

すなわち、マルクス主義に思想上のコミットメントがなくても、そこに自らの「居場所」を見いだす、あるいはそこに気兼ねし、その主張の前に折れてしまう精神構造が、戦後日本の知識人によく見られたということである。小泉はそういった知識人をマルクス主義者以上に難じた。確かに小泉の戦前の批判対象はマルクスとマルクス主義者だった。故に小泉は「労働価値説と平均利潤の問題」以降、理論的、実際的な観点から議論を戦わせた。そして小泉自身、労働環境の改善といった社会政策の必要性を出発点としていたので、時には激しく言い争うことがあっても、マルクス主義者と共通の土俵に乗ることができた。大内兵衛のような同時代のマルクス経済学者が小泉を高く評価するのは、彼らが小泉と正面から議論を戦わせることができたからである。

しかし、小泉が非難したしばしば「進歩派」といわれる戦後知識人はそうではなかった。もちろん戦前同様、マルクス主義に思想上の強いコミットメントがあった者もいたであろうが、知識人といわれる人々の多くはこれらに対する「気兼ね」としての、言い換えれば「敵に回したくない」といった意味での消極的な支持、あるいは自らを有利な立場に置こうという「隠れ蓑」としてマルクス主義を利用しようとした。

こういった事情は、小熊英二によって以下のように明快に解説されている。簡単に言えば、敗戦直後の日本においては、共産党が知識人にとって頭の上がらない存在になっていたということだ。一九五〇年代までは、「日本の知識人のあいだでは、共産党の精神的権威は絶大であった」(小熊 二〇〇二：一七五)。それは戦争に対する「悔恨によって、神格化されていった」からである(小熊 二〇〇二：一八三)。

その背景の第一は、戦後共産党の初期を支えた幹部が「非転向組」だったからである。

……敗戦直後においては、この「獄中非転向」という事実が、現在からは想像できないほどの尊敬を勝ちえていた。なぜなら、為政者や知識人のほとんどが戦中戦後に転向をくりかえし、多くの人びとが戦中の自分に悔恨を感じていた状況下で、これら共産党幹部だけが戦争反対をつらぬ……(いてい)たからであ

る。(小熊 二〇〇二：一八三)[6]

そして、マルクス主義の「科学性」に対する憧憬である。これが敗戦への反省と重なり合って、共産党へのコミットメント、あるいは気兼ねへとつながることになる。[7]

……当時の共産党は、マルクス主義という「社会科学」によって得られた、「歴史の必然性」を熟知している存在ともみなされていた。非合理的な精神主義の空虚さに飽いていた敗戦直後の人びとには、「科学」への憧憬が存在した。しかも多くの人びとは、自分が未来への「科学的」な見通しをもたなかったために、破滅的な戦争を支持してしまったという悔恨を抱いていた。そうしたなかにあって、社会科学による分析にもとづいて戦争の性格を見ぬき、その敗北を予測していたという共産党の存在は、圧倒的に輝いてみえたのである。(中略)

……二度と悔恨の体験をくりかえさないために、「科学」にもとづいた世界観を身につけようとして、若者たちは競ってマルクスの著作を読んだ。こうして、「科学」と「歴史の必然性」を味方にした共産党は「無謬」であるという神話が、戦争体験と悔恨の記憶の上に定着してゆくことになる。(小熊 二〇〇二：一八四〜一八五)

権威への畏怖、盲従

マルクスの描いた歴史のシナリオの誤りについては多くの経済史家が指摘するところであるが、[8]小泉自身もマルクスに対する理論的、実際的批判を展開し、その科学性の欠如を指摘した。しかし敗戦からしばらくの間、マルクス主義は大きな影響力を持った。「弾圧に屈して転向した過去を持つ元マルクス主義者たちにとっては、非転向幹部の権威は絶対的だった。それは……罪責感と懺悔なくしては相対できない対象であり、日本における勇気と良心、科学と真理の象徴ともいうべき存在であった」（小熊 二〇〇二：一八五）。小熊英二は、こうした状況を受けて当時の共産党が「良心の唯一のアカシ」「キリスト教にとって代る精神的原理」として扱われていたと指摘する（小熊 二〇〇二：一八五）。戦後日本の特殊性の一つだ。

戦後共産党にコミットした者にはいわゆる転向組、再転向組が多かった。

……戦後に共産党が急成長したとき、入党ないし復党した党員の大部分は、戦中に皇国青年だった若者たちや、転向して戦争に協力していた知識人や労働運動家などだった。そして後者の人びとは、一握りの非転向幹部に忠誠を誓うことで、自分の転向と戦争協力の過去について、いわば免罪符をうけとったかたちになった。共産党に所属することで戦争責任の追及を逃れた彼らは、しばしば党の権威を借りて天皇制や為政者を糾弾し、非共産主義者を批判する姿勢をとった。（小熊 二〇〇二：一八五）

知識人にとってマルクス主義は、戦争責任という「空襲」から身を守るある種の防空壕のような働きをしていた。小泉信三は、漱石の「私の個人主義」を引きつつ、戦中において勢いに乗って軍に迎合していた知識人の多くが、戦後勢いに乗って軍を批判するその「主体性のなさ」に憤っている。前に一度引いた文章だが、重要なのでもう一度引こう。

……船が動揺しても、足元のたしかなものはよろけない。脚が弱いと、動揺のたび毎に右舷左舷へとよろけなければならぬ。もしも船が右に傾いたとき乗客がみなよろけて右舷になだれ寄り、左に傾いたとき左舷に寄るということであったなら、船の動揺は必ず加大されて、或いは船を危うくするかも知れない。

（中略）

戦争中必要以上に軍人に迎合したものに限って、敗戦後、また必要以上に軍人を罵倒するという現在の有様が、これほどひどくはならずにすんだ筈であると思う。今日一部の進歩的……論者が……その時、勢いのあるものに対してあまりにも虚弱である……。（17：九八〜九九）

その時勢いのあるものとは、戦前においては軍国主義であり、戦後においてはマルクス主義である。小泉はこうした右往左往する傾向に、知識人の精神構造の脆弱さを見た。戦前においてファシズムや経済統制の前で思考停止になり、軍や官僚といった権威に盲従したのと同様、戦後においては猛威を振るったマルクス主義に対して思考停止になり、マルクス、レーニン、スターリンといった権威に盲従したというのである。(9)『共産主義批判の常識』が一種の経済学の教科書のような性格を持っていたのに対し、『私とマルクシズム』『共産主義と人間尊重』と書き重ねるにしたがって、進歩的知識人批判の色彩が濃い啓蒙書となっていった。『共産主義と人間尊重』以降の小泉の論調は、マルクス主義に阿ねるあるいは気兼ねする知識人の精神構造の危うさを指摘することに重きが置かれていた。

5　言論の作法

三部作

一九四九年の『共産主義批判の常識』は、小泉による戦前のマルクス主義批判を一般の読者に分かり易く伝えるものであり、主としてマルクスの方法論的誤謬、理論的破綻、歴史認識における実際的根拠の欠如等が指摘されている。戦後新規になされたのは、マルクス主義が民族的対立につながり、やがて国際的秩序の破壊へとつながるという議論と、ハイエクの『隷属への道』を引き合いに出して、経済統制が官僚主義を拡大させ、それが民主的意思決定と離反するという議論である。

一九五〇年の『私とマルクシズム』では、マルクス主義、共産主義の破壊的性格、反民主的性格が強調され、「人間尊重」という文明国家の不可欠の要素を欠くことが主要な批判点となった。

そして一九五一年の『共産主義と人間尊重』では、福澤思想が論の展開の重要な契機となっている。議論は福澤の歴史観、愛国論、そして平和論、講和論にまで及ぶが、小泉はこれらをマルクス主義、共産主義批判と連関するものとして位置付けている（⑩：二八八〜二八九）。

小泉のマルクス主義批判の三部作を比べると、三年の間にその力点が変化していることに気付く。一九四九年の『共産主義批判の常識』の狙いは、当時の日本共産党の躍進に対して、その「根本理論の容認し難き所以を説」き、これに対抗するための「確固たる理論とそれに基づく自信ある政策」（⑩：七）のための知識を広く国民に伝えるものであった。その動機として小泉は、占領下の日本における知識人の状況について、繰り返しになるが、「日本はまだ占領下にあったが、当時、何故か人々は、殊に知識階級と呼ばれるものの間には、共産党または共産主義に対する批判を憚り、何か一目置いて議論するという風が見えた。自然、この風潮に動かされ、別段の所信もなしにこれに追随するものが少なくないように見えた。私はこれに不満であった」（⑩：八）と述べている。

こういった風潮に対抗するために、批判のための知識を身に付けることの必要性を小泉は感じたのである。しかし、小泉はその後、この知識階級と呼ばれる者の性質、あるいはこうした者によって形成される風潮の危険性を強調するようになった。小泉が『共産主義と人間尊重』の中に「福澤の歴史観と愛国論」「平和の実と平和の名」を入れたのは、小泉自身が認めているように、人間尊重の精神に反する共産主義に対し福澤の思想から多くの示唆を得ることができ、また「平和」をめぐる小泉と戦後知識人との対立もこの延長線上にあると考えたからである。一九四〇年代後半から五〇年前後にかけて、小泉の関心事はマルクス主義自体の問題から、それに併せて独立自尊から乖離する戦後日本の危機にも向けられるようになる。その重要な契機となったのが、平和問題懇談会との対決であった。

平和論の狙い

歴史学者の林健太郎は、小泉の平和論が登場する背景事情を次のように描写する。

平和という名にとらわれて実際に平和を保つことを考えない平和主義は必ずしも日本だけのものではないが、それがこんなにはびこったのはかなり日本に特有のことである。そしてこれは戦後、日本が敗戦のショックによる「虚脱」の中で、戦争とか武力とかいうものをただ現象的にとらえてそれを排撃すればよいとする風潮を生み出したことに由来するものであった。(林 一九九五：七八)

このことが顕著に現れたのが、サンフランシスコ講和条約締結をめぐる全面講和論と単独講和論の対立においてであった。「この頃まだ強かった共産主義乃至そのシンパ勢力が「全面講和」を叫んでソ連の加わらない平和条約に反対したのは当然のことだった」が、「必ずしも左翼でない学者や思想家たちの中にも、日本は憲法で戦争を放棄したのだから、『非武装』の『中立』を守るべきだとい」い、講和条約、安保条約に反対する人が少なくなかった。これに対し、「断乎として正しい平和論を唱えた」(林 一九九五：七八～七九)のが小泉信三であったと林はいう。

小泉にとっての「正しさ」は結論自体に対してではなく、より言論のあり方に向けられるものだった。小泉の平和論は、戦争と平和を語ることそれ自体ではなく、戦争と平和の語り方に向けられた議論である。つまり言論の作法を厳しく説いているのだ。繰り返しになるが、小泉は講和論争において次の通り述べている。

……私は中立論、全面講和論に反対であるけれども、私が切に平和を願うものであることを、争うことは許さない。私と同様のものは、必ず多いに違いないと思う。平和のために中立論全面講和論を唱えるというのは自由であるが、反対説を懐だくものが、その動機において平和を欲しないものであるかの如く言い、もしくは仄めかすことは許されない。もし真にそう信じていうなら幼稚であるし、知りつついうなら fair でない。(⑮：三八六)

小泉は、「国の安危に関する事柄においては、感傷に溺れてはいられない」といい、「中立論者は中立維持に自信を持っていないように見える」という(⑮：三八八)。それは無理な中立論は「日本人の対米不満を煽ることになる」といい、「事実また或る人々の覘《ねら》いは、そこにあるであろう」という。そして「レジスタンスの真似事の快感を得る」とまでいう(⑮：三八九)。その他、「論理よりも修辞」「美名を欲するもの、少なくも悪名を恐れる」(⑮：三九一)「精神的未成年者」(⑩：四五四)といった挑発的な表現がさらに付け加えられる。これら表現は厳しい言い回しだけれども、小泉の本心だろう。小泉も福澤同様、「言い過ぎ」のきらいがあるが、これも小泉が福澤を「一方に曲っている弓をしばしば反対の方に曲げる」(㉑：一八〇)と評しているのと同様、問題喚起のために敢えて表現の濃淡、強弱を使い分けているようにも見える。

小泉の平和論は、自ら語るようにいくつかあるうちの一つの説に過ぎない。どういった考えをとろうがそれは自由である。しかし、言論は公正明大でなければならないとの主張は絶対に譲らなかった。

戦前、マルクス主義者は当局の弾圧に抵抗し、屈しなかったが故に命を奪われた者も少なくなかった。彼等は反戦を唱え、戦争に突入する日本を否定した。[10] 敗戦後、彼等はアメリカと歩調を合わせる日本の資本主義体制に反発した。と同時に、戦争に突入した日本の過去を徹底的に糾弾し、恒久の平和を唱えた。しかし、共産圏には確かに甘かった。マルクス主義者がその実践の場である東側諸国に憚るのは自然なことだろう。マルクス主義者では必ずしもない戦後知識人が東側に憚って見えたのは、東側に直接憚っているのではなく、言論において優位に立った日本のマルクス主義者に憚っているからだと、小泉には思えたのだろう。そういった文脈に平和主義を絡めて、小泉は戦後知識人を洞察した。まさに自らの軸足を持たない、主義主張が外付けされている（バックボーンのない）、自己本位とは程遠い他者依存であり、小泉はそこに戦後日本の危うさを見た。

気賀健三が小泉を代弁して次のように述べている。小泉の戦後言論への不満をよく表現しているものである。

終戦以来、日本には進歩的文化人と称される一群の評論家がいて、左翼がかつていながら、はつきり左翼の立場をも示さないところに特徴があつた。政治的には、ソ連、中共に寛大であつて、アメリカと日本政府には冷酷であつた。日本の革命運動には理解と同情を示し、秩序と法にたいしては皮肉をいうのがこの人たちの共通の立場である。かれらは自分自身の言論の自由を享受しながら自由のために、必要な秩序を守ることにまでは考えが及ばないのである。批評を好み、不可能を望み、理想を説くけれども、責任ある解答を用意しているわけではない。

こういつた無責任な進歩主義者はしばしば戦争中には大東亜共栄圏を唱えたり、文筆の報国運動をした連中である。先生の最も忌みきらい、軽蔑する人種はまさにこういう人たちであつた。そして新聞には頻繁にこういう人たちの言論が載つているのである。（気賀 一九六六：二五〇～二五一）

6　小泉の「奉ずる主義」

小泉信三は一九二二年、「予の奉ずる主義」と題された論考の冒頭において、次のように語った。

「予の奉ずる主義」が人道主義、文化主義、個人主義、社会主義、無政府主義、社会政策主義、その他今日世に行われている幾多の主義のいずれに該当するかということは、自分がこれまで発表して来た多少の述作中に現われているものから帰納して判断して貰うより外はない。もしこれ等の文章に現われているところが、世間に通用している、どの主義とも正確に一致していなければ、即ちどの主義とも正確に一致しない主義を奉じているものと謂う外はない。苟も何主義を奉じ、または奉ぜねばならぬと先ず極めて、その主義に適合するものを抑え、然らざるものを排するという方針、態度で読書し思考することをせぬ以上は、読書思索の結果が、与えられたるどの型とも完全には一致しない、多少の個人的特色を帯びるのは当然のことである。この多少の個人的特色は、概括を急ぐ他人の目から見れば、恐らく殆ど顧みるに足らぬものであろうけれども、当事者自身はそうこれに冷淡ではあり得ない。殊に何主義なる一語によって人の了解する内容が、甚だ区々である今日単に何主義なりと言明することは、聴者、読者には早解りの便がある外、事実の真相を伝える上においては利益は甚だ尠ないのである。それ故自分は何主義なりとの言明から演繹して、個々の場合の主張を推論せずに個々の言説から帰納して、自分の思想の如何なるものかを判断推測せられんことを望む。(㉖：七一～七二)

それから半世紀弱に渡って小泉は、実にさまざまな分野において多数の著作を書いてきた。本書は小泉の文献を若い頃から晩年に至るまでその主要な部分をおさえつつ整理し、その思想形成の過程を描写してきた。その中で、若い頃の経済学、経済学史、社会思想史研究者としての経験、オーストリア学派への理解、マルクス主義者との対決、慶應義塾長就任前後の福澤との邂逅、青い鳥としての再発見、そして戦後日本における福澤思想の継承といった軌跡を辿ることで、敗戦国日本の国際社会における自主自立、すなわち独立のための条件を模索し、啓蒙する活動を最終的な自らのミッションとして生きた、ということを述べた。福澤が維新後の明治日本において描いた近代国家日本の構想と同様、敗戦後の日本とそれを支える日本人のあるべき姿を論じた。これが小泉思想の到達点となった。

小泉は自由主義者である。それは社会の秩序が他者に隷従しない自主自立の個人によって成り立つことを善しとする点において自由主義である。同様に小泉は個人主義者でもある。(11)

小泉は愛国主義者である。自主自立した個人は自らに誇りを持ち、家族を大切にし、母校、郷土、そして祖国を愛し、それを善しとするからである。隷従主義、事大主義の者はそうはいかない。自らの所属に誇りを持ち、これを護り発展させようとする感情が国の独立に及んでいるという意味で国家主義者だ。しかしそこでは個人は自主性を保ち続け、全体に埋没することはない。

小泉は民主主義者である。そこでいう民主主義は自分勝手な人々による単なる多数決の手法ではない。小泉のいう自由主義、個人主義に導かれた文明国家の必須の手続である。徳育の必要性、国家機構の重視、法の支配の尊重、これらはすべて民主主義を支えるもの、あるいは民主主義から導かれるものである。「秩序ある進歩」はそういった民主主義のグランド・デザインを描写するものだ。

小泉は社会主義者である。これはハイエク側から見た評価であり、やや言い過ぎかもしれない。社会秩序の形成において共同体的価値に導かれている点、設計主義的な福祉国家の形成に積極的である点で、ハイエクの視点から見れば小泉は社会主義の属性を持っているということになる。国家主義、愛国主義と併せて考えるならば、その共同体主義的要素は否定できない。

小泉は保守主義者である。それは独善的な保守ではなく、信念と誇りに支えられている保守であり、また思考する「秩序ある進歩」を目指す保守である。同時に、国の独立については一切の妥協もないという意味において保守的である。

そして、小泉は平和主義者である。それは現実主義、合理主義と結び付く。自国の平和を希求し、そのための手段を合理的に追求しようとする。それが完全に理想的な状態でないとしても、一国にとって苦渋の選択であっても、次善の策として合理的ならば堂々と主張する。そこには思考停止の姿勢はない。選び得る選択肢の中から、与えられた情報を前提に最もよい選択をする。

その他、小泉の文献から引き出せる彼の主義は多様であろう。重要なことは、これらの主義はばらばらに存在するのではなく、全て相互にリンクしており、あるいは循環しているということだ。

「主義」という言葉には馴染まないだろうが、最後に、小泉が言論の作法を重視したことを改めて強調しておきたい。意見はいろいろあってよいが、それは結果に対して責任あるものでなければならない。敗戦から約二〇年の間、言論の作法が確立しない日本に、未だ先進国とはかけ離れた非文明を小泉は見た。小泉没から半世紀、日本の民主主義と言論は成長したのだろうか。経済だけが突出して成長した現代の日本に、小泉は何を思うだろうか。

（1）丸山眞男もまた福澤研究者として知られているが、両者の学問上の交錯は少ない。『小泉信三全集』を読む限り、小泉の丸山眞男への言及は一度しかない。福澤研究で有名な富田正文の名誉学位授与式の祝辞において、福澤諭吉基金を設けて福澤研究をするという話の中で、「塾外の人例えば丸山眞男君……の如きまことに価値の高いものが

あるように思われる」（㉖：五五〇）と述べただけである。一方、丸山の小泉への言及は『丸山眞男集』からは次の三カ所である。すべて福澤諭吉研究に関するものだけである。

この著（『民情一新』：筆者注）の思想的価値の高さを最初に指摘したのは、おそらく小泉信三でしょう。……私もまた『民情一新』は第一級の思想的著作だと思います。（丸山 一九九六b：三四五）

日本で、「脱亜入欧」という成句が、あたかも福沢自身の造句であるかのように喧伝され、いなそれ以上に、福沢の全思想のキー・ワードとして、学界だけでなく、一般ジャーナリズムの世界にまで流通するようになったのは、きわめて最近の現象であり、たかだか一九五〇年代以後の傾向である。その端的な証拠は、戦前の小泉信三らによる代表的な福沢研究……のなかには、「脱亜」とか「脱亜入欧」とかの表現が解説のなかに登場しないだけでなく、福沢が「脱亜」の文字を実際に用いた唯一の社説「脱亜論」でさえ、ほとんど引用されていないことに示されている。（丸山 一九九六c：二一八〜二一九）

小泉信三さんが、福沢のいろいろな発言を、曲がった弓を矯正するという譬喩を使って説明しています。（丸山 一九九六c：二一八九）

（2）正確にはその基となったのは同年の『新潮』掲載の著作においてである。

（3）ただ、一つ留意点がある。小泉がハイエクの『隷属への道』に言及する際、ハイエクの全体主義批判と戦時中のさまざまな統制に見いだした弊害を重ね合わせていることから察すると、戦時中にその端緒を見いだしていたともいえ、そうであれば戦後の福澤への幅広い傾倒は「青い鳥」の段階でその萌芽があったのかもしれない。そうだとすると、一九四四年の時点において、戦時中の日本に対して、国民の権力への隷従、主体性の欠如、非文明性を見いだし、これを難じていたということになる。ただそのような記述は「青い鳥」には存在しない。

（4）以下の二つの引用を参照。

……「オールド・リベラリスト」の特徴を、一言で説明するのはむずかしい。具体的には、和辻哲郎・津田左右吉・小泉信三・田中美知太郎・田中耕太郎・安倍能成などがその代表的存在とされていたが、彼らそれぞれの相違もそれなりに大きいものだった。（小熊 二〇〇二：一九〇）

オールド・リベラリストを、一言で説明するのは難しい。明らかなのは、まず世代的な区切りである。丸山や清水ら、ひとつ下の世代からみた「オールド」というわけだ。彼らは、戦前日本が「戦争」に向けて熱狂していく以前、大正期にデモクラシーの風潮とその余波の中で人格を形成した。（奥 二〇〇七：四六〜四七）

（5）小泉死去に際しての各新聞の以下の寸評は、小泉の特徴をよく捉えているのではないだろうか。

勇気ある知識人として、その言動も終始一貫堂々たるものだった。もちろん、皇太子のご教育係をつとめたぐらいだから、保守派で、若いころからマルクス研究家でありながら、マルクス主義者とはげしく戦った。日本には少ない理性的保守主義者、あるいは新保守主義者というに値する知識人だった。（『毎日新聞』一九六六年五月一二日朝刊「余録」）

人はよく反共をいうが、小泉さんほど情理兼ね備えた共産主義批判をなし得る、真の意味でのバックボーンをもったオールド・リベラリストはまれであった。自由主義岬《みさき》の最先端にあって時流の波しぶきの中にどっかりと居すわる巨岩の概があった。（『読売新聞』一九六六年五月一二日朝刊「編集手帳」）

（6）ここでいう共産主義者とは徳田球一、宮本顕治等を指す。

(7) 小林秀雄にこんな評論がある。一九三四年のものである。

……私たちは今日に至るまで、批評の領域にすら全く科学の手を感じないで来た、と言っても過言ではない。こういう状態にあった時、突然極端に科学的な批評方法が導入された。言うまでもなくマルクシズムの思想に乗じてである。……これを受け取つた文壇にとっては、まさしく唐突な事件であった。てんで用意というものがなかったのだ。当然その反響は、その実質より大きかった。そしてこの誇張された反響によって、この方法を導入した人たちも、これを受け取った人たちも等しく、この方法に類似した方法さえ、わが国の批評史の伝統中にはなかったという事を忘れてしまった。これは批評家等が誰も指摘しないわが国独特の事情である。君の批評はブルジョア自由主義の批評でいかんと言う、ところが非難される方では自由主義文学批評など一度もやった覚えはないから、してみると自分の批評は自由主義の批評かなと、いっそ自惚れてしまうというような各所に演じられた複雑な滑稽は、このわが国独特の事情というものから解釈しなければ説明がつかぬのである。(小林 一九八〇:三一三〜三一四)

これを受けて丸山眞男は以下の通り述べる。

まことに鮮やかな指摘だ。日本では「自由主義者」の自己意識はマルクス主義によってはじめてつくられたという問題はひとり文学だけでなく、日本の学問史や思想史一般の理解にとって決定的に重要な事柄である。……けれども、マルクス主義の方法に類似した方法さえこれまでの伝統のなかになかった、と小林がいっている事情は、すくなくとも他の領域よりは文学にとくに強烈に見られる問題であり、それだけ文学の場合は内面的なゆすぶられ方が大きかったといえるだろう。(丸山 一九六一:八五)

(8) 例えば、経済史家のノース(Douglass North)は、マルクス主義の「結果を達成するため人間行動の根本的変更を必要とする」が、「われわれはそうした変化の証拠をまったく持ち合わせていない」(North 1990 : 132＝一九九四：一七六)と述べている。

(9) 多くの「保守系」知識人や政治家はアメリカという権威に盲従したといわれてしまうであろう。少なくとも小泉信三はそう見られる運命にある一人であるということはいえそうだ。

(10) 小泉信三はマルクス主義者を批判するが、信念を貫く彼等を論敵として評価していた。また、戦前から付き合いのある少なくないマルクス主義者たちも、一人の論客としての小泉を高く評価していた。

(11) しばしば「リベラル」といわれる人々と、問題にする自由の射程が異なることに注意しなければならない。

参考文献

Ⅰ　小泉信三の著作

①小泉信三全集

小泉信三『小泉信三全集（全二六巻＋別巻）』文藝春秋刊（一九六七～一九七二）。引用の際は、「巻番号：該当頁番号」の形で表記する。例えば第一〇巻一〇頁であれば、「⑩：一〇」と表記する。なお、「別巻」は「(別)」と表記する。各巻号の主要な内容及び刊行年は以下の通り。

巻号	主な内容	刊行年
1	『社会問題研究』『経済学説と社会思想』	一九六八
2	『改訂社会問題研究』『社会組織の経済理論的批評』	一九六八
3	『価値論と社会主義』『新著評論』	一九六八
4	『マルクシズムとボルシェヴィズム』『ソヴィエト計画経済』	一九六八
5	『アダム・スミス　マルサス　リカアドオ』	一九六八
6	『リカアドオ研究』	一九六九
7	『増訂マルクス死後五十年』『社会思想史研究』	一九六七
8	『近世社会思想史大要』『近代経済思想史』	一九六八
9	『初学経済原論』『経済原論』	一九六八
10	『共産主義批判の常識』『私とマルクシズム』『共産主義と人間尊重』	一九六七

11	『海軍主計大尉小泉信吉』『大学と私』	一九六七
12	『師・友・書籍』	一九六七
13	『学窓雑記』『大学生活』『支那事変と日清戦争』『学府と学風』『学生に与う』	一九六八
14	『読書雑記』『読書論』『古典の読み方』『私の身辺』	一九六七
15	『平生の心がけ』『今の日本』『朝の思想』『平和論』	一九六七
16	『国を思う心』『思うこと憶い出すこと』『私の履歴書』	一九六七
17	『わが蒔く種』『朝の机』『秩序ある進歩』	一九六八
18	『この一年』『河流』	一九六七
19	『十日十話』『一つの岐路』	一九六八
20	『ペンと剣』『座談おぼえ書き』『わが文芸談』	一九六七
21	『福澤諭吉（アテネ文庫）』『福澤諭吉の人と書翰』『福澤諭吉（岩波新書）』	一九六八
22	『アメリカ紀行』『外遊日記』	一九六八
23	『経済学及び課税の原理（翻訳）』	一九六九
24	『労働者綱領（翻訳）』『経済学の理論（翻訳）』	一九六九
25（上）	書翰集	一九七二
25（下）	書翰集	一九七二
26	雑纂	一九六九
別巻	補遺	一九七〇

②全集未掲載あるいは全集とは別に編集された著作

小泉信三、一九一〇「アダム・スミス國富論解題略」『三田學會雑誌』四巻一号、九二～一〇九頁。

小泉信三、一九二八「福澤先生の瘠我慢」『文藝春秋』六巻二号、九七～一〇二頁。

小泉信三、一九三四「愛國者・個人主義者」『公民講座』一一〇号、四～一三頁。

小泉信三、一九六六a『小泉信三集（現代人生論全集3）』雪華社。

小泉信三、一九六六b『国家の死亡——絶筆』フェイス社。

小泉信三、一九六七『任重く道遠し——防衛大学校における講話』（上田修一郎編）甲陽書房。

小泉信三、二〇〇一『青年小泉信三の日記——東京—ロンドン—ベルリン——明治四十四年〜大正三年』慶應義塾大学出版会。

小泉信三、二〇〇四『練習は不可能を可能にす』（山内慶太・神吉創二編）慶應義塾大学出版会。

Ⅱ　福澤諭吉の著作

福澤諭吉、一九二五〜二六『福澤諭吉全集（全一〇巻）』（時事新報社）國民圖書。

福澤諭吉、一九二八『福澤撰集』岩波書店。

福澤諭吉、一九三三〜三四『續・福澤全集』（慶應義塾編）岩波書店。

福澤諭吉、［一八七二〜七六］二〇〇二『学問のすゝめ』小室正紀・西川俊作編『福澤諭吉著作集　第3巻』慶應義塾大学出版会、一〜一九六頁。

福澤諭吉、［一八七五］二〇〇二『文明論之概略』戸沢行夫編『福澤諭吉著作集　第4巻』一〜三三八頁。

福澤諭吉、［一八八二］二〇〇二『帝室論』坂本多加雄編『福澤諭吉著作集　第9巻』慶應義塾大学出版会、一六五〜二一七頁。

福澤諭吉、［一八八八］二〇〇二『尊王論』坂本多加雄編『福澤諭吉著作集　第9巻』慶應義塾大学出版会、二一九〜二五九頁。

福澤諭吉、［一九〇一］二〇〇二a『旧藩情』坂本多加雄編『福澤諭吉著作集　第9巻』慶應義塾大学出版会、一〜三〇頁。

福澤諭吉、［一九〇一］二〇〇二b『瘠我慢の説』坂本多加雄編『福澤諭吉著作集　第9巻』慶應義塾大学出版会、一〇九〜一六四頁。

福澤諭吉、［一八七八］二〇〇三『通俗国権論』寺崎修編『福澤諭吉著作集　第7巻』慶應義塾大学出版会、一四一〜二四七頁。

福澤諭吉、［一八七九］二〇〇三『民情一新』小室正紀編『福澤諭吉著作集　集6巻』慶應義塾大学出版会、一〜八九頁。

福澤諭吉、［一八九九］二〇〇三『福翁自伝』松崎欣一編『福澤諭吉著作集　第12巻』慶應義塾大学出版会、一〜四〇六頁。

Ⅲ　ハイエクの著作

①ハイエク全集（春秋社刊）

ハイエクの主要な著作については、二〇〇七年から二〇一二年にかけて春秋社から翻訳集が刊行されている。翻訳は第Ⅰ期、第Ⅱ期に分けられており、第Ⅰ期が従来刊行されていた『ハイエク全集』の改訂版であり、第Ⅱ期のそれは新たに訳出されたものである。各々第一巻から第一〇巻までと別巻の計一一巻（両期あわせて二二巻）である。本書では、この全集を引用する際には単に「ハイエク」と呼び、第Ⅰ期第一〇巻一〇頁であれば、「ハイエクⅠ⑩：一〇」と表記する。なお、「別巻」は「㊙」と表記する。原則として訳文をそのまま引用しているが、一部筆者が手を入れたものもある。

本書で引用、参照の対象となったものは以下のものである。

期	巻	監修	訳者	タイトル・出版年	原著	本書での表記
Ⅰ	3	西谷千明／矢島鈞次	嘉治元郎／嘉治佐代	『個人主義と経済秩序』（二〇〇八）	*Individualism and Economic Order*, London: Routledge & Kegan Paul (1949)	ハイエクⅠ③
	4		穐山貞登	『感覚秩序』（二〇〇八）	*The Sensory Order*, London: Routledge & Kegan Paul (1952)	ハイエクⅠ④

5		気賀健三／古賀勝次郎	『自由の条件Ⅰ：自由の価値』（二〇〇七）	*The Constitution of Liberty*, London: Routledge & Kegan Paul (1960)	ハイエクⅠ⑤
6			『自由の条件Ⅱ：自由と法』（二〇〇七）		ハイエクⅠ⑥
7			『自由の条件Ⅲ：福祉国家における自由』（二〇〇七）		ハイエクⅠ⑦
8		矢島鈞次／水吉俊彦	『法と立法と自由Ⅰ：ルールと秩序』（二〇〇七）	*Law, Legislation and Liberty I: Rules and Order*, London: Routledge & Kegan Paul (1973)	ハイエクⅠ⑧
9		篠塚慎吾	『法と立法と自由Ⅱ：社会正義の幻想』（二〇〇八）	*Law, Legislation and Liberty II, The Mirage of Social Justice*, London: Routledge & Kegan Paul (1976)	ハイエクⅠ⑨
10		渡部茂	『法と立法と自由Ⅲ：自由人の政治的秩序』（二〇〇八）	*Law, Legislation and Liberty III, The Political Order of a Free People*, London: Routledge & Kegan Paul (1979)	ハイエクⅠ⑩
別巻		西山千明	『隷属への道』	*The Road to Serfdom*, London: George Routledge and Sons (1944)	ハイエクⅠ別
5	西山千明〔編集委員〕	山中優監訳／田総恵子	『政治学論集』（二〇〇九）	論文集	ハイエクⅡ⑤

8	池田幸弘／古賀勝次郎／嶋津格／八木紀一郎	江頭進	『資本の純粋理論〔Ⅰ〕』（二〇一一）	*The Pure Theory of Capital*, London: Macmillan (1941)	ハイエクⅡ⑧
9			『資本の純粋理論〔Ⅱ〕』（二〇一二）		ハイエクⅡ⑨

②その他

ハイエク、フリードリヒ・アウグスト／西山千明、一九七七「対談」西山千明編『F・A・ハイエク　新自由主義とは何か』東京新聞出版局、七〜八一頁。

Ⅳ　小泉、福澤、ハイエク以外の文献

阿川弘之、一九八八「解説」小泉信三『平生の心がけ』講談社、二二四〜二三三頁。

有江大介、二〇〇八「J・S・ミルの宗教論――自然・人類教・〝希望の宗教〟」『横浜国際社会科学研究』一二巻六号、一〜三四頁。

池田潔、一九六三『自由と規律（改版）』岩波書店。

池田潔、一九六六「若者を思い、国思う」『毎日新聞』一九六六年五月一二日夕刊、三面。

池田幸弘、二〇〇五「小泉信三研究序説――『青年小泉信三の日記』を中心に」『三田商学研究』四八巻五号、一〜二一頁。

池田幸弘、二〇〇六「小泉信三」大森郁夫編『経済思想⑨――日本の経済思想1』日本経済評論社、二六五〜二九九頁。

池田幸弘、二〇一五「第7章　小泉信三と理論経済学の確立――福田徳三との対比を中心に」池田幸弘・小室正紀編著『近代日本と経済学――慶應義塾の経済学者たち』慶應義塾大学出版会、一九一〜二一一頁。

石坂洋次郎、一九六六「〝みたま〟安らかに」『毎日新聞』一九六六年五月一二日夕刊、三面。

猪木正道、一九六八「社会科学者としての小泉信三氏」文藝春秋編『月報18（小泉信三全集）学者としての小泉信三』

文藝春秋、二～四頁。

今村武雄、一九八七『小泉信三伝（文庫版）』文藝春秋。

奥武則、二〇〇七『論壇の戦後史――1945～1970』平凡社。

大内兵衛、一九四九「オールド・リベラリストの形成――高野岩三郎の一生」『中央公論』六四年七号、三一～三七頁。

大内兵衛、一九六六「大内兵衛東大名誉教授の話」『毎日新聞』一九六六年五月一一日夕刊、七面。

小熊英二、二〇〇二『〈民主〉と〈愛国〉――戦後日本のナショナリズムと公共性』新曜社。

甲斐睦朗、二〇〇八「終戦直後の国語国字問題（第二五回）現代仮名遣いの定着と是非論（下）――小泉信三氏の批判をめぐる論」『日本語学』二七巻六号、六二～六八頁。

加地直紀、一九九四「太平洋戦争と知識人――小泉信三の反米論」『法政論叢』三〇号、一〇二～一一一頁。

嘉治隆一、一九六七「当代の名文家」文藝春秋編『月報1（小泉信三全集）文章家としての小泉信三』文藝春秋、二～四頁。

勝本清一郎、一九五一「小泉信三論」『讀賣評論』三巻一号、六四～六九頁。

勝本清一郎、一九六五「小泉信三と新保守主義」『中央公論』八〇巻一〇号、四三八～四四二頁。

上久保敏、二〇一五「堀江帰一の人物像・学説・思想」池田幸弘・小室正紀編著『近代日本と経済学――慶應義塾の経済学者たち』慶應義塾大学出版会、一一三～一三五頁。

河合榮治郎、一九三四『ファッシズム批判』日本評論社。

河上肇、一九二二a「マルクスの勞働價値説（小泉教授の之に對する批評について）(1)」『社會問題研究』三九冊、一～三四頁。

河上肇、一九二二b「マルクスの勞働價値說(2)　その論證法の當否（その二）――小泉教授の批評の批評」『社會問題研究』四〇冊、一～三四頁。

河上肇、一九二五「マルクスの價値論に對する小泉教授の批評の批評」『社會問題研究』六二冊、四～三四頁。

神吉創二、二〇一四『伝記　小泉信三』慶應義塾大学出版会。

気賀健三、一九六六「先生のいない淋しさ」和気清三郎編『小泉信三先生追悼録』新文明社、二四七～二五一頁。

木嶋久実、二〇〇六「福田徳三」大森郁夫編『経済思想⑨――日本の経済思想1』日本経済評論社、八三～一一八頁。

木村健康、一九六六「安倍能成と小泉信三――明治の自由主義者」『自由』八巻八号、一六六～一七三頁。

清沢冽、［一九五四］一九九〇『暗黒日記――1942～1945』（山本義彦編）岩波書店。

金田一京助、一九五三「現代假名遣論――小泉信三先生にたてまつる」『中央公論』六八年四号、一五二～一五九頁。

桑原武夫、一九五三「みんなの日本語――小泉博士の所説について」『文藝春秋』三一巻五号、一六六～一七三頁。

櫛田民藏、一九二五「學説の矛盾と事實の矛盾――小泉信三氏のマルクス評」『改造』七巻六号、二～二五頁。

櫛田民藏、一九二六「カール・マルクスを克服する者――マルクスの價値法則と勞働の生産力との關係――再び小泉信三氏の『マルクス評』を評す」『改造』八巻四号（特別附録）、一一一～一六六頁。

櫛田民藏、一九二七「價値法則に關する小泉教授の『答辯』」『我等』九巻二号、二二～四〇頁。

楠茂樹、二〇一〇『ハイエク主義の「企業の社会的責任」論』勁草書房。

楠茂樹・楠美佐子、二〇一三『ハイエク――「保守」との訣別』中央公論新社。

久野収・鶴見俊輔・藤田省三、［一九六六］一九九五『戦後日本の思想』岩波書店。

慶應義塾、一九六二『慶應義塾百年史（別巻大学編）』慶應義塾。

慶應義塾、一九六〇『慶應義塾百年史（中巻・前）』慶應義塾。

慶應義塾野球部史編集委員会、一九八九『慶應義塾野球部百年史・上巻（第二版）』慶應義塾体育会野球部・三田倶楽部。

小泉妙、二〇〇八『父小泉信三を語る』慶應義塾大学出版会。

幸田露伴、一九三八『運命』岩波書店。

国分良成、二〇一二「防衛大学校での人材育成の意義とは――吉田茂、小泉信三、槇智雄、三恩人の志を受け継いで」『財界』六〇巻一三号、五二～五五頁。

小林秀雄、一九八〇『小林秀雄初期文芸論集』岩波書店。

小林秀雄、二〇〇四『考えるヒント（新装版）』文藝春秋。

小堀杏奴、一九八一『晩年の父』岩波書店。

小松隆二、一九九二「小泉信三と社会政策論――学究に踏み出した頃の小泉」『近代日本研究』九巻七号、一一一～一三六頁。

佐藤春夫、一九五〇「小泉信三氏訪問記」『三田文學』第四〇号、二六～三〇頁。

佐藤正幸、一九九一「歴史学家としての田中萃一郎」『近代日本研究』七号、六三～八八頁。

白井厚・浅羽久美子・翠川紀子編、二〇〇三『証言　太平洋戦争下の慶應義塾』慶應義塾大学出版会。

瀬畑源、二〇〇七「小泉信三の象徴天皇論――『帝室論』と『ジョオジ五世伝』を中心として」『一橋社会科学』二号、四三～六七頁。

高橋誠一郎、一九六六「小泉信三君追想」和木清三郎編『小泉信三先生追悼録』新文明社、五六～六〇頁。

武見太郎、一九六六「日本を見詰めた小泉先生」和木清三郎編『小泉信三先生追悼録』新文明社、一二四～一二七頁。

田中耕太郎、一九五〇「小泉信三」『朝日新聞』一九五〇年九月一〇日朝刊、四面。

田中耕太郎、一九六六「追憶」和木清三郎編『小泉信三先生追悼録』新文明社、一二一～一二七頁。

田中萃一郎、一九三二『田中萃一郎史學論文集』（三田史學會編）丸善。

鶴見俊輔、［一九八二］二〇〇一『戦時期日本の精神史――1931～1945』岩波書店。

ディステルラート、ギュンター、二〇一五「気賀勘重とオイゲン・フォン・フィリッポヴィッチ」池田幸弘・小室正紀編著『近代日本と経済学――慶應義塾の経済学者たち』（池田幸弘訳）慶應義塾大学出版会、一三七～一六四頁。

寺尾琢磨、一九六六「小泉先生と理論経済学」『三田学会雑誌』五九巻一一号、四八～六九頁。

永井荷風、一九八七『摘録　断腸亭日乗・上』（磯田光一編）岩波文庫。

中野好夫、一九五二「〝むしろ占領の継續を撑ぶ〟ということ」『中央公論』六七年四号、四〇～四五頁。

南原繁、一九六六「小泉さんと日本学士院」和木清三郎編『小泉信三先生追悼録』新文明社、六〇～六三頁。

西沢保、二〇一五「福田徳三の経済思想――厚生経済研究と福祉国家」池田幸弘・小室正紀編著『近代日本と経済学――慶應義塾の経済学者たち』慶應義塾大学出版会、一六五～一八九頁。

西脇順三郎、一九八三『西脇順三郎全集（第二版）』一〇巻、筑摩書房。

林健太郎、一九九五『歴史からの警告――戦後五十年の日本と世界』中央公論社。

半藤一利、一九九六「勇気ある自由人・小泉信三」『三田評論』九八三号、六四～七七頁。

平泉澄、一九四四「日本の歴史に參ずる者」『言論報國』二巻四号、七～一三頁。

フィリッポヴィッチ、オイゲン・フォン、一九〇三、『經濟原論（上）（下）（世界經濟叢書一～三）』同文館（氣賀勘重譯）。

深田弘、一九七二『J・S・ミルと市民社会――ネオ・プルーラリズムの提唱』御茶の水書房。

福岡正夫、一九九四『経済学と私』創文社。

福田徳三、一九〇七～一九〇九『經濟學講義　上・中・下巻』大倉書店。

古林尚・三島由紀夫、二〇〇二『三島由紀夫――最後の言葉（CD版）』新潮社。

文藝春秋編、一九六六「勇気ある自由人・小泉信三」『文藝春秋』四四巻七号、二五二～二七四頁。

槇智雄、一九六六「塾長時代の一面」『三田評論』六五二号（小泉信三君追悼記念号）、三四～三九頁。

槇智雄、一九七八『防衛の務め　増補決定版（増補第五版）』甲陽書房。

松浦保、一九七六「近代経済学の導入者――日本経済学史に与えたその影響」『泉〈季刊〉』一二号（「歿後十年記念特集　小泉信三――人と学問」）、六二～七二頁。

松下幸之助、一九六六「小泉信三先生を偲んで」和木清三郎編『小泉信三先生追悼録』新文明社、九九～一〇〇頁。

松本重治、一九六六「小泉信三先生を悼む」『朝日新聞』一九六六年五月一一日夕刊、六面。

マハルプ、フリッツ、一九五五「資本主義とマルクス経済学」『経済評論（復）』四巻一一号、一一八～一三五頁（青山秀夫訳）。

丸山真男、一九六一『日本の思想』岩波書店。

丸山眞男、一九九六a『丸山眞男集　第二巻』岩波書店。

丸山眞男、一九九六b『丸山眞男集　第一四巻』岩波書店。

丸山眞男、一九九六c『丸山眞男集　第一五巻』岩波書店。

武藤秀太郎、二〇一四「小泉信三の天皇像」猪木武徳／マルクス・リュッターマン編著『近代日本の公と私、官と民』NTT出版、一三八～一六一頁。

森村進、二〇一四「移民規制に関するリバタリアンの議論」『千葉大学法学論集』二九巻一・二号、一～二六頁。

山川均、一九二三「小泉教授のマルクス批評を讀む」『社會主義研究』五巻四号、一五六～一八二頁。

吉岡拓、二〇〇三「福沢諭吉と天皇制——明治十五年、『帝室論』執筆への軌跡」『近代日本研究』二〇号、二〇五～二三五頁。

蝋山昌一、一九八六「小泉信三」三谷太一郎編『言論は日本を動かす　第五巻——社会を教育する』講談社、二四五～二七二頁。

Arrow, Kenneth J., B. Douglas Bernheim, Martin S. Feldstein, Daniel L. McFadden, James M. Poterba, and Robert M. Solow, 2011, '100 Years of the *American Economic Review*: The Top 20 Articles,' *American Economic Review*, 101: 1–8.

Bagehot, Walter, 1867, *The English Constitution*, London: Chapman & Hall.

Beveridge, William H., 1942, *Social Insurance and Allied Services*, London, HMSO.

Böhm-Bawerk, Eugen, von, 1896, 'Zum Abschluß des Marxschen Systems,' in O. von Boenigk (ed.) *Staatswissenschaftliche Arbeiten*, Berlin: Haering, 87–205.

Burgin, Angus, 2012, *The Great Persuasion: Reinventing Free Markets since the Depression*, Cambridge; MA: Harvard University Press.

Dickinson, Henry D., 1933, 'Price Formation in a Socialist Community,' *Economic Journal*, 43 (170): 237–250.

Goodhart, Arthur L., 1949, *English Contributions to the Philosophy of Law*, New York: Oxford University Press.

Gore, John, 1941, *King George V: A Personal Memoir*, London: J. Murray.

Ikeda, Yukihiro, 2006, 'Shinzo Koizumi (1888–1966): A Japanese Economist's Encounter with the West,' *History of Economics Review*, 44 (Summer): 39–49.

Jevons, William S., 1871, *The Theory of Political Economy*, London: Macmillan.（＝一九一三、小泉信三譯『經濟學純理（内外經濟學名著第1冊）』同文館（底本は原著の第二版）（改訂版は㉔所収）。）

Keynes, John M., 1936, *The General Theory of Employment, Interest and Money*, London: Macmillan.

Lange, Oskar and Fred M. Taylor, 1938, *On the Economic Theory of Socialism (Government Control of the Economic Order, Vol. 2)*, Minneapolis : University of Minnesota Press.

Macaulay, Thomas B., 1825, 'Milton,' *Edinburgh Review*, 42 : 304-346.

Marshall, Alfred, 1890, *Principles of Economics* (*Vol. 1*), London : Macmillan.

Mill, John S., 1852, *Principles of Political Economy : With Some of Their Applications to Social Philosophy (Vol. 1 and 2)* (3rd ed.), London : John W. Parker & Son.

Mill, John S., 1859, *On Liberty*, London : J. W. Parker & Son. (＝二〇〇六、山岡洋一訳『自由論』光文社。)

Mill, John S., 1873, *Autobiography*, London : Longmans, Green, Reader, & Dyer.

Mises, Ludwig von., 1920, 'Die Wirtschaftsrechnung im Sozialistischen Gemeinwesen,' *Archiv fur Sozialwissenschaft und Sozialpolitik*, 47 (1) : 86-121.

Morris-Suzuki, Tessa, 1989, *History of Japanese Economic Thought*, London : Routledge.

Nicolson, Harold, 1952, *King George the Fifth : His life and Reign*, London : Constable.

North, Douglass C., 1990, *Institutions, Institutional Change and Economic Performance*, Cambridge ; New York : Cambridge University Press. (＝一九九四、竹下公視訳『制度・制度変化・経済成果』晃洋書房。)

Ruoff, Kenneth J., 2001, *The People's Emperor : Democracy and the Japanese Monarchy, 1945-1995*, Boston, M. A : Harvard University Asia Center.

Schumpeter, Joseph A., 1908-1909, 'On the Concept of Social Value,' *Quarterly Journal of Economics*, 23 : 213-232.

Seligman, Edwin R. A., 1905, *Principles of Economics with Special Reference to American Conditions*, New York : Longmans, Green & Co.

Shaw, George B. ed., 1899, *Fabian Essays in Socialism*, London : Walter Scott.

Simons, Henry C., [1942] 1948, 'Hansen on Fiscal Policy,' *Journal of Political Economy*, 50 (2) : 161-196. (Reprinted in Simons, Henry C. ed., *Economic Policy for a Free Society*, Chicago : University of Chicago Press, 184-219.)

Taylor, Fred M., 1929, 'The Guidance of Production in a Socialist State,' *American Economic Review*, 19 (1) : 1-8.

付記

引用文献の表記及び引用の方法は下記の通りである。

・引用文献の出版年と初出年とが異なる場合には、「[初出年] 出版年」と表記する。参考文献一覧においても同様の表記とした。

・本書記述中、欧文で書かれた文献を引用、参照する際、邦訳を引用、参照した場合のみ当該邦訳を参考文献に掲げている。

・欧文で書かれた文献と邦訳の両者を参照するときは、「原著の出版年（算用数字）＝邦訳の出版年（漢数字）」と表記する。参考文献一覧においては原著の出版年、邦訳の出版年を別々に表記した。

・引用文を掲載する際、必要に応じて付されていたフリガナを省略した。

・参考文献及び引用文の表記において、原著で用いられていた旧漢字、旧仮名遣いを新漢字、新仮名遣いに改めた箇所がある。

あとがき

対談、座談会嫌い

小泉信三の親友であった佐藤春夫によれば、小泉は対談嫌い、座談会嫌いであったという。佐藤によれば、「先生の座談會嫌ひは、對談などといふものは話を不自然にして話題が縮まつてしまつて思ふことが言へないからだ」（佐藤 一九五〇：二七〜二八）とのことである。相手の意見を真摯に理解しようと努め、その場の勢いに任さず、常に相手に付かず離れずの距離を保ちつつ、十分な証拠を示し、言葉を慎重に選びながら議論しようとする小泉らしい姿勢である。よく知られる、座談の名手と呼ばれるような知識人とは対極の位置にあった。

そういう小泉であるから、彼が遺した数々のエッセイは、座談や対談でしばしば見かける口達者な人々による瞬間芸のような評論ではなく、一つひとつが思想の塊のようなものだった。小泉の文章には多くの知識がちりばめられているが、それはよく見かける衒学的な知識人（pedant）としてのそれではなく、常に何かの目的を持った言論であった。博識ぶりを見せ付けることや、話を難解にし、議論において有利に立とうといった醜さが一切感じられず、読者に心底納得させる力に満ち溢れている。名文家小泉の広く深い教養に裏打ちされた文章は、論敵を常に圧倒した。朝日新聞の論説主幹も務めた評論家の嘉治隆一のこんな文章がある。柳田國男、長谷川如是閑の旅に随伴したとき、両氏が「当代の名文家は誰か」について語り合ったときに聞き及んだものである。

……或る日、思想とか文章とか用語とかの話に花が咲いたことがある。そして「当代の名文家」というような実のある話題となった。その結論として、「先ず小泉信三君に指を屈すべきだろう」という意見に落着いた。……彫琢は加わっていても鼻につくような舞文ではなく、簡潔で達意で、含蓄に富んで居る。而も真剣な筆致の裡に、何となくゆとりとユーモアが流れて居て、示唆するところが豊かである。その上、どこか文学的素養の香りもほのかに漂っている……というような批評が、両長老の口ずから交わされていたのを憶い出す。（嘉治 一九六七：二）

まぎるの一法あるのみ

福澤諭吉の『文明論之概略』に「多事争論」という言葉がある。「自由の気風は唯多事争論の間に在て存するものと知るべし」（福澤［一八七五］二〇〇二：三五））。さまざまな論点においてさまざまな意見が存在することに自由の本質があり、文明の基礎があることを見いだしたものとして、一部の知識人に好んで用いられた。ただ、福澤はこうもいっている。『学問のすゝめ』第一五編の一節である。

異説争論の際に事物の真理を求るは、猶逆風に向て舟を行《や》るが如し。その舟路を右にし、又これを左にし、浪に激し風に逆い、数十百里の海を経過するも、その直達の路を計れば、進むこと僅かに三、五里に過ぎず。航海には屢順風の便ありと雖ども、人事に於ては決して是れなし。人事の進歩して真理に達するの路は、唯異説争論の際にまぎるの一法あるのみ。（福澤［一八七二～一八七六］二〇〇二：一六四）

ここでいう「まぎる」とは何か。「多くの読者はこれを知らない。試みに福澤学の第一人者富田正文にきいても、知らないという」（⑪：三六七）。しかし小泉は知っていた。

……元来帆を操るという技術は、人間の誇って好い工風であると、私はかねて思っている。風を帆に受けて、風上から風下に走るのはすぐ解るが、風の方向の左右に走るのみならず、その左右に走る角度を鋭くし、ジグザグに航走を反覆することによって、実に風下から風上に遡ることが出来るに至っては、驚異といわなければならぬ。これを船頭の術語で「まぎる」という。（⑪：三六六）

小泉はここで「少し余談になるが」と断ったうえで前記の福澤の文章を引く。これを受けて、「これが即ち前記のジグザグ走法で、偶々《たまたま》この語を知るものにとっては、先生の文章は明瞭そのものである」（⑪：三六七）という。

この文章はどこで出てくるか。それは自らのヨット部員との交流の話の中で出てくる。そして、「兎に角そういう訳で、私はヨット航走に興味を持ち、海上湖上に白帆の動く景色を愛する」（⑪：三六七）と続くのである。文脈から外れた知識のひけらかしを嫌う小泉にしては珍しい記述であるが、慶應義塾長としてその創立者である福澤の文章を引き合いに体育会との交流を語るあたりは、小泉の本領発揮といったところだろうか。先人の引用を通じて、スポーツの話の中に世の中のあり方をさりげなく絡めて話を盛り上げる。大学の講義でいえば余談の類に入るが、その余談が余談として聞こえず、話の中にストンと納まるのである。福澤は比喩の達人だが、小泉は引用の達人である。

多事争論の真価は、その手続としての「まぎるの一法」によって決まる。「まぎるの一法」が欠ければ、異説は歪んだ言論になってしまう。言論とは、常に対象に対して疑いの念を抱き、逆風に抗いながらジグザグに前に進むようなものである。しかし、そうであるが故に少しずつ進む。相手の意見を尊重し合うのであれば当然のことである。常に勢いのある方にのみ加担するのは言論ではない。一方、勢いに抗うにしても、事実を曲解しあるいは捏造し、自らを不当に有利に見せ、相手を不当に不利に見せるのであれば、それも言論ではない。戦後、自分たちだけが正しい解答を知っているかのように振る舞い、自らと異なる説を悪、あるいは反民主主義と決め付け、相手を威圧しようとする知識人の言動が目立ったことに小泉は憂慮していた。聞く耳を持たない言論は暴論である。言論の自由は、自由な言論それ自体ではなく、その作法によって生死が決まる。延いては民主主義の生死が決まる。小泉の触れるちょっとした知識に、その思想が見え隠れする。小泉はこの話を「無用の衒学に類する」というが、小泉の著作を知る読み手はそうは思わない。堅い教養の種が柔らかい話の中に植えられている。

敢えて逆風に抗う

小説家、阿川弘之はこう述べている。

ある種の考え方が時流を支配している時、これと相反する少数意見を公表するには、世論の袋叩きに会うくらいの覚悟と勇気が要るのだが、その前提として、まず、自分の悟性の指し示すところにしたがい、自分の考えを堅持する勇気が要る。多くの知識人が、戦時中と裏返しのかたちで、戦後の時流に押し流され、思考の腰がぐらついた中、小泉信三先生はそうはならなかった数少い明察果断の人であった。（阿川 一九八八：二三三）

『文藝春秋』は小泉の死去後すぐに企画した追悼特集の題名を「勇気ある自由人」とした（半藤 一九九六：六五）。自由人小泉は自分の自由ばかりを主張する自分勝手な自由人ではなく、対立する相手の自由を最大限尊重する自由人であった。この姿勢が貫けるからこそ、自らの信念にしたがって行動することができたのであろう。言論の自由を楯にして気に食わない意見、特に言論において語る口を持たない人々の意見を封殺しようとする偽の言論の自由ではない。小泉の実践は、対立する意見を尊重しつつ自らの意見を交わす、真の言論の自由であった。だからそういった手続を無視する論者には、しばしば厳しい言葉を用いてこれを難じた。

愛国と民主。小泉においては、これらは対立しない。過去の否定にアイデンティティを見いだす戦後知識人からの小泉への攻撃は、「反動」という言葉に尽きていた。小泉にいわせれば、そのような批判は「議論の放棄」に他ならないだろう。それは、わが国の言論において不幸なことだった。国語問題もそうだった。仮に改革側に理があったとしても、小泉とは議論が成り立たなかった。小泉は議論を慎重に進めることを主張したのにもかかわらず、審議会のような権威のお墨付きを背景に事が性急に進められてしまったからである。そういった点では、敗戦直後と今とで状況は何も変わっていないのかもしれない。小泉は自らの意見は明確にするが、それを唯一の解答とはしなかった。結論がどうであれ、常に慎重な議論を望んだ。それは「予の奉ずる主義」から一貫して変わることはなかった。それが「秩序ある進歩」の哲学なのである。小泉は常に「聞く耳」を持った。そこに「日本の良識」といわれる所以があるのだろうし、マルクス、マルクス主義批判の筆頭格でありながらも、勝本清一郎のいうように「左翼陣営から評価される」根拠があるのだろう。

小泉が議論の余地を認めなかったのは、戦時中のみだった。それは小泉の人生において唯一の例外である。しかし、国を護ることは小泉にとっては「イルラショナリズム」なのであって、開戦の是非については事前には議論できても、一たび開戦となれば議論は許されなかった。

読者を魅了する

小泉信三が読者を惹き込む理由はいくつもある。

文章の上手さは折り紙付きだ。その博識ぶりには圧倒される。古典的著作についての造詣が深い。文章に無駄がなく、一切ひけらかしの部分がない。

いろいろな知識が有機的につながり、主張に説得力を持たせる工夫が随所に見られる。得意の文学に専門の経済学を解説するヒントを多く見いだし、読者層を広げることに成功している。特に漱石から多くのヒントを得ている。その一例が「漱石の『金』について」⑯と題するエッセイである。

漱石好きの小泉信三は、漱石のさまざまな作品を何度となく自らの評論の素材としている。自己本位を説く「私の個人主義」、道徳の重要性を説く『坊ちゃん』には既に触れたが、労働価値説の問題を説くきっかけとして漱石を引いたこともある。引用されたのは、『永日小品』という随筆集に収められた「金」である。もともとは大阪朝日に掲載されたごく短い随筆である。小泉は一橋大学創立八〇周年の式典で蝋山政道と共に講演に臨んでいる。漱石の「金」への言及はその時のものである。

漱石の友人に空谷子（くうこくし）という男がいて、彼が漱石に語るという体裁で話が進められていく。空谷子は次のように述べたという。

金はある部分から見ると、労力の記号だらう。所がその労力が決して同種類のものぢやないから、同じ金で代表さして、彼此《ひし》相通ずると、大変な間違になる。例へば僕がこゝで一万噸の石炭を掘つたとするぜ。其の労力は器械的の労力に過ぎないんだから、之を金に代へたにした所が、其の金は同種類の器械的の労力と交換する資格がある丈《だけ》ぢやないか。然るに一度《ひとたび》此の器械的の労力が金に変形するや否や、急に大自在《だいじざい》の神通力《じんつうりき》を得て、道徳的の労力とどん〳〵引き換へになる。さうして勝手次第に精神界が攪乱《かうらん》されて仕舞ふ。不都合極《きは》まる魔物ぢやないか。だから色分《いろわけ》にして、少し其の分《ぶん》を知らしめなくつちや不可《いか》んよ。（⑯：四二八）

金は融通が利きすぎる「魔物」だというのである。どういう方法で金を獲得したにせよ、その金でどのようなものも買えてしまう。無知無理解な金持ちが、芸術家や学者にいろいろ注文を付けて横暴を働くようなことがあってはならない。だから稼いだ金に色分けでもして、使える範囲を分けたらどうかという、空谷子に語らせた漱石の空想である。小泉曰く、これは「二百十日」「野分」に続く、漱石の貴族富豪に対する反抗感情の表れであるという(⑯:四二七)。金の力にあかせて何でもできるという風潮に対する道徳的義憤である。

そこから、小泉はいわゆる「労働貨幣」の構想とその挫折を解説し、マルクス主義者が拠って立つ労働価値説の問題を説く。ここから先は、聴衆向けのマルクス主義批判の入門的講義となっている。

本質を見る力

小泉は、この講演録の追記で経済学者マハループ(Fritz Machlup)の講演録(マハルプ 一九五五)に言及し、戦後日本のマルクス主義経済学者の状況に触れている。マハループはウィーン大学にてミーゼスやヴィーザー(Friedrich von Wieser)から学んだハイエクの後輩にあたる人物である。

あとで雑誌『経済評論』十一月号を見ると、オウストリア生れで今アメリカにいるフリッツ・マハルプ教授が、先頃京都でした講演に基づく「資本主義とマルクス経済学」という題の論文が載っていた。その中に、アメリカには名の知れたマルクス主義経済学者は一人しかいず、イギリスには四人乃至五人いるに過ぎないのに対し、日本ではなお数多く残っており、「若干の大学においては、マルクス主義者は、経済学部の教師たちの中で、多数派《マジョリチイ》を形成している」ことを驚いている。そうして「或る自由な国における学者が、一切の他の国々における彼等の学問の発展から、かくまで完全に孤立して存在しうることも、注目

にあたいする」といっている。(一三三、一三四頁)(⑯:四四〇)

小泉はここで、「日本にマルクス主義経済学者が多いのは、果たして日本の学問的良心が特に旺盛であり、人間的性格が特に堅固であることを証するものだろうか」(⑯:四四一)と疑問を呈するのである。

戦後の小泉の言論は、多くの場面において人間尊重と文明の視点、すなわち「秩序ある進歩」が意識されている。

経済はもはや戦後ではないが、言論は戦後そのものと、小泉は現代においてもいうかもしれない。新しい世代は敗戦という負の遺産を反省し、戦後の日本を冷静に見つめ、進路を見いださなければならない。世代は代わり、過去においては語られ難かったことも今では語り易くなった。今、日本のあり方を真剣に語り合う時期に来たのではないか。小泉信三はそのための十分な材料を与えてくれるだろう。

明日の日本と日本人へ

筆者は、序章で、「最晩年の講演録は、小泉の思想家としての到達点をよく示している。講演のタイトルは『日本民族のビジョン』であった」と述べ、以下の文章を引いた。

……明治におけるわれわれの先輩、明治における日本国民が成し遂げた仕事はきわめて大きいと思います。その時代における日本の近代化、日本の勃興というものは、誇るべき最大の事蹟として、世界史上特筆してよい立派な業績であると思うのであります。(中略)

……明治百年は数年のうちにせまっておりますが、私はこの機会において、われわれの先人が日本の興隆のためにいかに苦心したか、いかに努力したか、そして、いかなる成果をあげ得たかを回顧し、反省する

ことは、日本の明日の発展のためにきわめて有意義なことであろうと信じます。(中略)

しからば「明日」はどうかと申しますと、むろん、私はみなさんとともに明日の日本の繁栄と富裕とを願うものでありますが、それとともに、私は、明日の日本が、信義を守る国として、国際社会において尊重せられることを切に願うということを、つけ加えたいと思います。(小泉 一九六六b:一五六~一六二)

この文章には続きがある。小泉は続けて、「しからば、どうしてその境地に進むことができるかといえば、すべては教育に俟たなければならないものと思います」(小泉 一九六六b:一六三)といい、そのための参考として以下の「明治の先覚者のことばを三箇条」引用する(小泉一九六六b:一六三~一六七)。もちろん、福澤諭吉のそれ、すなわち「天は人の上に人をつくらず、人の下に人をつくらず」「独立の気力なきものは、国を思うこと深切ならず」「愚民の上に悪政府あり」である。

小泉は「青い鳥」としての福澤に出会うまでの間、福澤とは切り離されたところで思索を重ね、自らの思想を形成してきた。「青い鳥」の話はそれまでの積み重ねが無駄になったように思わせるが、そうではない。小泉の代表的業績である社会主義研究にせよ、小泉思想の中核をなす「秩序ある進歩」の哲学に見られる道徳論にせよ、民主主義論にせよ、その基礎はまず福澤の外にあって構築されたものである。だからこそ、「後れて福沢を知ったことは不利益のみではなかったと思う。私はそれに先だつ遍歴によって、思潮の流れ一般を知り、幾分訓練された智力を以て福沢を顧みることが出来た」(小泉 一九六六a:三六二)と述べている。それが福澤諭吉という「エンジン」を途中から搭載することによって爆発的な推進力を生みだしたという表現が適切だろうか。敗戦国日本の言論の有り様に驚いた小泉は、writer としてこれに立ち向かい、日本の復興のために何が必要かを訴え続けた。福澤の思想を受け継ぎながらも、小泉は福澤よりもはるかに大きな難問を乗り越えようとした。福澤は維新期における外国勢力による日本の独立の危機を憂いたが、小泉の生きる日本が直面したのは敗戦による独立の喪失だった。「新しい福沢」は福澤と同じか、あるいはそれ以上の困難と向き合い、戦い続けたのである。

預言者、教養人

勝本清一郎がこんなことをいっている。

世の非常に多くの讀者たちも、彼の書を理論の書として讀んでいないと思う。彼の人柄の自然なにじみが讀まれるところに、彼の書が非常に多くの讀者を持つ理由があるのだと思う。彼は多くの評論のなかで、戰後のもの、一例としては「社會主義批判」というような文章のなかで、「經驗科學の領域内に於ては、未來の歴史的經過に對しては必然論は成立しない。……吾々の結論し得ることは、社會主義到來の可能性または精々盍然性（確からしさ）に過ぎぬ。若しそれ以上に進んで社會主義の必然を云々するに至れば、それは甚だしい誇張か、或は經驗科學の領域を超えた形而上學的斷定に歸するものであろう」と說く。ところが世間の讀者たちは、そういう彼が經驗科學の領域内にとじこもつて、いつも一定の限度内の冷やかな實證的報告の發言しかしない、くすぶつた學者だとは、ちつとも思つていない。彼の言說には常に最も巧妙に或は無意識にかくされた、そしてかえつてあらゆる文字の末々にまで横溢する強い個性的な、主觀的な精神的態度の附加物がある。この縹渺たる部分に世人の心が牽かれ、喝采が送られている。（勝本一九五一：六七）

小泉の主張は常に力強く、読者に安心感を与える。しかし、小泉は証拠なくして断定することを決してしない。だからこそ小泉自身、あるべき社会政策の具体的な結論を明言することを避けてきた感がある。そこに小泉研究の難しさがあるのかもしれない。マルクス主義に阿ねり、あるいは気兼ねする知識人が隆盛を誇った論壇に単騎で立ち向かったその姿に、人々は勝本のいう「預言者」を見たといえるだろう。田中耕太郎はこういう。

福沢が時代によつて課せられたのは日本の独立であつた。小泉に課せられたのは、独立した日本の精神的道徳的生長ということであつた。（中略）

指摘しておきたいのは、小泉によつて対決されなければならなかつた日本の課題は福沢の場合よりも一層複雑かつ深刻になつているということである。それはマルクシズムの登場と、日本のファッショ化ならびにその結果たる太平洋戦争への突入である。

ファッシズムの問題は敗戦によつて片づいた。しかしマルクス主義に関しては、――とくに学問上の問題として――問題が残つている。それは戦前戦後を通じて良心的で勇気のある批判者がきわめて寥々たることである。それは日本の精神的風土の特異性を示すものである。小泉はきわめて勇敢にこの最も不評判な役割を演じ続けた。そうしてその任務はまだ終つたとはいえない。我々はわが国がもつその他多くの課題についても、福沢の後継者、「昭和の福沢」に期待せざるを得なかつた。（田中 一九六六：二一六～二一七）

小泉の文章は、常に日本の将来を憂い、日本と日本人がどうすれば国際的な尊敬を受ける一流の文明国となれるかという問題意識に貫かれている。小泉は日本が明治維新以降の近代国家の建設に成功したと思っていた。しかしながら実はそうではなかった。これに落胆した小泉は、敗戦と占領という明治以上に困難な状況において始まった戦後日本の「再生」を生涯の課題とした。研究者として二十年、指導者として十余年、そして writer として二十年、形は違えど小泉は常に時代の「先導者」であった。

小泉の名著の一つに『読書論』⒁がある。

力めて古典を読むことともに、私は力めて大著を読むことを勧めたい。……それぞれの時代を劃した名著の多くは大冊であり、而してこれ等の大冊に、偉大なる著者の創始と刻苦と精励とが体化されるのが常である。それを読むことによって、吾々は単にその書の内容を知るばかりでなく、辛苦耐忍、謂わば格闘してものを学ぶという、貴重な体験を得るのである。(中略)……既に読み了えた今の自分が、まだ読み始めない昨日の自分に対し、何か別人になったかのようにも感ずるであろう。たしかに大著を読むことによって、人は別人となる。極言すれば、その顔も変ると言えるかも知れない。頭脳の襞とともに、顔の陰影も深くなって行くというのは、甚だしい誇張ではない。(⒁:二三七〜二三九)

そして、「本を読んで物を考えた人と、全く読書しないものとは、明らかに顔が違う。……偉大なる作家思想家の大著を潜心熟読することは、人を別人たらしめる。それが人の顔にも現れることは当然であろう」(⒁:二四〇)というのである。小泉は人に教養を身に付けさせるプロ中のプロであった。目先の役に立ちそうな情報に飛び付く風潮を難じ、教育の基本に教養の涵養を据えることを唱えた。

賛否を超えて

『読書論』には次のような記述もある。

先年私が慶応義塾長在任中、今日の同大学工学部が始めて藤原工業大学として創立せられ、私は一時その学長を兼任したことがある。時の学部長は工学博士谷村豊太郎氏であったが、識見ある同氏は、よく世間の実業家方面から申し出される、直ぐ役に立つ人間を造ってもらいたいという註文に対し、直ぐ役に立つ人間は直ぐ役に立たなくなる人間だ、と応酬して、同大学において基本的理論をしっかり教え込む方針を確立した。すぐ役に立つ人間はすぐ役に立たなくなるとは至言である。同様の意味において、すぐ役に立つ本は直ぐ役に立たなくなる本であるといえる。(⑭：二三四)

社会に出れば嫌でも実践的知識は身に付く。しかし、大学で小手先の処世術ばかりを講じれば、世の中は小役人で溢れかえってしまう。これは政治であっても経営であっても同じであり、国は脆く危うくなる。教養という基礎は、各人がどの分野で活躍するにせよ、頑健な人格の形成と応用の効く才能の開花に貢献するだろう。

しかし、世の中は基本だけでは成り立たない。だから勝本清一郎は学生たちに小泉に反逆せよという。しかし、その前提として小泉に学べともいう。

結局、小泉信三はやはり教育者として最も立派なのである。基本的古典的知識の師として立派なのである。そして信頼すべき保守派の見解をもつとも生き〳〵した形で述べるという誰にも一番むずかしい仕事をやつてのけている。ことに學生たちは彼の教訓に從って古典の勉强をもつと〳〵徹底する必要がある。……しかし私はまた學生たちに云う。學校を卒業したらすぐ彼に反逆しても好いんだよ、と。身をもつて現代の課題に生きるためには、である。(勝本 一九五一：六八～六九)

これは小泉信三に対する勝本による最大限の賛辞といえよう。小泉への批判は当然あろう。筆者はハイエクとの比較を通じて、そのための視点をいくつか提供してきた。それがどの程度有用なものかについては読者の判断に委ねなければならない。どのような見解を持っていたとしても、十分な論拠があってのことならば、それは各自の意見として尊重されるべきである。しかし、小泉が考えたこと、述べたこと、教えたことは、戦後日本のさまざまな問題を考えるうえでの必須の通過点である。何故ならば、小泉こそが最も戦後日本の言論の歪みを正確にいい当て、祖国の再建を妨げる勢力に独り立ち向かい、日本人への啓蒙に生涯をかけた先導者であるからである。半世紀経った今でも小泉のメッセージが過去のものとなったとは思えない。色褪せていないどころか、ますますわれわれ日本人に訴えかけるものになっているのではないだろうか。

西脇順三郎は「小泉信三が折にふれ書いた沢山の随筆は、日本のある時代に小泉信三という一人の男がいて、その時代の出来ごとを通じてこの男が日本人を批評したその記録としても保存すべきである」（西脇 一九八三：六一九）といった。松下幸之助は「いまはお互い日本国民として、小泉先生にならつてそれぞれの良識を高め合い、真に世界に誇れるようなあたらしい日本をきずいてゆかねばならない。それがこの偉大な先輩に報いる何よりの道だと思うのである」（松下 一九六六：一〇〇）といった。小泉信三という人物の遺したものについて、これを論じる者の数だけ意見があるだろう。信奉する者もあれば、反発する者もあろう。しかし、賛否を超えて小泉を語り継がなければならない。そして小泉に応えなければならない。もちろん勝本のいうように、反逆してもである。それが真摯さと誠実さに基づくものであるならば、そして十分な論拠をもってなされているのであれば、小泉ならば喜んでこれを受け入れるだろう。

「小泉信三は人物として偉大なのであって、それで十分だ。その思想の探究など不要である」。こんな声があるかもしれない。小泉信三を直接知る者は特にそういう思いを抱くかもしれない。偉大な人物だからといって完成された思想を有しているとは限らず、木村健康のいうように「体系家でない」のであれば、もしかしたら個々の言動は必ずしも一貫した思想に導かれていないのかもしれない。偉大な人物は良識をもって人々を正しい方向に導けばよいのであって、思想の厳密な体系云々を問うべきではない。確かにそういう見方もあろう。しかし、印象としての偉大さは時間とともに薄れていく。小泉を直接知る者にとっては偉大でも、そうでない者にとっては「偉大といわれた人」になってしまう。小泉が書き遺した個々の断片からそれを知ることはできるが、やがて読まれなくなるかもしれない。

本書執筆の直接の動機は、筆者がいずれもハイエク研究に従事し、二〇一三年に中央公論新社から『ハイエク——「保守」との訣別』を出版した際に、日本版ハイエクとも思われただろう小泉の存在を強く意識し、その比較の面白さを感じ取ったことにある。徐々に両者の違いが鮮明になり、小泉を批判的に論じる研究の計画が具体化した。やがて、西脇同様に「日本のある時代に小泉信三という一人の男がいて、その時代の出来ごとを通じてこの男が日本人を批評したその記録としても保存すべき」必要性を感じた。二〇世紀を代表する社会哲学者の研究に従事してきた経験が活かせるのは、歴史的文脈も踏まえてその思想の構造を明らかにすることだと考えるようになった。

この間、筆者の二人は一年間ロンドンに滞在し、主としてロンドン大学東洋アフリカ研究学院（ＳＯＡＳ）に出入りした。その名の通り地域研究のメッカであるＳＯＡＳでは日本研究も盛んで、世界を代表する日本研究者が多数所属し、イギリス内外からの訪問者が絶えない。ロンドン滞在中、日本がどう見られているか、どう評価されているか、どう曲解されているか、さまざまなことを考えさせられた。残念ながらそこでは（日本人訪問者を除き）小泉信三を知る研究者に出会うことはなかった。小泉信三の存在を通じて戦後日本が抱えた問題や特殊な社会状況を詳らかにできるのではないかと考え、当初は英語でのモノグラフ作成を考えたが、まずはわれわれ日本人こそ読むべきだと考えるようになった。あるイギリス人研究者がこういっていたのを覚えている。「日本のことを書くなら母国語の日本語で書くべきだ。歴史的に意義ある著書であれば、必ず一流の翻訳者が見つかる。こういうものはプロの翻訳家に任せるものだ」と。本書はやや翻訳向きではないかもしれないが、将来的には、戦争を挟んで活躍した小泉信三という人物の存在とその視点から見た「日本の論点」を、諸外国の読者にも知ってもらいたいと思う。

小泉批判の著作があってもよいだろう。ハイエク研究者の著者にとって、それが一つのミッションでもあった。しかし、その筆力に圧倒され小泉の意見に何度も引き込まれそうになった。このことは正直に吐露しなければならない。筆者は小泉の経済学説や法学的政治学的議論については疑問なしとしないが、少なくとも言論に対する姿勢については全面的に賛成しなければならない。そして、現代に生きるわれわれは半世紀前に没した小泉と正面から向き合わなければならない。

最後に、ミネルヴァ書房の堀川健太郎氏に感謝の意を表したい。昭和の日本を代表する思想家として小泉を記録するには最も適した出版社であり、最も適した編集者であったと思っている。

二〇一六年十月

楠　茂樹・楠　美佐子

人名索引

あ　行

か　行

さ　行

た　行

な　行

は　行

ま　行

や　行

ら　行

事項索引

あ　行

か　行

さ　行

た　行

な　行

は　行

ま　行

や・ら行

《著者紹介》

楠　茂樹（くすのき・しげき）

1971年　生まれ。

慶應義塾大学商学部卒。

京都大学博士（法学）。

京都産業大学法学部専任講師，上智大学法学部・法科大学院教授，総務省参与，京都府参与等を歴任。

著　書　"Hayek on Corporate Social Responsibility," *Constitutional Political Economy,* Volume 27, Issue 2, 2016.
"Hayek and Antitrust," *History of Economics Review,* Volume 61 (winter), 2015.
『公共調達と競争政策の法的構造』上智大学出版，2012年など。

楠　美佐子（くすのき・みさこ）

1972年　生まれ。

慶應義塾大学文学部卒。

慶應義塾大学大学院経済学研究科後期博士課程単位取得退学。

桐蔭横浜大学非常勤講師，名城大学総合研究所助教を歴任。


著　書　『現代経済思想――サムエルソンからクルーグマンまで』（共著，根井雅弘編著）ミネルヴァ書房，2011年。

『福祉の経済思想家たち［増補改定版］』（共著，小峯敦編著）ナカニシヤ出版，2010年。

『ハイエク全集　第Ⅱ期第６巻　経済学論集』（共訳，古賀勝次郎監訳）春秋社，2009年など。

昭和思想史としての小泉信三
――民主と保守の超克――

2017年１月20日　初版第１刷発行　〈検印省略〉

定価はカバーに
表示しています

著　者　楠　茂樹
　　　　楠　美佐子
発行者　杉田啓三
印刷者　坂本喜杏

発行所　株式会社　ミネルヴァ書房
607-8494　京都市山科区日ノ岡堤谷町１
電話代表　(075)581-5191
振替口座　01020-0-8076

冨山房インターナショナル・新生製本

ISBN 978-4-623-07737-3
Printed in Japan